先发制人战争与美国民主

Preventive War And American Democracy

【美】斯科特·A·西尔维斯通 著
蒋茂荣 冯瑞津 译

中文版前言

相比之下，在近代的美国外交政策中，没有比布什政府的"抢先行动"纲领，及依此发动的2003年对伊拉克的侵略战争，在国际上引起的争论更喋喋不休的了。事实上，国际上大多数人对此持否定态度的原因，不是针对布什的"抢先行动"纲领，即预先阻止即将来临的、具有攻击性的威胁，而是布什发动的"先发制人战争"。因为"先发制人战争"是动用军事力量以阻止另一国实力的发展，进而避免与之发生潜在性未来战争而带来更多的代价(尽管这样的战争可能根本不会发生)，所以，引起人们严重关注的是"先发制人战争"是否具有战略智慧、法律性、规范性以及道义合法性的问题。

在20世纪前50年，在国际上以及美国人眼中，"先发制人战争"不具有自身防御的合法性，恰恰相反，它被认为是一种侵略行为，理应在法律以及道义上被禁止。在40年代至60年代，美国政治与军事领袖们、国会议员以及美国公众认为，"先发制人战争"违背美国传统，不具有使用军事力量的合法性，从而对此嗤之以鼻。这个信念对美国战略品行有着强有力的约束作用。布什政府发动的战争显而易见，突出"先发制人"特征，是对长期坚持的观点的斗胆挑战。不过，早在布什就任总统之前的十多年间，美国对"先发制人"这个概念就有了逐渐接受的趋势。自90年代早期以后，美国社会上下认为使用"先发制人战争"，以阻止类似伊拉克、伊朗或朝鲜这样的国家发展大规模杀伤性武器，是符合战略规范的。

　　这是目前唯一的一本研究自冷战结束到2003年入侵伊拉克期间美国对"先发制人战争"这个概念的认识及其变化的详尽著作。书中解答了为什么美国对"先发制人"这个概念会产生转变，探索了这个转变对未来美国的外交政策将意味着什么。这本书对从事亚洲国际关系研究的学者，对中国和日本领导人针对美国思想界这一重大原则论题的理解，具有举足轻重的引导作用。尽管乔治·W·布什已离职而去，但只要类似伊朗这样的国家存在核武器扩散的威胁，未来的美国总统们将继续把"先发制人战争"作为战略选择之一。本书所论述的见识，相信在未来的岁月中仍将具有一定的实质意义。

斯科特·A·西尔维斯通博士
美国西点军校
2009年12月4日

前　言

20世纪40年代末至50年代初，是美国有史以来首次面临最具威胁性的时期。1949年8月，苏联打破了美国核武器垄断优势；美国领导人知道在接下来的年代里，苏联将会拥有足够数量的远程轰炸机和核武库，足以对美国本土发动一次毁灭性打击。这种威胁正好为鼓吹先发制人战争提供了战略逻辑支持。一些人认为，为了避免发生摧毁美国的核珍珠港噩梦，美国应该在其仍具有核优势的前提下发起一场先发制人攻击。尽管整个美国弥漫着对日益增强的苏联实力的巨大恐惧，将先发制人战争作为解决方案却被明确地否绝了。1946年，被麦克乔治·邦迪（McGeorge Bundy）称为美国国际关系专业系主任的阿诺德·沃尔夫斯（Arnold Wolfers），曾用简单的词语将这一结果解释为：先发制人战争对美国民众来说"是可憎的、很不道德的，不必认真加以考虑"。

这并不是一种习惯性的观点。对这一时期的政客、学者、观念领袖和普通民众来说，在完全没有确实紧迫的威胁时，或不是在对攻击进行回应的条件下，发动一场战争是纯粹的侵略行为。这被视为是对美国人品质和其传统外交政策的违背，是对公正运用军事力量传统信念的严重背离。五十年后的现在，正是出于对这些信念的蔑视,美国在历史上首次发动了对伊拉克的先发制人战争。

本书探索了美国战略政策制定方面有关先发制人战争的观点,这段历史期间涵盖了从冷战初期苏联和中国力量增长导致的战略问题,直到后冷战时期对朝鲜、伊朗和伊拉克发展核武器的担忧。本书也审视了在变换的威胁环境下,美国人如何在先发制人战争的准则含意方面进行角逐,以及有关先发制人战争的信念是如何影响并形成美国政策的。本书一个重要目标是要解释,为什么在20世纪中叶能对美国军事力量起到明确约束作用的传统信念,到20世纪末却变得软弱无力了。在这一解释过程中,本书力求回避敏感的党派和意识形态腔调,在讨论导致2003年入侵伊拉克的预防性战争时,这些腔调已经很泛滥了。有大量书籍和文章都在衡量这场先发制人战争是否正义、是否符合国际法、军事上是否明智,但很少有对美国对外政策这一重要领域纯实证研究方法的讨论,本书就将对这一主要领域开展研究。

在此,我要感谢卡耐基基金会道德及国际关系委员会主席乔尔·罗森赛尔(Joel Rosenthal),是他最早对本书的研究提供了支持。2003年至2004年间,卡耐基基金会的同事们给予我很大的动力,支持我完成了此书。还有很多人在各个阶段提供了很有价值的意见,在此感谢他们的帮助:尼娜·塔尼沃德(Nina Tannenwald)、米娜·波斯(Meena Bose)、布鲁斯·杰特尔森(Bruce Jentleson)、托尼·梁(Tony Lang)、克里斯托弗·莱恩(Christopher Layne)、约翰·欧文(John Owen)、卡罗琳·詹姆斯(Carolyn James)和理查德·拉普(Richard Rupp)。

谨以此书献给我的祖父弗农·E·桑德士(Vernon E Saunders)(1921—2004),他的一生经历了本书研究的所有事件,而他的世界观反映了美国人的优秀品质。

斯科特·A·西尔维斯通
(Scott A. Silverstone)

纽约州　西点

Preventive War And
American Democracy

目　录 >>>

第一章　**先发制人战争诱惑与反先发制人战争准则相抗衡**　/ 001

先发制人战争的动机　/ 005

准则和国家行为　/ 016

　　理论上准则对先发制人战争的作用　/ 020

　　实践中准则对先发制人战争的作用　/ 025

第二章　**阻止苏联核武器造成的实力转变**　/ 037

战略难题　/ 039

战略目标：阻止核实力转变　/ 043

　　先发性选项1：通过谈判就核技术的国际控制达成协议　/ 043

　　先发性选项2：战争　/ 046

否定先发制人战争的物质解释　/ 058

第三章　**杜鲁门否决先发制人战争**　/ 075

准则造成对先发制人战争举棋不定　/ 077

同时代学者论先发制人战争 / 080

公共时事评论员关于先发制人战争的评论 / 087

政策制定者和反先发制人战争准则的支配地位 / 091

先发制人战争和共和党的反对态度 / 105

第四章　艾森豪威尔与苏联及中国的实力增长（1953—1955） / 121

艾森豪威尔和苏联的战略威胁 / 123

中国威胁和先发制人战争选项 / 126

　　转变中的中国威胁 / 127

　　反先发制人战争准则和台湾危机解决途径论辩 / 132

先发制人战争诱惑再次出现 / 141

　　不针对共产党中国发动先发制人战争 / 144

第五章　1962 年的古巴危机 / 163

苏联在古巴的常规军备：1962 年 7 月—10 月 22 日 / 166

古巴的苏联核导弹：1962 年 10 月 16 日—10 月 28 日 / 181

第六章　防止核武器扩散的高压态势 / 211

遗失的反先发制人战争准则：1993—1994 年的朝鲜 / 214

防止核武器扩散、"无赖"国家以及海湾战争效应 / 218

　　不扩散核武器准则的兴起 / 218

　　从协同做好不扩散核武器到高压防止核武器扩散 / 231

1981 年以色列的奥西拉克袭击 / 233

无赖国家和 1991 年海湾战争揭示的核武器扩散教训 / 236

第七章　结　论 / 261

先发制人战争的伊拉克事件　/　265
　　国会对向伊拉克发动先发制人战争的态度　/　267
公众对向伊拉克发动先发制人战争的态度　/　278
先发制人战争未来的含意　/　284

第一章

先发制人战争诱惑与反先发制人战争准则相抗衡

2002年6月,乔治·W·布什总统对西点军校毕业生发表的演讲,引起了国内和国际上关于向伊拉克开战的非凡争辩。尽管当时总统并未特别提及伊拉克,但在他的演讲中展示出一种新的战略观念,那是一种针对寻求发展大规模杀伤性武器、"精神错乱的独裁者"发起"先发制人"战争的观念,[1]是由当时面临的政策制定难题所引发出来的观念。整个夏秋两季,这个议题导致美国政界如政治领袖、决策制定者与普通大众就这一观念的含意进行角力,并最终导致布什当局在2003年初对伊拉克发动战争,这明显是将其作为解决难题的途径了。在判断伊拉克战争是否正当而引用的不同论据中,那些支持这一选择的人们坚持一个原则:美国决不能容忍伊拉克当局拥有化学、生物或核武器而形成不确定威胁。执政官员们从未宣称有证据证明伊拉克确实准备使用这类武器来对付美国或其盟友,以及伊拉克已经向恐怖组织提供了这类武器。仅仅是存在着伊拉克或其代理人可能使用大规模杀伤性武器发动袭击的可能,而这一可能就是导致发起战争的战略逻辑。这个战略逻辑,也使伊拉克战争成为先发制人战争的典例。

先发制人战争是国际政治史和战争理论研究的持续主题。事实上,正如保罗·斯洛德(Paul Schroeder)所主张的,先发制人战争一直是"治国方略的正常和普通手段"。[2] 简单地说,先发制人战争是用来中止正在崛起对手的相对实力增长和这种实力增长可能带来的未来危险。按照杰克·列维(Jack Levy)的说法,如果某一国家的政治领导人"害怕他们正在崛起的对手获得优势,而且认为到了阻止对手获得能形成实质伤害的潜在能力的'最后机会'时",先发制人战争的诱惑足以驱使国家发起攻击来削弱对手的增长。[3] "当一个正在衰落的国家不是仅在实力上被超越,而是要被削弱时",发动先发制人战争的诱惑会十分明显。在可能发生的军事冲突中,"虽然具有不确定性和高昂的代价,其后的胜利仍然是可期待的"。[4] 这已在美国和伊拉克的冲突中得到验证,伊拉克几乎不可能对美国在全球或中东地区的实力优势构成挑战。可是自从1991年的海湾战争以来,美国官员一直宣称,一旦伊拉克拥有核力量,将会促使海湾地区的实力分布格局发生转变。更重要的是,这将严重损害美国在不惧怕后续有力打击的情况下运用其实力。[5] 尽管美国和伊拉克之间存在着巨大的实力差异,但伊拉克拥有核武器会显著增加未来美伊战争的潜在成本。美国官员还担心的是,如果伊拉克拥有核武库,萨达姆·侯赛因(Saddam Hussein)可能会大胆地挑战美国的决心,并想办法扩展他在海湾地区的影响。[6] 一场先发制人战争应该能够毁掉伊拉克试图改变现状而拥有的足具威胁的军事能力,同时也能使美国摆脱未来武装冲突时要面对伊拉克核武器的噩梦。甚至在入侵伊拉克并摧毁了萨达姆统治后,同样的先发制人逻辑使美国领导人将敌对的伊朗和朝鲜的核扩散视为国家安全的头等大事。布什当局的所谓先发制人信条在2002年的美国国家安全方针(NSS)中得到明确的阐述,并在2006年的国家安全方针中再次确认,先发制人战争被作为阻止大规模杀伤性武器扩散的首要手段。

将布什总统2003年对伊拉克发动先发制人战争的情况与冷战初期杜鲁门总统所处的情况作一比较。20世纪40年代末期至50年代初期,美国领导人面临类似的战略困境。苏联正处在即将打破二战后美国独占核垄断地位的关键时刻,一旦苏联进行核武器试验,就将发展过去美国敌手从未拥有过的核武库,威胁美国安全。对许多政府官员和外部观察家而言,应对这一军事力量急剧转变的最适宜对策就是先发制人战争。1946年,曼哈顿项目主任莱斯利·格拉夫斯(Leslie Groves)上将这样描述了美国所处的战略困境:"如果我们是冷酷无情的现实主义者,我们绝不会允许那些非我们的坚定盟友或不是我们绝对信任的外国力量,制造和拥有核武器。如果这样的国家开始研制核武器,我们应该在受到威胁之前摧毁他们的研制能力。"[7]

尽管面临装备核武器苏联的可怕景象,鼓吹先发制人战争的理由十分充分,但杜鲁门总统最终拒绝了先发制人战争。他的拒绝是出于这样一种信念:先发制人战争是不合法、非正义的行为,与美国的品质相矛盾。杜鲁门认识到,先发制人战争是侵略性战争,是"独裁者的手段,而不是美国这样的自由国家应采用的"。[8]这并不是总统个人特有的观点,而是他那个时代人们普遍持有的信念:在缺少紧迫威胁的条件下发动一场先发制人战争,是与民主美国的国民道德及文化标准相矛盾的。正是这种美国品质、反暴力民主准则和对外政策的传统,决定了不可能发动先发制人战争。20世纪50年代,阿尔弗雷德·瓦格兹(Alfred Vagts)竟然宣称,对民主来说发动先发制人战争是"禁忌"。[9]在美国,拥护这一观点和对先发制人战争坚持准则含意的众多精英学者和政客有:汉斯·摩根索(Hans Morgenthau)、亨利·基辛格(Henry Kissinger)、乔治·凯南(George Kennan)、伯纳德·布罗迪(Bernard Brodie)、亨利·史汀生(Henry Stimson)和约翰·福斯特·杜勒斯(John Foster Dulles)。而且,1950年酝酿制定美国遏制政策的战略方针文件NSC68,以令人吃惊的直截了当和不可妥协的言辞排斥了先发制人战争,将战略目标坚定地置于美国人民所能接受的、对军事力量使用的准则概念之上。在杜鲁门和艾森豪威尔当政期间,视先发制人战争为不合法的战略选择——一种反先发制人战争准则——始终是美国安全宗旨的清晰组成部分。因此,由苏联核武库以及20世纪50年代中期中国迅速崛起的军事力量所引发的实力转换期间，这一信念对美国制定应对政策起到了决定性的约束作用。先发制人战争不是美国面临战略困境的唯一抉择。1962年古巴危机、1964年中国进行核试验、1993—1994年朝鲜核危机期间，我们也能找到先发制人战争诱惑的影子。

自冷战初期至美国对伊拉克发动第一次先发制人战争的半个世纪里，美国人关于先发制人军事力量及其在美国政策中所发挥相应作用的看法，产生了明显和意义深远的转变。在20世纪40年代和50年代期间，反先发制人战争准则深深地渗透并烙刻在意识形态和政治领域。可是到了90年代初期，在美国试图阻止朝鲜、伊朗、伊拉克和利比亚发展核力量而开展的军事选择讨论中，反先发制人战争准则已完全被降为次要原则了。1993—1994年朝鲜危机期间，在伊拉克争辩中还能看到的对先发制人战争抉择的准则约束已不复存在了，准则的约束作用在通向战争过程中已显得微不足道了。

这本书有两个方面的目的。首先，试图揭示有关先发制人战争的准则信念曾被美国上一代严肃考虑过，这些信念在美国战略政策制定中曾发挥了重要的作用。研究冷战初期先发制人战争抉择的优秀学者们认为，美国领导人完全是以战略角度出发否决了先发制人战争，就是说，以可接受的代价实施先发制人战争面临着一定的军事困难。相反，我认为在对美国领导人和民众所持有的对外政策及行为没有进行详尽审视的情况下，很难理解先发制人战争的选择。为此，本书从两方面对国际关系进行了研究：现实主义者对国家行为的观点，更加强调在世界政治中，出于竞争动机以及国家实力发生转变所导致的战争中国家实力的中心作用；理想主义者的观点更加重视当国家在日益危险的世界上寻求安全时，有关行为形式合法与否的准则信念是如何对国家行为进行约束的。这一研究过程的一个重要目标是，证明准则对国家行为确实产生了影响。其次，本书追踪了从二战结束到2003年伊拉克战争期间反先发制人战争准则作用所发生的改变。这里最重要的是，要对20世纪90年代初期信念被边缘化的原因进行解释。解释工作着眼点不仅集中在美国对先发制人战争选项的原始战略测评发生了反转，也集中在20世纪60年代到1991年海湾战争期间兴起的新准则方面，新准则为用先发制人战争防止所谓无赖国家的核扩散创建了一种更加宽松的准则秩序。作为应对环境威胁实力转变的战略观点，先发制人战争能否成为一个坚实的政策选项，本书不会保持一种先入为主的观点，既不赞同基于准则信念的美国应该拒绝先发制人战争的观点，也不站在武装冲突时有着特殊动机的先发制人战争具有国际合法性的立场。在最初的伊拉克事件中，这些议题中的每一方面都已被其他人阐述过了。最近关于先发制人战争的道德性和合法性的讨论，多数是基于党派和意识形态，就像伊拉克战争的支持者和布什总统反驳反对派时所表达的观点。本书不打算陷入这种党派之争的泥潭中去。事实上，本书对这些议题采取一种实证的研究方法，希望能在美国对外政策的先发制人战争研究方面，提供一种更加深刻的历史和理论审视角度。

本章的其余部分将为事例研究建立基本的理论基础。首先更详细地展示了先发制人战争的逻辑，大量吸取现实主义文献内容，建立可能导致国家考虑选择先发制人战争的条件。不建立这样的研究基础，就无法解释为什么国家首先会处于对先发制人战争准则尺度进行角斗的阶段。这种研究并不否认实力转换的重要性，正是这样的实力转换，导致国家寻求安全并作出反应。本章也对世界政治范畴的准则和信念等概念进行了详尽的审视，最近几十年里，在国际关系研究领域，研究人员有着极大的兴趣关注思想、准则和特征如何影响国家行为，甚至也涉及安全领域。在这种更宽泛的理论框架下，本章审查了美国反先发制人战争准则的概念，尤其是为什么美国人能够接受这样一个准则，以及该准则又将如何与物质战略因素相互影响。对于现实主义者而言，这些因素对美国应对不断变化的环境威胁起了约束作用。

先发制人战争的动机

先发制人战争的动机兴起于世界政治大背景下，这种背景环境已被国际关系现实主义学者们明确地展示过了。世界上各个国家都是生存在一种无秩序的状态中,这已是老生常谈,简单地说,就是在各国之间或其上不存在最高权威来确保安全。在最低限度上,无序状态形成了准许各国间相互使用军事力量的一种环境,动用武力的各种理由包括确保地域安全、积累物质财富、通过意识形态或宗教传播以提高国家领导人或执政党的地位和形象等。现实主义者认为无序状态的含义很简单:如果一个国家想要生存和繁荣,而所有国家也都拥有同样的基本目标,那么这个国家就必须有足够的实力来抗拒其他国家,并捍卫其利益。[10]因此,按照现实主义者的标准,我们认为实力是世界政治的决定性特征,这里所提及的实力主要是物质范畴的概念(经济产量、军事力量、人口、自然资源[11])。极端情况下,实力决定国家能否生存,能否保护自己的疆土和人民免遭掠夺,能否获得为确保经济健康发展所需的关键资源和贸易伙伴,以及是否不受他国的压制和胁迫而制定自己的政策。实力决定一个国家在国际系统中的等级,因而也决定了哪些国家能够设立国际交往准则。[12]实力决定了国家间不可避免的利益冲突的结果。在现实主义者思想体系中,世界政治也就简化为对实力的永久争斗。[13]当一个特定国家的实力是指可动用的物质资源时,实力也就能够通过与其他国家可利用的资源相比较来衡量。按照这种观点,国家领导人必须对与其他国家相比占据多少优势保持警惕。更加重要的是,对先发制人战争的动机而言,一些相关国家之间的实力分布格局并非是一成不变的。正如罗伯特·吉尔平(Robert Gilpin)指出的,国家在经济、军事和技术基础方面的实力增长会经历不同的发展速度。[14]国家经济会膨胀或衰退,军事力量的规模会随时间而改变,人口增长率会发生变化,而新技术和组织创新会急剧改变特定国家的军事效能。甚至在所有核心国家都正经历的物质实力增长阶段,一些国家也能比其他国家增长得更快,不可避免地造成相对实力分布格局的转变。这样,一些国家就威胁要缩小与其他国家相比的实力差距,甚至要超越其他国家的实力。

这些相对实力的转变对国家行为有着深刻的影响。当实力转变发生时，最危险的是"对一系列多变且难以预料的结果的未来影响"。[15] 正在崛起的国家，出于对现有国际秩序的不满，"将试图按适合自己利益的方式去改变现有系统"。其途径可能是"改变国际系统当前适用的规则，划分势力影响范围，以及……世界属地的分配"。[16] 根据约翰·米尔谢美尔（John Mearsheimer）的论述，任何处在要按自己想法改变势力平衡状态的弱国更倾向这样做，并且在与其他国家的竞争中运用这种增强的实力。[17] 当一个潜在对手的实力上升时，占优势的国家必须抢先行动，它的"口味"也是一样的。[18] 换句话来说，优势国家必须正视对其保持现状想法的直接挑战，或更严重的是，对其核心利益的直接挑战。在这种情况下，最大的战略窘境是如何准确地回应这种威胁或将要来临的实力转变。正如杰出的现实主义学者们所承认的，现实主义理论的物质基础不能给出一个实际应对实力转变的解决方法。[19] 事实上，现实主义理论能为一系列政策的制定提供理论依据，包括对直接军事挑战进行防御、防止崛起国家的威慑或让步，以及为阻止因实力转变而形成的潜在挑战采取的先发性行动。（见表1.1汇总）

表1.1 应对相对实力转变的政策选项

政策选项	目的
防御	如果崛起国家使用其增长的实力，阻止进攻或减少损失
威慑	通过报复威胁，阻止崛起国家动用其增长的实力
让步	通过让步满足崛起国家的要求，防止动用其实力
先发性措施 谈判妥协 制裁 先发制人战争	阻止国家间实力转变，减少因此而产生的不确定性和恐惧感 军备控制、透明、构建信任措施 通过非直接的惩罚作为刺激手段，强迫崛起国家放弃增强实力，改变行为 直接运用军事力量来消灭对手，或使对手实力失效

前三个选项的防御、威慑和让步，是以接受他国实力增长为代价，寻求将这种增长对自身安全的负面影响降至最低。实力均衡理论家们希望国家最

低限度应至少选择以下两种措施之一,来应对实力的转变:要么以充足的军事力量构筑更强大的内部实力基础,来面对其他国家的实力增长;要么与其他国家结成联盟,当战争发生时能够拖延和击败敌对国家。[20]防御和威慑是围绕这种"平衡行为"的两种基本策略选项。防御选项仅适合于"当被攻击时……阻止攻击和减少损失"。[21]作为相关政策选项的威慑,寻求的是首先防止对手使用其崛起的军事实力。威慑不会扭转对方实力增长的趋势,它只是通过潜在和可能的报复性惩戒手段,来促使对手考虑发动武装冲突有可能得不偿失。[22]让步与防御和威胁相同,也视潜在对手的实力增长为不可避免的,让步仅仅是调整这种增长的一种努力。像威慑一样,让步意味着防止崛起国家以敌对方式运用其增长的实力。然而两者达到这一目标的方式却截然不同。前者是基于报复的威胁,而后者是基于向崛起国家的利益做出某种让步,使其无需运用实力来达到目标。正面临相对实力衰退的国家,如果允许崛起国家满足其日益增长的胃口,并在世界体系内施加更大的影响,则有可能缓解崛起国家迫切希望增强自身实力的意愿。但是,依据大多数实力均衡理论家的观点,让步是一种高风险策略;崛起国家的胃口实际上会随着其他国家的让步而越来越大,从而达到威胁让步国家关键利益的程度。让步最终会导致军事冲突,而军事冲突也是制止崛起国家的唯一途径。这种观点使众多国际关系专业的学生们都在笔记中标注,应尽可能少用让步策略。国家领导人更倾向于从一开始就通过均衡行为来迎接崛起国家的挑战,以防止或阻止侵略。[23]

应对令人担心而又不断发展的实力转变的最后手段就是先发性措施。其最极端的形式就是先发制人攻击,即在某些特定的增长实力完全形成以前,使用军事力量摧毁或严重降低这些实力。与均衡实力措施仅仅防止及阻止实际运用这些增长的实力不同,先发性措施首要的是拒绝接受这种增长,是对这种能导致国家间更大不确定性及恐惧的实力转变的一种抑制措施。在我们详细讨论先发制人战争的逻辑之前,应注意这里存在着不使用实际力量来直接摧毁实力转变的多种形式先发性措施，这是十分重要的。通过不使用直接攻击的一些措施来实现目标，国家运用这样的先发性手段，可避免战争所造成的巨大损失。在更广泛的先发性措施范畴下，我们可以将国家间通过谈判达成双方可接受协议的努力纳入进来，这类协议控制着国家如何武装自己，以及国家之间如何交流等内容。

有大量涉及国际关系的文献，是研究国家如何应对实力转变所带来的危机和不确定性，具体措施包括达成军备竞赛控制协议、增加自身实力和意图的透明性、构建相互信任措施以降低对他国实力的恐惧。这显然与强调不信任和竞争而非合作作为安全保障途径的传统现实主义者解决问题的方式大相径庭。与用相抗衡的实力来应对其他国家的实力增长不同，这一选项是以双方摒弃诸如军备竞赛、构筑盟友、借助战争作为安全基石的前提而提出的。用斯洛德的话来说，就是国家都有寻求"超越"无秩序所引发对立和冲突的意愿，去构筑能够缓解他国实际威胁的合作基础。[24] 当现实主义者嘲笑这一宣称时，[25] 其他人则指出，国家间历时多年都在不懈努力，来控制作为世界政治中心要素的实力方面的猜疑和争夺。例如，世界上大多数国家，不论大小强弱，都已签署批准《不扩散核武器条约》，这一条约用以防止核武器扩散，以及避免在五个正式被认可的核国家之外引发大的实力转变。其他国际公约将各类化学和生物武器宣布为非法，这些公约也防止由于在太空、南极洲、深海海床部署武器而引发实力转变，或防止条约签署国的现有特殊武器系统增长，就像冷战时期美国和苏联之间的核武器控制努力。这类条约的有效性最终依赖于各方的自愿遵从。也可以通过核查制度和对违规行为进行制裁的方式来维持其有效性，但归根结底，只有在各签署国无论其大小、崛起或衰落，均认可它们的安全得以保障的最佳途径是相互合作而非对抗，各方签署的对实力转变的控制条约，才能作为先发性措施发挥作用。[26]

基于强迫的先发性措施是解决实力转变问题的一种完全不同的途径，它明确意味着崛起国家拒绝自愿接受对自身实力的限制。强迫形式下的先发性措施可分为两类。第一类是在不直接针对目标国家进行军事打击情况下而实施的制裁。这是对被制裁国家追求或担心其追求特殊军事实力的一种惩戒形式,尽管其他国家曾拥有这种实力而并未受到惩罚。典型的制裁形式有:国际市场拒绝提供特定商品或服务、断绝国际运输、冻结其在外国银行的金融资产,达到完全隔绝其与其他国家的正常经济往来。作为先发性措施的一种形式,制裁的目的是要改变目标国家追求军事实力的成本,并使其领导人相信国际交往方面的损失超过了想要通过增强实力所带来的利益。[27]

基于强迫应对实力转变的先发性措施的第二种类型就是先发制人战争,[28]这是与第一种类型截然不同的一种方法。它并不想通过改变目标国家追求或放弃特定军事能力的意愿来改变其行为。先发制人战争不让目标国家承担因制裁造成的在实力转变方面所增加的成本,它直接运用军事力量摧毁或抵消其实力转变。吉尔平(Gilpin)将先发制人战争称为国家领导人面临战略难题时"最具吸引力的反应",因为它从"根源上解决了问题"。[29]迈克尔·霍华德(Michael Howard)竟然将近代国家间的多数战争归为先发制人目的,这种先发制人目的是从无秩序和对实力的争夺中兴起的。他认为:

> 总的来说,过去二百年间人类进行的战斗……因为他们认识到,或相信他们能够认识到,在他们觉察到危险,或能感到威胁之前发生的……正如工业化前时代一样,战争的原因深植于政客们对敌对实力增长的认识中……恐惧并未改变,不论它来源于对领土的占领,或来源于无畏级战舰(1906年英国战舰名),或来源于武装人员的数量或导弹系统。国家用以维持和拓展实力的手段可能已经发生改变,但他们的目标和先入为主的观念仍然是一样的。[30]

近几十年的大量研究着眼于相对实力转变和战争的联系方面。大多数学者认可实力转变会导致某种不确定性和国家间的紧张局势,从而增加战争风险。有两派思潮认为国家——占优势国家或崛起国家——更倾向挑起对抗。根据均衡实力理论家的观点,当大量不对称现象存在时,对强权实力来说只需更少的代价(和更大的诱惑)去发动战争,从而锁定自己的优势,确保现状让自己获利更多。相反,实力转换理论家则认为,崛起国家而非占优势国家,因为想要获得平等地位而更易挑起冲突。根据A.F.K.·奥甘斯基(A.F.K.Organski)的说法,"有实力及不满足的国家通常是在现有国际秩序已完全确立、利益已分配完毕后才得以充分发展的国家……挑战者……试图为自己在国际社会中确立新位置,一个使他们感觉与自身增长实力相称的位置"。[31]然而要理解战争的先发制人动机,就无需选择一派思潮来压倒另一派思潮。两者都似有理。事实上,将两者结合起来就能解释,在两种不同情景下占优势国家的先发制人战争诱惑。第一种情景下,在崛起的潜在对手获得自信和充足实力以支撑粗狂和更具侵略性的外交政策之前,优势国家就想要击溃他。正如詹姆斯·费伦(James Fearon)坚决主张的,在这种情况下,"衰落国家发动攻击,不是因为它害怕未来被攻击,而是因为它害怕对手实力增强以后所带来的、不得不接受的和平"。[32]先发制人攻击可以让优势国家完全避免现状受到挑战。

最好的事例之一就是1941年日本对美国的袭击。20世纪30年代,那是一个拥有霸权国家的安全要通过控制广阔地域以确保获取关键资源和市场的时代,日本领导人深信,除了将东亚纳入霸权控制范围之外别无选择。尽管1931年对中国的入侵意在提升日本的相对实力,这一举动反过来又击中了日本的要害:日本完全依赖国外石油进口,其中80%来自美国。1941年夏天,罗斯福当局对日本实施石油禁运,以图迫使日本从中国撤出。当日本领导人看到这点时,"和平"美国的强迫举动意味着日本构筑长期生存帝国基础的努力将最终崩溃。然而缺少美国的石油进口,使日本面临相对实力衰退的巨大危险。如果这种衰退不能制止,日本领导人担心他们将不得不屈从于其他国家实力的强权之下。作为危急和高风险措施,先发制人战争被日本视为最佳战略选择，用来削弱美国和英国在太平洋的实力，占领荷兰东印度公司的油田，日本不得不离开它自身无能力断言自己是实力强国的这一体系。[33] 力图避免对现状的挑战而发动先发制人战争的最近事例，就是2003年美国对伊拉克的入侵。在美国领导人声称的有关核武装伊拉克的主要考虑中，伊拉克军事实力的这一重大跃进能够促使其在中东建立并发挥支配优势。正如吉尔平（Gilpin）指出的，"最强势国家在对装备核武器的小国发动攻击前是要三思的"。[34] 至少在地区范围内，优势国家的领导人会担心核威胁将给地区现状的大胆挑战者以庇护。根据2002年的国家安全方针（NSS），对像伊拉克这类"无赖国家"，核武器是"恐吓工具……这类武器或许也能让这些国家吓唬住美国及我们的盟友，提前防止我们试图阻止或击退无赖国家的进攻性行为"。[35]

诱发先发制人战争的第二种情景是：当优势国家担忧与崛起国家可能发生的未来战争时，以及试图提早在实力转变前就引发冲突以避免高昂代价时。根据利博（Lebow）的说法，"当战争被认为是不可避免的，以及当前是军事上的最佳时机时，战争的发生就更具可能性了"。[36] 通过对贯穿现代国家体系历史的先发制人动机的回顾，可以发现这就是政治领导人主张先发制人战争的共同理由。一个早期的主要案例就是，1756年由普鲁士国王弗雷德里克二世（Frederick Ⅱ）发动的七年战争。当弗雷德里克二世不安地看到奥地利、俄国和法国逐渐结盟时，他回顾法国国王路易十四（Louis XIV）所做的决定，并将其作为普鲁士赫然崛起的实力样板。弗雷德里克二世注意到，"当路易十四在1672年攻击荷兰时，即刻就打垮了对方并获得巨大成功。这类冒险行动都是始于冲动，如果给敌人留下反应时间就不会获得成功"。目标坚定的弗雷德里克二世深信战争是不可避免的，所以他确信最好的战略抉择就是先发制人战争。"我的军队已准备好了；必须在阴谋得逞之前将其打破。"[37] 埃默里克·德·范特尔（Emeric de Vattel），世界法律发展史上的重要人物，1758年为普鲁士发动的这场冲突进行辩护。他认为："敌意

第一章
先发制人战争诱惑与反先发制人战争准则相抗衡

总是被认为存在的：所有那些既非朋友又非盟友的就只能是敌人……难道人们只能等到毁灭发生时才想到去避免灾难？"[38]

弗雷德里克大帝将路易十四作为榜样来效仿，而他自己也被后来19世纪和20世纪初期的众多战略家和政治领袖视为榜样，这些人卷入如何应对欧洲实力分布格局剧烈变化和日益迫近的战争决策漩涡里了。例如，在1870—1871年的法国—普鲁士战争后，德国领导人担忧法国会发动报复性战争，夺回被德国占领的阿尔萨斯和洛林地区。引起德国战略决策者们极大关注的是法国军队的持续改编，这表明下一场战争的到来拖得越久，这一潜在对手的实力就发展得越强大。[39]在所谓视线里的战争——1875年的危机时，德国参谋总长赫尔姆斯·冯·莫尔铁克上将（Helmuth Von Moltke），认定法国军队已准备好在1877年与德国继续战斗。通过这一推断，历史学家海因里奇·冯·特伦斯切克（Heinrich Von Treitschke）当时得出结论，如果德国发动战争，"现在将比1877年少占用10万人员！因此，这是成立的。一年内战争还可以推迟，时间再长就不可行了"。[40]尽管当时的德国总理大臣俾斯麦（Bismarck）拒绝了先发制人战争的逻辑，在随后的几十年里，因安全环境的改变和日益迫近的战争引发了巨大的不确定性，先发制人战争作为应对这种不确定性的战略抉择的诱惑并未消退。到了世纪之交，未来欧洲可能爆发战争的有俄国和英国，同时也有法国和德国（及其盟国奥地利）。[41]1897年，海军副部长西奥多·罗斯福（Theodore Roosevelt）从美国看到这种状况，认为不仅德国对俄国的先发制人攻击时机已经成熟，英国对德国海军的先发制人攻击时机也已成熟了。按照罗斯福的观点，俄国军事能力的改变意味着对付德国的时机已到。"这场战争几年前能够很轻易地发动，而现在每拖上一年，就会使自己损失更严重。"相反，罗斯福宣称，"如果我是一个英国人，我会占住先机摧毁德国海军，让德国商船不复存在"。[42]1904年，日本政府深信两个同样占据东亚优势的实力国家之间会不可避免地发生武装冲突，于是大胆针对俄国发动先发制人战争，使得当时占有优势的日本

013

陆军和海军比未来更容易取得胜利。[43]

到了1914年，德国屈从于先发制人战争的逻辑，继俄国和德国盟友奥地利之间的七月危机后，引发了与俄国（随后是法国，因其与俄国签署条约而承担有互助义务）对抗的势头。[44] 在1914年5月，德国外交大臣记录了他与摩尔铁克（Moltke）将军之间的一次谈话："未来掌握在他的手上。两到三年内俄国将完成武装自己，到时我们敌人的军事实力将会强大得令他不知道如何去对付。现在我们或多或少还能与之一搏。在他看来，除了打一场先发制人战争来击败敌人，别无选择，这样我们仍完全有可能从斗争中兴起。"[45] 40年后的1944年秋天，当希特勒（Hitler）面对推进到德国的盟军时，他不得不为自己向法国、英国和苏联发动先发制人战争的决定进行辩解："认为我们的先发制人行动过于超前的异议都会立即遭到驳回。人类所有成功的战争……都是先发制人战争。当认识到战争不可避免而不利用显现的良机，这个人就是在对他的人民犯罪……我们通过艰苦努力，一度有幸建立起了其他国家在多数军事领域从未占据过的绝对优势，但是很明显，这种优势仅仅是昙花一现。"[46]

尽管战争具有历史反复性和显而易见的先发制人动机，瓦格茨（Vagts）注意到，"提议进行的先发制人战争绝大多数并未开战，更多的是倡议，这远多于实际进行"。[47] 这也给列维（Levy）的论点提供了支持，即伴随着恐惧或发展中实力转变的先发制人动机并不足以导致实际开战。[48] 如果衰退国家出于应对实力转变的战略难题，从众多选项中选择先发制人战争，在决定过程中其他因素也会起作用。那么关键问题就是，什么因素能够使倡议中的先发制人战争免于实际开战？集中在现实主义框架内对这个问题的回答大多强调了物质因素。像许多学者一样，列维（Levy）认为："对战争先发制人动机的首要考虑因素应是由一个合理的成本—利益关系所决定的，这一关系是基于当前或推后发动战争的期望效用测算、优劣势比较而建立的。"[49] 换一种说法，从物质前景来说，在发动先发制人战争前，国家领导人会提出一系列疑问。如果今天开战，这个潜在敌人会让我付出多大的代价？如果选择将来开战，而允许相对实力的转变继续按预定趋势发展，那时又会付出什么样的代价？提早而不是推迟卷入武装冲突会让我占据多大的优势？我是否有足够的军事力量来实施一场成功的先发制人攻击？用先发制人攻击遏制住这种实力转变的前景又是什么？什么样的可能引发的报复等级或冲突升级的风险会是不可接受的？能否以其他低代价的策略，如防御、威慑、让步、制裁或谈判协商等，来达到我的安全目标及避免实力转变的风险？正如列维和其他人所承认的，领导人如何回应这些问题，会被个人和集团在信息处理和决策制定中的认识和心理尺度所影响。一些领导人或集团是比其他领导人或集团更易或更不易接受风险的，这将显著影响他们发动先发制人战争来应对这类问题的意愿。[50] 甚至政坛上老道的政客俾斯麦，都难以测算即时与未来开战的代价，在1870年的法国—普鲁士战争后，他在处理与其他欧洲强国的关系时变得更不愿接受风险。"进行战争的想法对我来说总是很陌生，因为战争可能在未来变得不可避免，也可能未来会在更不适宜的条件下开战，所以我总是反对……因为在这种情况下，我是看不见上帝手中的牌的，我也不可能预先知道后果。"[51] 认识和心理因素十分重要，对多数分析家而言，物质实力对处于先发制人战争情形中的国家是第一位的。也就是说，如果国家领导人怀疑先发制人攻击的效果，或测算出先发制人战争将付出不可接受的代价，他们就更不可能倾向于这个选项。

许多先发制人战争的批评家也是基于物质因素而反对这一决策的。最著名的先发制人战争战略前景批评家是理查德·贝茨（Richard Betts），他认为，"先发制人战争始终是最次的选择"。[52] 同俾斯麦一样，贝茨的观点也仅仅是，如果发动先发制人战争，很难准确计算和比较当前与未来进行战争的相关代价。此外，也很难将今天与特定对手战争的具体代价和未来发生冲突的前景进行比较。换言之，有一点根据相比没有任何根据，发动先发制人战争的国家更倾向于承担战争的代价。[53] 许多优秀的现实主义学者像贝茨一样，从物质原因出发反对 2003 年的伊拉克战争。例如，约翰·米尔谢美尔（John Mearsheimer）和斯蒂芬·瓦尔特（Stephen Walt）都认为即使萨达姆当局发展了核武器，势不可当的美国实力和伊拉克过去的行为表明，威慑不失为一种有效的、相对低成本的策略，能够使伊拉克不敢以激进方式运用其增强了的实力，来挑战中东安全局势和美国利益。先发制人战争在另一方面，"将成为布什当局选择开战的一个选项，但也不是必须开战。即使这样一场战争进展顺利，具有长期的积极作用，战争仍不是必须的。而当战争进展不顺利时——不管是体现为美国高伤亡、大量国民死亡、恐怖组织的高风险举动等形式，或增加了对美国的恫吓……那么其设计师将面临答复更多的问题"。[54]

通过对先发制人战争的这番讨论，应该很明显可以看到这里并未提及许多人看重的一个因素，正是这个因素决定了民主国家，或者至少是美国，是否会去发动先发制人战争。特别是，关于战争动机中先发目的的准则合法性并未在主张中得到解释。物质证据，基于它是否在主要战略军事范畴中被视为明智的选择，将决定接受或否定先发制人战争。仅凭这一证据不足以说明，先发制人战争是应对威胁环境变化的"正确"或"适宜"的行为形式。列维确实承认，"社会上公众对待战争的态度也能影响先发制人动机的强度"，他也接受"战争的先发制人动机在民主国家里并不占据主导"[55]这一貌似有理的推断。但像其他研究战争先发制人动机的学者们一样，列维未能详细审视有关先发制人战争合法性的信念是如何确切地，或在多大程度上对政策制定方面发挥作用。试图列举行为准则并不是要否定先发制人行为中的物质刺激作用。如果不存在国家间军事实力转变所引发的战略难题，我们也无法获得第一手的实例来研究行为准则的影响作用。然而，在形成一个国家如何回应物质实力分布格局改变的过程中，准则是能够发挥强有力作用的。

准则和国家行为

在详细审视先发制人战争的具体准则和主张之前，在涉及行为准则的国际关系领域内，拓展更广泛的理论议题是十分重要的。正如我们前面提到的，研究国家战略抉择的主导方法是强调物质实力因素的。相反，准则研究方法则强调特定行为类型的思想和信念。[56]这一前景的基本主张是，政治领导人不会仅依赖物质因素来作出决定，他们也可能会受到大众信念的影响。大众的这些信念是关于在具体情境下哪些类型的行为是可以接受的，哪些是不可接受的。准则通常被定义为"对具有特定身份的人物、角色适宜行为的大众期望"，[57]或者更简单地表达，一种准则应建立代表"禁止或许可行为"的"对和错的标准"。[58]在任何特定战略问题的范畴内，这些关于各类可行选项的信念并不支配国家行为。然而，用尼娜·塔伦王尔德（Nina Tannenwald）的话说，准则能够"界定可行的范围。准则对特定行为发生的概率产生影响（增加或减少）"。[59]在这一点上，准则就是通过詹姆斯·马奇（James March）和约翰·奥尔森（Johan Olsen）称为"恰当的理由"来约束国家行为的。当国家领导人面临战略难题时，马奇和奥尔森认为，他们并非只是从功能主义的眼光着眼于各类行动的结果，而是必须考虑在这种情况下何种行为更为适宜。反过来这也会影响他们接受或拒绝特定行为的意愿。[60]实际上，这就将政策问题从"采取军事行动是明智的么"转为"这样做对这个国家是正确的么"。

这些关于适宜行为的大众信念也许只能局限在特定国家内。在这一层面上，我们的注意力应该集中在民主社会内共享的、有关特性和品质的集体意识上，以及这种特性意识将会如何去形成与这种特性相一致或不一致行为的相关信念。[61]乔治·凯南（George Kennan），尽管并不被认为属于认真重视行为准则的人，他也认为在外交政策行为方面，任何国家一定要遵循特定原则。这些原则决定了哪些事情国家可以做或不可以做，即"国家所遵循的规则和约束"。他认为这些是产生于一个国家内部"占支配地位的自身集体意识——自己认可接受的国家类型或希望自己国家是什么类型"。更重要的是，集体特性有助于决定"哪类行为是与那种概念相符的"。[62]托马斯·伯杰

(Thomas Berger)认为,在一个特定国家内,一种政治—军事文化"会影响其特定社会成员如何看待国家安全……以及在国际关系中如何使用武力"。[63] 伯杰运用这种观点,将德国和日本军国主义的凄惨结局、他们在二次世界大战中的失败,以及国内优秀政治人物如何解释这段痛苦历史,同战后各国在对外政策中都不愿接受使用武力联系在一起。尽管来自国际体系中的物质诱惑会导致许多国家选择建立更强大的军事实力并愿意利用它,但日本战后将自我定位为"商业国家",德国绑定了在多边欧洲或西方环境中的安全特性,这些都使各国能一贯性地抵制这些诱惑。在有关"核禁忌"的文章中,塔伦王尔德指出,美国领导人作出拒绝在朝鲜、越南和波斯湾战争中使用核武器的决定,是如何受到美国是"文明"国家的观念影响的,这个观念也使美国自1945年使用核武器后受到了道德反感。这种自我特性定位产生了一种广泛的(尽管不是普遍的)意识:"我们不能够再做这样的事了。"尽管物质条件许可时,在这些冲突中使用核武器可能是讲得通的。[64]

将美国和纳粹德国的霸权作一对比,就提供了一个水晶般清晰的例证,表明了国家特性和品质如何能够决定其行为。有关一个国家如何运用那种实力,霸权的物质事实仅能告诉我们很少。尤其是霸权国家将构筑哪种类型的国际秩序,将寻求什么样的目标,以及同样重要的,霸权在握时不会去做哪类事情,这些人们都一概不知。正如约翰·拉捷(John Ruggie)曾贴切指出的,霸权并不能解释西方国家战后秩序的特征,而事实上是"美国霸权"在起作用。美国作为自由国家所独有的特性决定了其具有创建一种多边秩序的愿望,来形成具有互惠、平等特点的准则,以促进对共同利益的联合追求。[65] 约翰·伊肯贝瑞(John Ikenberry)认为美国霸权具有独特性,因为它的自由特征对实际运用霸权产生一种抗拒,当美国领导人就国际问题向其他国家发出呼吁,并在盟友里寻求培育信任时,这也导致了对美国领导人的战略约束。[66] 纳粹德国在欧洲构筑的霸权秩序则完全不同,这只能通过其统治的特性和品质来解释。基于亚利安人种的种族优势和他们对生存空间的需求这两条原则,纳粹德国试图创建一种霸权秩序,为了德意志帝国及其人民的利益完全独占欧洲。[67]美国的自我特性和品质决定了它不可能追求希特勒妄想的那种称霸政策。实现霸权目标的统治是与纳粹国家的自我特性和品质相联系的。

比较相关国家的特性,有关行为标准的集体信念是被世界体系中的多数国家所广泛共享的。大量研究国际准则的文章都着眼于对特定情形下国家应该或不应该去做什么的"内部目标"的理解上。在最基础的层面上,国际体系中构筑政治结构的主权原则本身,就是通过对不得干涉其他国家内部事务准则的广泛尊重而得以维持的。没有这一准则,组成自治政治实体体系中的那个特别概念就完全没有实际意义了。尽管军事力量是作为保卫国家主权的最终保证手段而被保留,甚至在缺少自然物理限制的情况下,互不干涉的主权观点在国家间有着强有力的约束作用。[68]学者们研究了更特别案例中一些共享的国际准则,如严禁种族灭绝、使用化学武器、非法贩运奴隶和危害种族,[69]以及那些要求国家在战争中对战俘和非战斗人员承担人权保护的义务等准则。[70]因对在阿富汗和伊拉克战争中俘获的"敌方战斗人员"实行酷刑,逼供情报,其合法性在美国成为论战风暴的主题。尽管酷刑已被证明是为全球反恐战争和平息伊拉克混乱状态获取重要情报的有效手段,很多人仍然认为,这既违反了禁止酷刑的国际公约,又与美国特性相矛盾。两者都因酷刑的行为特性而将之归结为野蛮和不可接受的。[71]

正如我们在下一节将看到的,反对发起先发制人战争准则中的有关长期主张对民主国家是乖僻的,更特别的是,这尤其在美国国内是很有影响的。那么下一节的主要任务就是,在美国民主、美国自我特性如何为更广泛的政治体系及关键领导人所理解,以及先发制人战争的特殊准则性之间建立联系。如果反先发制人战争准则对美国的战略决策制定有着很大的影响,那么其效能在很大程度上决定了美国国家特性和其领导人及民众所持有的适宜行为标准之间的联系会有多么紧密。因而准则在国内层面的操作将成为这次分析的核心。不管怎样,我们也必须考虑美国领导人如何认识作为国际范围行为标准的这一反先发制人战争准则,以及当他们面对由令人烦恼的国际实力格局变化而引发的具体战略难题时,这一准则反过来又如何影响他们对先发制人战争选项的选择意愿。

理论上准则对先发制人战争的作用

如前所论,先发制人战争的逻辑根植于国际无秩序状态所造成的不确定安全环境。它是一个国家面临其他国家潜在负面实力转变时可能产生的极端反应。回顾17世纪至20世纪中叶的先发制人战争时,兰德尔·施威勒(Randall Schweller)发现,从未有任何先发制人战争是由民主国家发动的。他声称,"每场先发制人战争都是由强权国家发动的——从斯巴达因害怕雅典实力增长的反应到纳粹德国对苏联的进攻——都是由非民主国家发动的"。[72] 施威勒进一步注意到,在每一个涉及民主国家面临潜在崛起对手的实例时,应对威胁环境转变的战略选择不是通过防御结盟来平衡,就是努力去适应崛起实力。[73] 按照斯威勒的观点,这绝不是偶然事例,而是直接与民主类型国家的准则性和制度性特征有关联的。[74]

他阐述的关键点是公众对运用军事力量的态度,这由两个主要方面组成。第一方面吸取了大家熟悉的康德格言,民主公民当然反感承担战争的高额成本,那可能包括大规模增加税赋,以及损失大量生命。这种反感,他认为,尤其是在发生先发制人战争而又要求公众接受战争的风险和代价时更为强烈。这种战争不是因直接挑衅而引起的,而当前不发动战争的未来成本需历经长时间的测算才能证明是合理的。[75] 尽管公众因要求避免先发制人战争成本而对民主政治领导人施加的压力,是能够对这种选择产生阻碍的,注意到这个具体解释并不是准则起作用的证据很重要。相反,正是战略难题的同样物质因素才导致俾斯麦拒绝接受先发制人战争逻辑。这与现实主义者的物质证据差异不大,现实主义者的物质证据是在没有国内压力时,先发制人战争的成本不能与未来利益相抵，这也能使国家领导人自己得出同样的结论。

我们要超越物质证据，着眼于先发制人战争的观点，更具体地着眼于有关先发制人战争这一特殊行为的信念。目的是确定在美国民主政治体系中，这些信念是否或多大程度上在考虑准则所禁用的战略选项时已被重视。本节归纳出的四种类型的准则证据，曾被评注美国民主和先发制人战争的学者和政治领导人总结过，这些证据类型也能从国际关系准则方面的众多文献中得出。这四类证据也将构成以后几章对准则实施的实证分析基础（见表1.2的汇总）。

第一种准则证据将先发制人战争归为具有违背美国社会所能接受标准的特征，这些标准决定了在哪些条件下针对他国运用军事力量是正当的。简单地说，从这个角度先发制人战争被视为侵略性战争的一种形式；因美国人的特性拒绝鼓励国家侵略，先发制人战争就是非公正的。斯威勒坚持认为"民主国家的政策，与专制国家的政策相比，一定是更加符合那种社会的道德价值标准。"[76] 整个历史上的先发制人战争都是与"侵略性战争"的概念紧密相连的。经常被提及的与先发制人战争有关的主要角色有：路易十四、弗雷德里克二世、拿破仑、凯赛尔·威尔赫尔姆二世（Kaiser Wilhelm Ⅱ）、希特勒、日本帝国。

表1.2 美国抗拒发动先发制人战争的准则来源

国内层面	1. 先发制人战争是一种侵略战争，与美国人公正使用军事力量的准则标准相违背。 2. 美国人的品质抵制给先发制人战争提供理由的"战争是不可避免的"概念。
国际层面	3. 为其他国家针对美国或其他国家直接发动先发制人战争设置了先例。 4. 先发制人战争损害了美国在其他国家中的声誉和道德权威。

然而对民主国家来说，瓦格茨（Alfred Vagts）称发动先发制人战争是个"禁忌"。斯威勒这样解释："在追求个性自由和幸福启蒙原则下建立的政

府所统辖的公民,是天然排斥违反伦理和道德的先发制人战争的,因为这意味着无数士兵遭受无缘无故的屠杀[以及]……无辜的民众……即便只不过假定未来的安全需要这样做。"[77] 伯纳德·布罗迪(Bernard Brodie)是早期核理论和核战略的主要设计师,他认为,尽管"非感性逻辑"通常指引军事战略方面的思考,但在先发制人战争的情形下却是不可能的。布罗迪称,如果相信美国人会接受"众多外国人的生命是能够与单个美国人丧失自由的忧虑相衡量的,我们本能地会在道德基础上拒绝那样的建议",[78] 这会很荒谬。布罗迪在这里提出的观点,与国际体系中自卫的通用准则所导致的紧张局势有关联。"自卫"能够引领发动针对他国的先发制人战争冲动,尽管同时该行动会导致宣告该行为在准则上是错误的。作为主权原则的内在成分,武装自己以防卫他国,以及需要自卫时实际动用军事力量都是正确的。尽管每个国家都能够宣称有出于防御目的而充分武装自己的权利,这一准则也带来相伴随的义务,即容忍他国出于自身防卫武装自己。[79] 仅仅是出于对他国自身实力增长的恐惧,证明不了发动先发制人攻击来阻止这种增长是正当的。国际准则规定,自卫是用来回应他国发动的攻击,这已经通过联合国宪章第51条款被编纂成为国际法。现行国际法也准予"抢先"对他国正在迫近的军事力量使用作出反应的权利。

这就引出了在"先发制人战争"和"抢先攻击"之间的主要差别问题。先发制人战争是由于对发展中的相对实力转变引起的未来结果的恐惧而引发的——被称为"对长期威胁的战略回应"。"抢先攻击"是对一场当前威胁的战术反应……抢先攻击的目的是抢先阻止对手现存军事力量的机动性和部署,而先发制人目标着眼于先行阻止新的军事资产的形成。[80] 实际抢先攻击的经典事例是以色列军队在1967年发动的对埃及军队的攻击,当时埃及军队在西奈集合,明显准备对以色列发起进攻。当时很显然即将发生一场阿拉伯人的入侵,以色列展开的战术行动使这场入侵部署失效。[81] 美国对判断抢先攻击是否正当准则标准的关注,采用了国务卿丹尼尔·韦伯斯特(Daniel

Webster)被广泛引用的1842年判断标准：只有当自卫是"刻不容缓的，势不可当的，无其他手段可选择而又不容审议"时，[82]这样的行动才能被断定是正当的。尽管倡导先发制人攻击能给应对实力增长的举动赋予有远见的、长效的防御措施特征，如同给2002年伊拉克事例所赋予的特征，但这很难符合韦伯斯特描述的即刻危险标准。结果，这样一场攻击只能改为是具有这样的特征：目标国家违反了只有出于自卫才能武装自我的权利。因此，反先发制人战争准则坚持这样的观点：如果没有证据，或者仅有十分含糊不清的证据，来说明他国有针对你使用其增长的军事能力的意图，那么使用军事力量作为自卫手段就不具有正当合法的基础。美国特性的相关内容要求尊重仅仅出于防御目的而使用军事力量，以及反对军事侵略行为，在这个程度上，凭借先发制人战争来应付具体战略困境的诱惑，必然会面临这一选项不为信念所接受的结果。

约翰·米尔谢美尔（John Mearsheimer）彻底地批判了认为美国外交政策反映了强烈的自由冲突和厌恶政治权力的主张。他认为，尽管美国有使用准则言词来给国家行为赋予特性以及来判断行为正当性与否的倾向，这类倾向仅仅是试图掩饰美国外交政策已完全采纳了现实主义逻辑的一种辞令。[83]关于这一点，确实存在大量材料可证实其存在。但只是因为美国领导人和公众可能因为准则的原因而拒绝将先发制人战争作为具体战略选项，也并不意味着美国会在其外交政策领域抛弃现实主义逻辑。正如前面所讨论的，先发制人战争不是应对他国实力增长的唯一政策选项。在下列证据方面并没有任何逻辑上的不一致之处：美国因准则的原因在拒绝先发制人战争的同时，又可以选择一些现实主义手段，如保持军事力量用以威慑和防御，或限于使用制裁政策等先发性措施来针对目标国家。在这种方式下，有关战略行为的准则信念能够与物质估测相互结合，一起作为一种重要的，甚至是决定性的变量因素，并提供给政策制定者，与其他应对潜在威胁的选项一同考虑来发挥作用。

第二种准则证据也是从有关美国特性的主张中引申出来的,这些主张坚持认为,美国人对战争不可避免的观点持反对态度。这一信念反对先发制人的逻辑,该逻辑在测算出与某一特定敌手的未来战争高度可能发生或不可避免时,是很容易作为战略选项来采纳的。但如果按罗伯特·塔克(Robert Tucker)坚持认为的,将战争的当前成本与未来的可能成本进行估算对比,当得出国家别无选择而只能接受这些当前成本时,"就直接遭遇到对冲突的美国式解释。"这"必然涉及……战争不可避免的概念",以及否定任何解决争论的可能性,这些是形成于有关通过非暴力手段或采用非战争威胁手段来解决争议的过程中。[84] 与之相同的观点可以在二战后不久出版的、有关美国战略的一本被广泛阅读的书中找到,书中拒绝了那些堂吉诃德式的建议,这些建议认为美国人民会在战争据称是不可避免的基础上同意对苏联发起先发制人战争。"先发制人战争的证据是……失败主义。谁又知道怎么能指望时间的流逝会带来理解?"[85] 汉斯·摩根索(Hans Morgenthau)认为,美国人拒绝"认真考虑先发制人战争的可能性",是因为这从根本上违背了美国人对战争起因的认识。"当战争来临时,它必然是因自然灾难或他国所做的罪恶事情而来临的,不应是因预见者和某一外交政策的策划结果而引发的。"[86] 除非是因具体对手的品质或既往行为使得战争是不可避免的或至少成为更可能发生的事,民主公民更难于放弃可以通过非公开战争手段来应对敌手的希望。在这种情况下,处在竞选体系中的政治领导人更不愿接受发动战争的短期政治风险,[87] 特别是不可能表明是反事实的状态——一场未来战争可能不可避免而且更糟糕,以及因此从他们的长期智慧中获取竞选利益。不论反对战争不可避免的动力是来自执行部门、国会,或公众中的哪一个,对战争不可避免概念的抗拒使得美国更可能选择防御、威慑或制裁,甚至和谈的政策,而不是选择发动一场先发制人战争。

前面两个证据着眼于美国人的自身特性和品质对先发制人战争选项的限制。余下的两个证据则考虑在国际层面上反先发制人战争准则对美国政策选择的影响效果。正如前面提到的，多国共享的行为准则创立了国家间希望遵从的一系列规则。违反国际准则的国家，不论准则是被国际体系所广泛遵从的或仅被一小部分国家认可的，都必须考虑到他国可能的负面反应。这可能以两种形式表现出来。第一种形式是，当他国选择违反准则时，国家领导人可能会担忧直接的后果，或寻求其他方式去惩戒违反者。如果美国在特定情况下发动先发制人战争，美国领导人可能会担忧其他国家会发现很容易通过先发制人战争来应对他们自己的安全难题（不管这个难题是美国自己或他国导致的）。如果美国领导人相信他们的自我约束对维护国际社会尊重先发制人战争准则是十分重要的，这可能会作为他们测估先发制人战争成本的影响因素。我们能看到在对伊拉克战争的论辩中产生了这些论据。例如，许多国会成员担忧，如果美国开了先发制人战争的先例，很容易且更有可能使印度和巴基斯坦屈从于这种诱惑，去攻击他们的地区核对手，以打破各自所面临的长期安全困境；或对中国而言，通过进攻台湾来遏制台湾军事实力的进一步发展，以避免未来开战可能付出的更大代价。[88] 第二种表现形式是，国家领导人会考虑违背国际准则的行为将怎样影响自身在其他国家中的声誉。即使美国领导人不害怕因先发制人战争所造成的直接后果或其他国家的类似模仿行为，对在其他国家给自己造成的声誉和道德权威方面的负面影响所形成的潜在损失，也会成为这种行为方式的附加成本而被加以考虑，特别是当美国在具体议题上失去其他国家的支持时。[89]

实践中准则对先发制人战争的作用

本书其余部分将研究在具体历史事件中反先发制人战争准则所发挥作用的情况：尽管有众多轶事是有关美国人的品质和特性，以及先发制人战争准则问题，当美国在具体事件中面临因相对实力转变而形成的战略难题时，是不是能够找到这些准则对政策制定实际发挥影响的证明？按照许多国际关系学者们的观点，这是研究有关国家行为准则效果方面众多富有挑战性观点的一个。⁹⁰你如何能够实际观察到无形的思想及行为准则？你怎么能知道准则有助于促使政策制定者追求某一具体行为或避免另一行为？对关注国家行为准则事项的观念评论家而言，这被视为显示准则所发挥作用的、正在衰退的方法论的路障。尽管观察正在发挥作用的准则肯定是一个挑战，这一挑战并不意味着我们应该放弃研究准则影响的努力，它表明我们在如何进行研究和得出结论时必须更加谨慎。

正如彼德·凯特曾斯坦（Peter Katzenstein）所建议的，本书是在"具体的历史场景"下，或理查德·普莱斯（Richard Price）称之为"特定的时刻"，即具体问题迫使政治角色卷入对国际行为适宜形式"迸发的大辩论"的时刻，审查了先发制人战争准则。⁹¹对美国和发动先发制人战争的诱惑而言，类似的特定时刻包括冷战初期阶段（第2、3章）、1954—1955年的台湾危机（第4章）、1962年的古巴危机（第5章）、20世纪60年代的中国和90年代的朝鲜（第6章）、21世纪初的伊拉克（第7章）。尽管这些国家与美国相比在实力方面存在巨大差异，但每一事件都使美国面临相似的战略难题：如何应对一个军事实力正在发展或处于显著增长阶段的潜在敌手。每一事件的章节都会引发一系列相似的问题。首先，美国政策制定者如何理解令人惧怕的实力转变的安全含义？笼统地说，正如我们将看到的，每一事件中的潜在实力转变都被视为足以严重到引发了显而易见的、关于先发制人军事行为的考虑，以图在早期阶段就阻止这种转变继续发展。其次，政策制定者如何测评追求先发制人军事行动会付出的物质代价和获得的利益？第三，当政策制定者在不同行为选项中斟酌时，是否存在任何证据表明，在供他们权衡的概念中存在有先发制人战争准则合法性的考虑？如果是这样，那么先发制人战争准则有什么样的影响力？

我们不能够仅仅以一个具体事件的结果来臆测准则的效力，或那一事件的变量因素。例如，美国未对古巴的苏联导弹基地发动空中突袭，并不意味着，这是准则给先发制人军事行动标上了不道德的标签，或是与美国人品质不相一致的标签的结果。这可能是战略权衡的结果,即把苏联在别处进行反击的风险、和苏联全面开战的代价与公开袭击导弹基地所获的利益相权衡的结果。尽管两者似乎都有理,但对某一具体事件而言,确定哪种是最有力的解释的唯一方法,就是被称为"过程追踪"的方法。作为探求独立事件答案的一种方法,过程追踪涉及对下列问题的详尽审评:某一具体事件中的具体角色是如何解决问题的、哪些信息对他们的考虑更为重要、牵涉到哪些人及他们的职位是什么,以及众多角色是如何对抗并影响决策和政策选择的。[92] 大多数研究准则的学者们都同意,观察驱动政治角色行为的信念,只能是通过他们描绘具体情形的言辞、在这些情形中他们认为适宜的举动,以及最终的国家行为是否与表述的准则信念实际相一致。[93] 埃撒斯·纳德尔曼(Ethan Nadelmann)指出,国家或政府不"持有道德观;更确切地说,影响政府政策特定道德证据的能力……起源于国内的……道德提倡者以及政府内那些强势鼓吹者的……政治影响力"。[94] 其目的就是玛莎·芬内莫(Martha Finnemore)和凯瑟琳·西金克(Kathryn Sikkink)称为的"交流的重轨",那应该是由重要政治角色为试图证明其行为正当性和提高自己地位而留下的,特别作为政策制定竞争过程的组成部分。[95] 重要角色们是否抛出了准则性言词来为反先发制人战争选项提供理由?他们是否为特定情形制定了对与错的衡量标准?他们是否号召出一种公众意识,即美国应是哪样一种国家以及哪种行为因与这种集体特性相矛盾而应该避免去做?在政策制定竞争过程中,其他的角色又是如何回应这些概念性证据的?在角色们使用的言词中,他们是如何在由准则引申出的政策选项与基于物质测估结果上战略逻辑选项的竞争中进行裁定的?是否准则里对不恰当行为的约束能够引导重要角色们回避先发制人战争选项,同时又强化了如威慑、制裁或谈判性协商等其他选项的吸引力?

将言语记录作为一种证据来源去解释具体事件中的政治决策,确实可能会导致某些问题发生。所留下的记录必须能够确保获取关键参与人员的观点以及他们与其他人的交流内容。在涉及多位持不同观点的政策制定者参与政策制定的争锋过程中,这一点尤为重要。是谁引入了问题的准则性证据?这些信念又是如何影响他人追求先发制人战争意愿的?难于充分挖掘出有关政策制定中物质和准则作用的评审材料,这对于准则研究肯定不是特有的;任何依赖过程追踪的研究领域都会面临这一挑战。为达到我们的研究目的,应该尽可能广泛地获取多种证据来源。从书面记录中获取准则信念,确实会导致我们必须警惕特定问题的产生。正如保罗·科沃特(Paul Kowert)和杰弗里·利格罗(Jeffrey Legro)警告的,"由于公开宣言能够起到骗术战略目的,完全信赖角色们的讲话会形成误导"。[96]出于权力政治或物质利益的原因,政治领导人使用准则性言词来解释其决策,这在现实中可能是想为其所选择的政策提供一种正面的言辞伪装。有关这个问题的判断方法是,在他们公开和非公开所说的言辞,或在秘密评审情况下所表达的言辞之间寻找一致或不一致之处。关于某个具体事件,他们在公开场合的准则性表述在非公开评审中并未得到重复表述,这时就应亮起红灯。上面提及的两个问题都能通过多样性的材料来源得以解决,公开材料来源包括回忆录、演说、新闻发布、立法审议等,非公开材料来源则包括秘密会议记录和备忘录、以前的政府保密文件、私人信函以及日记等。

　　本书的每一章都将对执行机构的重要领导人加以重点审视。对那些在政策制定方面有着直接影响作用的国家政治角色的行为加以审视,是能够找到准则的表现的。但是,研究民主体制下行为准则的重点应该是,一种特定准则究竟在多大范围和多少程度上能够为广阔的政治体系所广泛共享。就美国民众和国会支持美国总统有权利进行决策而言,我们应该在为公众及立法者所持有的准则性信念和会降低某些政策可能性的政治限制之间寻找联系。对先发制人战争来讲,我们不能忽视发动先发制人战争的主张是如何玩弄美国公众和国会的。下面两章将通过审查杜鲁门任期内的先发制人战争诱惑,以及杜鲁门拒绝将其作为选择手段来对付苏联核武库造成的可怕前景,来开始

第一章
先发制人战争诱惑与反先发制人战争准则相抗衡

我们的研究历程。

注 释

1. "Remarks by the President at 2002 Graduation Exercise of the United States Military Academy," June 1, 2002, at http://www.whitehouse.gov.

2. Paul Schroeder, "World War I as Galloping Gertie: A Reply to Joachim Remak," *Journal of Modern History* 44(September 1972): 322.

3. Jack Levy, "Declining Power and the Preventive Motivation for War," *world Politics* 40 (October 1987): 88. Also see Richard Betts, *Surprise Attack: Lessons for Defense Planning* (Washington, DC: Brookings Institution Press, 1982), 145; Richard Betts, "Surprise Attack and Preemption," in *Hawks, Doves and Owls,* ed. Graham Allison, Albert Carnesale, and Joseph Nye (New York: W. W. Norton, 1985), 61—65.

4. I.evy, "Declining Power and the Preventive Motivation for War," 89.

5. Robert Chandler, *Tomorrow's War, Today's Decisions* (McLean, VA: AMCODA Press, 1996); Henry Sokolski, *Best of Intentions: America's Campaign Against Strategic Weapons Proliferation* (Westport, CT: Praeger, 2001).

6. National Security Strategy of the United States, September 17, 2002, 13—16. [Hereafter, 2002 NSS]

7. Marc Trachtenberg, "A 'Wasting Asset': American Strategy and the Shifting Nuclear Balance, 1949—1954," *International Security* 13 (Winter 1988/89): 5.

8. "Report to the American People on the Situation in Korea," September 1, 1950, *Public Papers of the Presidents: Harry S. Truman 1950* (Washington, DC: U.S. Government Printing Office, 1965), 613.

9. Alfred Vagts, *Defense and Diplomacy: The Soldier and the Conduct of Foreign Relations* (New York: King's Crown Press, 1956), 324.

10. Kenneth Waltz, *Theory of International Politics* (New York: McGraw-Hill, 1979), 102—116

11. Hans Morgenthau, *Politics Among Nations* (New York: Alfred A. Knopf, 1985),

chap. 9; Waltz, *Theory of International Politics,* 131.

12. Robert Gilpin, *War and Change in World Politics* (London: Cambridge University Press, 1981), 42—43

13. Ibid., 7; Morgenthau, *Politics Among Nations,* 31; John Mearsheimer, *Tragedy of Great Power Politics* (New York: W. W. Norton, 2001), 4—8.

14. Gilpin, *War and Change in world Politics,* 14

15. Levy, "The Preventive Motivation for War," 96

16. Gilpin, *War and Change in World Politics,* 9, 187.

17. Mearsheimer, *Tragedy of Great Power Politics,* 37.

18. Frank Wayman, "Power Shifts and the Onset of War," in *Parity and War: Evaluations and Extensions of the War Ledger,* ed. Jacek Kugler and Douglas Lemke (Ann Arbor: The University of Michigan Press, 1996), 147.

19. Mearsheimer, *Tragedy of Great Power Politics,* 10—11; Waltz, *Theory of International Politics,* 124—125.

20. Waltz, *Theory of International Politics,* 118; Morgenthau, *Politics Among Nations,* chaps. 11 and 12.

21. Robert Art, *International Politics* (New York: HarperCollins, 1992), 133.

22. Patrick Morgan, *Deterrence:* A Conceptual Analysis (Beverly Hills, CA: Sage Publications, 1983); Paul Huth and Bruce Russett, "What Makes Deterrence Work? Cases from 1900 to 1980," *World Politics* 36 (July 1984) : 496—526.

23. 现实主义者对历史上流行的平衡行为的说法持坚定反对意见的是保罗·斯洛德，斯洛德认为在欧洲整个历史里，国家间就经常产生的崛起力量没有取得过平衡。他发现通过"暗藏"，通过远离潜在威胁、声势浩大的活动及与强权国家保持联合来避免滥用和混乱"降临"，努力通过制度安排和规则来化解冲突，减少国家交往中军力的作用。Paul Schroeder, "Historical Reality vs. Neo-Realist Theory," *International Security* 19 (Summer 1994) : 108—148. 有关缓和，参见 Stephen Rock, *Appeasement in International politics* (Lexington: University Press of Kentucky, 2000), chap. 1.

24. Schroeder, "Historical Reality vs. Neo-Realist Theory" 117.

25. John Mearsheimer, "The False Promise of International Institutions," *International*

Security 19（Winter 1994）: 5—49.

26. 大量有关国际制度和新自由制度主义方面的文献专门涉及相互利益与合作行为有助于国家渡过危机。Stephen Krasner, ed., *International Regimes*（Ithaca, NY: Cornell University Press, 1983）; Robert Keohane, *After Hegemony: Cooperation and Discord in the World Political Economy*（Princeton, NJ: Princeton University Press, 1984）; David Baldwin, ed., *Neorealism and Neoliberalism: The Contemporary Debate*（New York: Columbia University Press, 1993）.

27. Lisa Martin, *Coercive Cooperation: Explaining Multilateral Economic Sanctions*（Princeton. NJ: Princeton University Press, 1992）; David Cortright and George Lopez, eds., *Smart Sanctions: Targeting Economic Statecraft*（I.anham, MD: Rowman & Littlefield, 2002）; Daniel Drezner, *The Sanctions Paradox: Economic Statecraft and International Relations*（New York: Cambridge University Press,1999）; Sarah Graham-Brown, *Sanctioning Saddam: The Politics of Intervention in Iraq*（New York: St. Martin's Press, 1999）.

28. 在国际关系文献中区分国家间武装冲突次要形式与"战争"的共同标准是1000名战死者。Melvin Small and J. David Singer, *Resort to Arms: International and Civil Wars, 1816—1929*（Los Angeles: Sage Press, 1982）. 在本书中使用"先发制人战争"这个专门词语，我并不想以这个人为门槛为标准才可以对军事力量的先发制人行动进行研究。兵力的先发制人使用没有或很少有伤亡，像以色列对伊拉克奥西拉克核反应堆的空袭，或导致百万伤亡，如第一次世界大战。

29. Gilpin, *War and Change in World Politics,* 191.

30. Michael Howard, *The Causes of War*（Cambridge, MA: Harvard University Press, 1983）, 13—15, 18.

31. A. F. K. Organski, *World Politics*（New York: Alfred A. Knopf. 1968）, 364-373. See also A. F. K. Organski and Jacek Kugler, *The War Ledger*（Chicago: The University of Chicago Press, 1980）; Gilpin, *War and Change in World Politics,* 9, 187. See also Dale Copeland, *The Origins of Major War*（Ithaca, NY: Cornell University Press, 2000）, 文中对更有可能造成先发制人战争条件的更细致解释。

32. James Fearon, "Rationalist Explanations for War," *International Organization* 49（Summer 1995）: 406. See also Stephen Van Evera, *Causes of War: Power and the Roots of*

Conflict (Ithaca, NY: Cornell University Press_1999) , 76.

33. Scott Sagan, "The Origins of the Pacific War," *Journal of Interdisciplinary History* 18 (Spring 1988) : 893—922; Vagts, *Defense and Diplomacy,* 320—322; Richard Overy, *The Road to War* (New York: Penguin, 1999) , chap. 6.

34. Gilpin, *War and Change in World Politics,* 215.

35. 2002 NSS, 15.

36. Richard Ned Lebow, *Between Peace and War: The Nature of International Crisis* (Baltimore: The Johns Hopkins University Press, 1981) , 254. See also Richard Ned Lehow, "Windows of Opportunity: Do States Jump Through Them?" *International security* 9 (Summer 1984) : 147—186; Van Evera, *Causes of War,* 74—76, 88; levy, "Declining Power and the Preventive Motivation for War," 99.

37. Vagts, *Defense and Diplomacy,* 277.

38. Ibid., 276.

39. A. J. P. Taylor, *The Struggle for Mastery in Europe, 1848—1 918* (Oxford: Oxford University Press, 1954) .

40. Vagst, *Defense and Diplomacy,* 288.

41. Taylor, *The Struggle for Mastery in Europe,* chap. 19.

42. Vagts, *Defense and Diplomacy,* 293.

43. Ibid., 296; Ian Nish, *The Origins of the Russo-Japanese War* (New York: Long-man, 1985) .

44. Schroeder, "World War I as Galloping Gertie" ; Taylor, *The Struggle for Mastery in Europe,* 340, 524, 527.

45. Fritz Fisher, *War of Illusions: German Policies from 1911 to 1914* (New York: W. W. Norton, 1975) , 401.

46. Vagts, *Defense and Diplomacy,* 267.

47. Ibid.

48. Levy, "Declining Power and the Preventive Motivation for War," 86.

49. Ibid., 95.

50. Ibid., 99, 101—103; Lebow, *Between Peace and War,* 254.

51. Vagts, *Defense and Diplomacy,* 291.

52. Richard Betts, "Striking First: A History of Thankfully Lost Opportunities," *Ethics and International Affairs* 17（2003）: 18.

53. Richard Betts, "Suicide from Fear of Death?" *Foreign Affairs* 82（January/February 2003）: 34—43.

54. John Mearsheimer and Stephen Walt, "An Unnecessary War," *Foreign Policy* 82（January/February 2003）: 59.

55. Levy, "Declining Power and the Preventive Motivation for War," 105.

56. 更深入了解这篇文章，详见 Michael Desch, "Culture Clash: Assessing the Importance of Ideas in Security Studies," *International Security* 23（Summer 1998）:140—170; Martha Finnemore and Kathryn Sikkink, "International Norm Dynamics and Political Change," *international Organization* 52（Autumn 1998）: 887—917

57. Peter Katzenstein, "Introduction: Alternative Perspectives on National Security," in *The Culture of National Security: Norms and Identity in World Politics,* ed. Peter J. Katzenstein（New York: Columbia University Press, 1996）, 5; Ronald Jepperson, Alexander Wendt, and Peter Katzenstein, "Norms, Identity, and Culture in National Security," in ibid., 54; Jeffrey Lego, "Which Norms Matter? Revisiting the 'Failure' of Internationalism," *International Organization* 51（Winter 1997）: 33; Friedrich Kratochwil ,*Rules, Norms, and Decisions*（New York: Cambridge University Press, 1989）, 69—70.

58. Nina Tannenwald, "The Nuclear Taboo: The United States and the Normative Basis of Nuclear Non-Use," *International Organization* 53（Summer 1999）:433—468.

59. Ibid.

60. James March and Johan Olsen, *Rediscovering Institutions: The Organizational basis of Politics*（New York: The Free Press, 1989）, 23—26.

61. Jepperson, Wendt, and Katzenstein, "Norms, Identity, and Culture in National security," 60—62.

62. George Kennan, "On American Principles," *Foreign Affairs*（March/April 1995）: 120.

63. Thomas Berger, "Norms, Identity, and National Security in Germany and Japan," in *Culture of National Security,* 325—326.

64. Tannenwald, "Nuclear Taboo."

65. John Ruggie, "Multilateralism: The Anatomy of an Institution," *International Organization* 46（Summer 1992）: 561—598.

66. G. John Ikenberry, *After Victory*（Princeton, NJ: Princeton University Press, 2000）.

67. Norman Rich, *Hitler's War Aims: The Establishment of the New Order*（New York: W. W. Norton, 1974）.

68. Kratochwil, *Rules, Norms, and Decisions,* 251—253.

69. Helmut Dubiel and Gabriel Motzkin, *The Lesser Evil: Moral Approaches to Genocide Practices*（New York: Routledge, 2004）; Samantha Power, A *Problem from Hell: America and the Age of Genocide*（New York: Basic Books, 2002）; Richard Price, *The Chemical Weapons Taboo*（Ithaca, NY: Cornell University Press, 1997）; Ethan Nadelmann, "Global Prohibition Regimes: The Evolution of Norms in International Society," *International Organization* 44（Autumn 1990）: 479—526.

70. Martha Finnemore, *National Interests in International Society*（Ithaca, NY: Cornell University Press, 1996）, chap. 3.

71. Mark Danner, "We Are All Torturers Now," *New York Times,* January 6, 2005, Op-Ed.

72. Randall Schweller, "Domestic Structure and Preventive War: Are Democracies More Pacific?" *World Politics* 44（January 1992）: 249.

73. Ibid., 254.

74. 列维和歌彻尔有说服力地主张1956年的阿拉伯—以色列战争是民主国家发动的首场先发制人战争。Jack levy and Joseph Gochal, "Democracy and Preventive War: Israel and the 1956 Sinai War," *Security Studies* 11（Winter 2001/2002）: 1—49.

75. Schweller, "Domestic_Structure and Preventive War," 241—242. Immanuel Kant, "Perpetual Peace: A Philosophical sketch, in *Kant's Political Writings,* ed. Hans Reiss（New York: Cambridge University Press, 1970）, 100—101.

76. Schweller, "Domestic Structure and Preventive War," 245.

77. Ibid., 246. 按当代的观点来看待，先发制人战争可以被视为在道德上是公正的，见Whitley Kaufman, "What's Wrong with Preventive War? The Moral and Legal Basis for the Preventive Use of Force," *Ethics and International Affairs* 19（2005）:23—38.

78. Bernard Brodie, Strategy *in the Missile* Age（Princeton, NJ: Princeton University

Press, 1959), 235—237.

79. 武装自卫的这种权利并无必要扩展到所有国家的各种类型武器。有关那类武器如化学、生物武器和地雷，国际会议将这些特种技术列为非法的自卫手段。不扩散核武器条约（NPT）把国家分为两类，被认可的核国家和许诺保持非核身份的那些国家。不扩散核武器条约（NPT）禁止国家体系中的大多数国家拥有核武器。虽然对特殊军事技术有着各种限制，动用武力阻止某些国家追求那种实力，并未产生相应的准则以证明这样是合理的。这种观点将在第六章和第七章中详细讨论。

80. Levy, "Declining Power and the Preventive Motivation for War," 91.

81. Betts, "Surprise Attack and Preemption," 57, 65—66.

82. Quoted in Michael Byers, "Letting the Exception Prove the Rule," *Ethics and International Affairs* 17（2003）: 15.

83. Mearsheimer, *Tragedy of Great Power Politics,* 26.

84. Robert Tucker, *Just War: A Study in contemporary American Doctrine*（Baltimore: The Johns Hopkins University Press, 1960）, 17.

85. William Borden, *There Will Be No Time: The Revolution in Strategy*（New York: Macmillan Company, 1946）, 223.

86. Morgenthau, *Politics Among Nations,* 229—230, 256.

87. Schweller, "Domestic Structure and Preventive War," 242—243.

88. 涉及反对国际上先发制人战争的事例，见有关评论: Comments of Senators Sarbanes, Levin, Conrad, and Biden in *Congressional Record* S10156, October 9, 2002; S10233, October 10, 2002; S10164, October 9, 2002.

89. Legro, "Which Norms Matter?" 54.

90. Desch, "Culture Clash," 150—152; Paul Kowert and Jeffrey Legro, "Norms, Identity, and Their Limits: A Theoretical Reprise," in *Culture of National Security,* 483—484; Gregory Raymond, "Problems and Prospects in the Study of International Norms," *Mershon International Studies Review* 41（November 1997）:219—222; Nadelmann, "Global Prohibition Regimes," 480; Finnemore and Sikkink, "International Norm Dynamics and Political Change." 888.

91. Katzenstein, "Introduction," 24; Price, *The Chemical Weapons Taboo,* 10.

92. Andrew Bennett and Alexander George, "Case Studies and Process Tracing in History and Political Science," in *Bridges and Boundaries: Historians, Political Scientists and the Study of International Relations,* ed. Cohn Elman and Miriam Fendius Elman (Cambridge, MA: MIT Press, 2001) , 137—166.

93. March and Olsen, *Rediscovering Institutions,* 25—26, 160—162; Jepperson, Wendt, and Katzenstein, "Norms, Identity, and Culture in National Security," 55—56; Price, *The Chemical Weapons Taboo,* 10; Tannenwald, "The Nuclear Weapons Taboo."

94. Nadelmann, "Global Prohibition Regimes," 483.

95. Finnemore and Sikkink, "International Norm Dynamics and Political Change," 892.

96. Kowert and Legro, "Norms, Identity, and Their Limits," 484. See also Gary Goertz and Paul Diehl, "Toward a Theory of International Norms: Some Conceptual and Measurement Issues," *Journal of Conflict Resolution* 36 (December 1992) : 637.

第二章

阻止苏联核武器造成的实力转变

2001年恐怖分子袭击之后，如果聆听众多时事评论员和公职官员的发言，你可能会认为21世纪初期的美国在历史上首次遭到灾难性袭击时已显露出了脆弱。举一个典型的例子，参议员阿伦·斯佩克特（Arlen Specter）这样描绘了新的威胁环境："9·11以后所有的规则都改变了……现在我们明白了，在美国，我们对外部势力的攻击不再是刀枪不入了。大西洋和太平洋的广阔宽度不足以保护我们了。这次袭击给了我们痛苦的教训。"[1]尽管面临新型、确切而又严重的恐怖主义威胁，有关此类新发现脆弱点的这种宣称明显是荒谬的。回顾整个美国历史，战略威胁环境方面最剧烈的一次巨变发生在20世纪40年代至50年代初期。这段时期的重大事件有：苏联巩固了对东欧的控制，他们挤榨在西柏林的美国地位，1949年中国内战中共产党力量的胜出，以及1950年朝鲜对韩国的入侵。这些事件加深了美国广泛流传的一种印象，即苏联实力正以一种令人吃惊的步伐增长。这个正在崛起的政治和军事敌手最令人害怕的一点，就是它最终将发展自身的核武器，具备对美国实施核攻击的能力。苏联在1949年8月成功进行了第一次核试验，标志着朝这一方向迈出了一大步。根据这一时期最普遍的预测，苏联到50年代中期就将拥有足够规模的武器储备和远程轰炸机数量，能够对美国城市和工业区实施一场恐怖袭击。对大多数美国人来说，苏联拥有核武器就意味着，在不久的将来，美国将随时面临一场更大规模，甚至是更致命的核珍珠港景象。

因此，这时美国人所面临的完全是一种新型的威胁环境。从这一刻起，美国在其历史上首次对这种军事打击变得不堪一击了。几十年后的今天我们再回头看，对美国来说，难题有了一个圆满的结局，未发一枪苏联就被摧毁并且分裂了，从而终结了统领全球政坛40年之久的冷战敌对状态。但是，从美国在20世纪40年代和50年代初曾占据优势的角度来看，美国脆弱性的这种变化却是很可怕的。这一争锋阶段最初几年里的关键战略难题就是：美国应该做些什么来回应正在发生的，以及在可预见的未来仍将继续发生的实力转变？更具体地说，是否存在一种能够提前阻止这种核实力转变的方式？在理想的情况下，美国肯定能够找到一种途径来完全避免这种威胁。正如第一章中提到的，当面临这种情况时，有三种基本的先发性措施可供一个国家去选择。第一种措施是，通过与其他国家签订协议，限制或严禁其发展某些特定军事能力，从而减少或完全阻止实力转变。第二种措施是，对他国实施某种类型的制裁，使得追求这种令人焦虑的军事能力要付出更大的成本代价。这一措施有望使他国放弃实力发展，以避免制裁造成的代价。最后一种措施是，选择极端的先发制人军事行动，摧毁他国实力转变的基础，或者削弱其统治集团使用那种增长实力施加威胁的能力。

二次世界大战后近两年时间里，美国先发制人战略的核心是试图与苏联通过谈判达成协议，将核武器置于一个新的国际机构监管下，并禁止其他主权国家拥有自己的核武器。然而到1947年春天，通过达成协议来控制核武器的愿景彻底破灭了。仅靠制裁这个措施已不可能对苏联产生作用了，因为美国与苏联之间并不存在足够深厚的经济或其他方面的联系，以供切断来施加压力。

因此，美国明显陷入了一种战略困境。随着苏联核武库的发展壮大，美

第二章
阻止苏联核武器造成的实力转变

国只有接受这种不可避免的实力转变,在威慑失效的情况下,只能依靠自身军事实力来防止苏联侵略或保卫自己的关键利益。当然,这对消除核珍珠港式的实际威胁没有任何作用。或者,美国应该更加具有前瞻性,利用自己的核优势,在还来得及发起先发制人战争时,摧毁或消除苏联威胁。假设存在苏联对美国进行核攻击的可怕景象,众多的军事官员、政治领袖和评论员们发现,在苏联能够直接反击美国之前的关键几年里,先发制人战争的逻辑是富有诱惑力的。尽管事实上先发制人战争是美国能够阻止核实力转变发生的唯一现实选择,杜鲁门当局还是断然否决了这一策略。实际上,当时的美国领导人在"机会窗口"之内,是有时间发动一场先发制人攻击来对付这一潜在威胁的,然而他们却选择生活在因双方都拥有这种新型武器而形成的"恐怖的平衡"[2]之中。换句话说,在协商谈判破裂和否决先发制人战争之后,美国的战略选择只剩下对苏联侵略进行威慑和防御这两种遏制政策了。

本章和下一章的主要目的是对这一决定进行解释。为做到这一点,接下来的部分将详细审视这个战略难题。美国将核实力转变问题看得有多么严重?这又是如何与可实行的先发性选项措施相联系的?本章将审视为什么在战后初期美国寻求通过协商谈判来解决问题,为什么这一措施后来又失败了。本章还将通过探讨剩下的先发制人措施——战争——来展示在20世纪40年代末和50年代初,提倡先发制人战争的那些人提出的战略逻辑。更重要的,杜鲁门总统拒绝了先发制人战争,是因为在可接受的代价范围内或以当时现有的军事力量不可能成功执行先发制人战争。通过对这个盛行的战略证据的解释,本章得出的结论是:这一证据是没有说服力的。这将在第三章中进行详尽阐述,在当时,反先发制人战争准则是多么的重要,这才是将最后的先发性选项措施拒之门外的真正原因。

战略难题

为了更好地理解美国安全政策中的先发制人战争动机,首先必须简要说明冷战初期美国面临的实力转变难题,并阐明这一实力转变对一些人物如美国领导人产生的先发制人战争诱惑,正是这些人物在与急剧变化的威胁环境进行角斗。到20世纪40年代末,美国领导人承认苏联肯定会壮大其核武库以获得对美国发动核攻击的能力。简单地说,美国在历史上首次对碾压过来的军事打击变得极为脆弱。我们归纳出从1948年至1950年代初美国在三个方面的战略难题,这也是当时多数政策制定者都明白的战略难题:(1)苏联政权及其无法平息的全球野心所具有的敌对品质;(2)如果给予充足时间,技术发展趋势将允许苏联对美国发动一场灾难性核攻击(除非那时美国能够利用"机会窗口",在不存在苏联直接反击的显著风险时,实施一场先发制人战争);(3)苏联武器库实力会持续增长,针对美国使用核武器的诱惑也会随之增长。在20世纪50年代初期,这些主题思想在NSC 68文件中得到了彻底体现,这也可能是冷战初期对苏联威胁及美国战略进行的最全面、最具影响力的分析。

在NSC 68中,并没有对苏联统治制度的特征和这一发展中的巨大实力对手"存亡攸关的"利益进行区分和警告。其中宣称:"苏联,与以前追求霸权的国家不同,是受一种崭新的狂热信仰驱动的……而且试图对世界的其他地方施加它的绝对权威";美国,作为"抗拒苏联扩张主义的堡垒,是苏联天然的敌人,如果克里姆林宫想要实现其蓝图设想,就必须用一种或另一种手段来破坏或摧毁美国的完整性和生命力",将利害关系提升到更高的水平。NSC 68断言,美国所卷入的"重大"问题,"不仅毁灭的是共和体制,也包括其自身文明"。[3]NSC 68仅仅完成两个月后,这一对苏联威胁的惨淡评价,就因1950年6月朝鲜对韩国的入侵而得以强化和放大。尽管朝鲜战争的战事都局限在朝鲜半岛,大多数美国观察家仍担心这只是与苏联决战的开幕行动。[4]

NSC 68毫不怀疑地指出,美国最多有四年时间来应对这种实力增长。到1954年,即NSC 68称为的"美国关键时期",那时估计苏联已拥有200枚核弹。按照能够突破美国防线苏联轰炸机力量的发展计划来估计,至少其中的 100 枚能够到达袭击目标。[5] 这意味着:"在接下来的四年内，苏联将获得对美国重点区域实施毁灭性打击的能力，假设发动的是一场突然袭击……不能排除苏联首先进行一次决定性攻击的可能。"1948 年的 NSC 20 文件将美国脆弱性的关键年份定在 1955 年，NSC 68 确定在 1954 年，然而到了 1951 年，一份提交给总统的美国国家安全委员会报告和一份主要智囊机构的备忘录将时间移至 1953 年。[6] 当时也普遍存在一种担心，随着苏联核武库的壮大，其试图对美国发动攻击的可能性也会随之增大。根据 NSC 68 文件，"当克里姆林宫估计自己已拥有充足的核能力对我们实施一场突袭时，为了消除我们的核优势和按自己的口味创建一种军事形势，克里姆林宫可能会产生发动迅速和诡秘袭击的冲动。因此，两个大型核实体之间的关系所形成的将不是对战争的威慑，而是对战争的激励"。[7] 这方面的技术发展趋势更加重了美国人认为历史会重演的忧虑，这种担忧给众多美国人，不论是领导层还是公众，都产生了巨大的影响。正如迈克尔·谢里（Michael Sherry）指出的，"战后所有的策划者都工作在珍珠港的阴影下"。[8] 对具有侵略性的国家而言，1941 年的日本攻击充分显示出突袭的价值。苏联核武库就意味着美国在不久的将来，会遭受更大且可能更具决定性作用的核珍珠港式袭击。

自二战结束至 20 世纪 50 年代初，美国公众对苏联统治制度的性质、目标及其对美国带来的危险等方面的态度，也反映到领导层的态度上。到 1948 年，相信苏联会与美国合作的公众数量骤然下降，在 10 月仅达到 16%，而有 76% 的公众认为美国不应该相信苏联。[9] 战后仅仅一年，公众对苏联行为是否具有侵略性的看法就有了很大的转变。在 1945 年 6 月，仅有 38% 的美国人相信苏联本质上是具有侵略性的，到了 1946 年春天，则有 58% 的美国人认为苏联正在打造其军事实力以便能够统治世界。这个比例在 1946 年 10 月上升到 70%，在 1950 年 11 月上升到顶点，达到 81%。临近艾森豪威尔总统第一届任期之初时，仍有 79% 的美国人声称苏联的主要目标就是要统治世界。[10] 遵循这一看法，那么苏联的内在侵略本性和将来会与苏联发生战争的观点是相一致的。有趣的是，与领导阶层的看法相同，绝大多数民众并不认为一两年内将会发生战争。我们发现这一观点从 1945 年一直持续到 1954 年。然而，当调查问卷将时间定格在更远的未来时，多数回答者都一致深信战争更有可能发生。事实上，绝大多数人都认为，美苏两国会在五年内发生战争。[11]

在 1948 年里和 1949 年初，民众普遍认为苏联仍需数年才能研制出自己的核弹，而 1949 年 8 月，苏联核试验就给"华盛顿当局迎头一击",[12] 在美国所面临的、迅猛变化的威胁感上添砖加瓦。1949 年末至 1950 年初，核武器技术发展方面的又一次飞跃，给苏联武器库正迅速发展所带来的恐惧现实继续加码。1949 年 10 月，在核能源委员会具有影响力的一位成员——刘易斯·斯特劳斯（Lewis Strauss）开始为氢弹项目进行鼓动。理论上，这种聚变形式将释放出超过目前美国武器库及 1945 年对日本释放的核裂变炸弹一千倍的爆炸能量。斯特劳斯敦促总统授权研制和试验氢弹，也就是当时许多人称为的"超级炸弹"。这个建议被许多人视为矛盾，将会加剧战争的毁灭性。最著名的反对者包括乔治·凯南（George Kennan）——时任国务院顾问，[13] 在核能源委员会（AEC）的高级科学家咨询委员会里工作，以及戴维·利连撒尔（David Lilienthal）——作为 AEC 的主席负责美国核武库的发展和维护。尽管如此，1950 年 1 月 31 日，杜鲁门总统公开宣布，他决定授权研制和试验氢弹。[14] 对杜鲁门来说，抢先行动最说得过去的理由就是，美国对这项新技术的限制，是无法阻止苏联发展超级炸弹的。[15]

所以，到了 1950 年 1 月，关于苏联正在发展的实力转变及其未来能力的两个重要结论，主导着美国政府的最高层决策：(1) 用不了多久，苏联就将拥有氢弹（苏联最近刚测试了其裂变装置）；(2) 苏联几年内就能对美国发动大规模核攻击。根据 NSC 68 所表达的，美国处于"有史以来从未遭遇过的巨大危难之中"。[16] 这一斗争早期的关键战略问题只不过是：对当时正在发展中的和明显将持续到可预见未来的实力转变，美国能做些什么来回应？考虑到这种实力转变的严重性，对于 1949 年 3 月国务卿、国防部长和核能源委员会主席给杜鲁门总统的建议就不必惊讶了。该建议认为，美国对待核武器的首要目标是"尽可能地阻碍苏联获得第一枚核弹，以及其随后的生产时间进度"。[17]

战略目标：阻止核实力转变

战后美苏关系存在的众多难题中，苏联拥有核武器成为最大的一个难题，对美国构成直接威胁。最理想的解决方式，就是首先阻止苏联获得核武器，以防止产生对美国安全具有致命性变革含义的这种实力转变。第一章曾讨论过的三种可行的先发性策略中，对苏联进行制裁已是不可能的了。余下的则是彻底不同的两类选择：谈判协商达成对核武器发展的某种限制或禁止；通过发动先发制人战争来摧毁苏联用核武器威胁美国的能力。正如1949年专栏作者瓦尔特·李普曼（Walter Lippman）所主张的，"蛮横地、率直地及如实地就事来讲，我们必须要么在不久发动一场先发制人战争、要么下决心冲破铁幕与苏联达成一项军事协议。如果我们不打一场先发制人战争或达成协议，最终我们只能打一场灭绝性的战争，而其灭绝的恐怖性是很难让人做出决定的。"[18]

先发性选项1：通过谈判就核技术的国际控制达成协议

在我们考虑将先发制人战争作为冷战初期的战略选项之前，着眼于另一先发性措施——谈判协商是十分重要的。事实上，战后最初几年里，美国的先发性战略就是着眼于通过谈判就核技术的国际控制达成一种秩序，能够最终严禁任何国家包括美国，独占一种武器军备。杜鲁门总统1949年指出了这种方法表露的激进特征：

> 世界历史上从未有任何一个共和体制、君主制度或极权体制的国家曾遇到过我们面临的情况：我们愿为人类的福祉放弃有史以来最具威力

的武器。如果世界能达成对那种武器的控制,防止对人类的毁灭性运用,我们愿意放弃我们控制着的、最有力的东西。"[19]

杜鲁门当局对通过协商达成国际控制的信奉,在1945年9月的内阁会议期间得到了坚定确立,而且一直主导美国核弹政策直到1947年初。如果事实成立,正如戴维·罗森伯格(David Rosenberg)指出的,"整个1948年夏天,美国政府发布的有关核武器的唯一官方政策就是国际控制"。[20] 尽管就在科学技术交流和核合作过程中,美国应该在多大程度上信任苏联,管理当局自身内部产生了分歧,但自1945年9月内阁会议得出结论后,杜鲁门总统仍然相信美国应正式寻求对核武器的国际控制。[21] 这一决定在1945年10月3日给国会的一份专项咨文中得到了最直接、最明确的表达:"国际关系如同国内事务一样,核能量所释放的新型力量是如此具有革命性,不能够在旧的思维框架内考虑其影响。我们不再指望以如此缓慢的进度能在各国间达成控制协定。"这一努力的目标就是要"放弃对核武器的研制和使用,指引和鼓励核能及所有未来科学信息的使用都是朝着和平与人道主义的方向"。[22] 即便是谈判协商途经已明显失败的两年后,杜鲁门的内阁高层官员仍将其视为最佳的选择。在1949年3月,一份给总统的绝密报告中这样记载道:

> 美国深信在这一领域(核能领域),国家安全能够得以保障的最可行途径,就是通过建立一个普遍的、有效的、强有力的国际控制体系……这一结论仍是成立的;而且美国政府必须就该计划提前做好准备,一旦有确切的迹象表明苏联的确打算接受,以及参与到那样一个控制计划时,就能够马上付诸行动以适应对方。[23]

到了1949年,即开始这种努力将近四年后,杜鲁门断定国际控制途径彻底破灭了。在内阁讲话中,他指出,"正如你们知道的,我们已尽力去达

第二章
阻止苏联核武器造成的实力转变

成有关核能的国际控制。我们在这方面已经失败……我现在认为，我们不可能再取得国际控制的成功了。正因为这样，我们必须拥有更强大的核武器能力"。[24] 无论国际控制的失败是否应完全归结于苏联的不妥协与不合作，但美国人对这一具体先发性战略的努力尝试，揭示出许多将美国推到对立面去的、有关核弹所造成的安全蕴意。而在美国内部，应该如何看待核弹所引发的独特争议，在很大程度上导致了谈判协商这一先发性战略选择的失败。一方面，由于双方都拥有核武器会使美苏关系降至武装冲突的地步，因而美国愿意通过国际控制来达到预防目的。另一方面，美国也依赖核弹，将其作为对付苏联军力不确定性的防卫手段。更具体的，如果美国在国际控制计划下放弃自己的核武器，而苏联却私下违反，美国就会丧失任何威慑或报复能力，脆弱到最终陷入最糟的核珍珠港景象里。因此，美国的裁军只能是在确保苏联并未秘密发展核项目之后才能进行。[25] 美国特别谈判代表伯纳德·巴鲁克（Bernard Baruch）更进一步呼吁，对违背者处以包括使用军事手段在内的惩戒。他甚至宣称，为强化联合国安理会的决议，不应赋予常任理事国以否决权。[26] 商务部长亨利·华莱士（Henry Wallace）在1946年7月致杜鲁门总统的一封信中问道："苏联未向我们的计划表示出巨大的热情，难道这一点都不奇怪吗？"[27] 当巴鲁克的计划在1946年12月30日以10比0的票数通过时，苏联的弃权标志着国际控制外交努力的结束。

正如上面提到的，一直到1949年夏天，美国原则上都将希望寄托于国际控制这样的先发性行动，仅仅因为苏联的现行政治气候使之行不通而放弃了这一措施。然而，正如我们所看到的，美国寻求通过谈判达成控制协议，具有维持其现有核垄断地位和给苏联施加控制义务的特点。实际上，美国对核保护伞的依赖已超过了其领导人对核弹本身及两个超级实力对手间即将来临的核均衡的恐惧。在1949年2月给总统的NSC报告中提出，"政府在这方面除了全面强化控制以外，并没有布置做任何事情"，那意味着在现实中将维持美国的核优势，而同时将苏联置于国际监督下。正因为这不可能行得通，报告认为美国政府"为确保安全必须寻找其他途径"。尽管报告总结出，美国没有"其他选择，除了保持和增加自己在核能源各个方面（包括核武器）的实力"。[28] 这并不是放弃去解决基本难题。难道美国就应该接受苏联核武库这个既定事实，或是去适应这个现实？美国是否应该寻求另一种先发性战略，而不是仅依靠威慑和防御来应对巨大的威胁呢？更确切地说，美国是否应该发动一场先发制人战争，以避开终将来临的严峻威胁？这种威胁就发生在敌人发展核武库并具备打击美国的能力的时候。

先发性选项2：战争

正如我们所见，至少到1948年中期，对核武器的国际控制谈判方式，仍是当时美国应对苏联核武库兴起的主导战略方针。从1948年以后，美国最终选择了威慑和防御策略。尽管在关键的那几年里，这些特殊策略占据着主导地位，先发制人战争作为消除这种非常危险的潜在实力转变的一个选项，已经被广泛传播，而且在数个场合进行的有关确保美国安全、针对苏联最佳策略的大辩论中，先发制人战争选项破茧而出，排名前茅。我们仔细审视那些倾向先发制人战争的证据，就会发现倡导的逻辑与历史上导致其他先发制人战争的逻辑是一样的：我们的对手随着实力增强，将更具野心和侵略性；我们的威慑将不再起约束作用了；战争是不可避免的，因此，最好现在就进行打击，以免将来开战会承担更高的成本。核时代初期支配我们的普遍观念就是这种夸大了的恐惧感，这种现象也是由于核武器军备竞赛内在的不稳固性所造成的。考虑到战争中核武器对敌人的巨大冲击作用、核武器部署的迅速性和诡秘性，以及核武库的快速增长能力，在未来战争中，不使用军事行动来阻止核武器的使用将要承受的风险，远大于核时代之前各国面临实力转变时所承受的风险。考虑到冷战初期实力转变的这些特征，马克·特拉奇滕伯格（Marc Trachtenberg）纠正并指出，提倡先发制人战争"绝不是被逼到了疯狂的边缘所致"，那是"认真的美国人"所支持的、"令人惊讶的、普遍认同的"²⁹观点。事实上，的确有大量认真的美国人曾谈论先发制人战争的逻辑，先发制人战争成为应对逼向美国的这种变革性威胁的著名战略选项。

苏联在二战中的良好表现和其侵略性造就的特殊威胁，已经深入映刻在美国战略家、军事策划者的头脑中了，他们必然提出将先发制人军事攻击作为保护美国免受未来对手侵犯的必要手段。其背后的驱动力是军事实力方面的技术创新影响力，以及始终萦绕在服兵役人员脑海中的"珍珠港事件"这一军事污点。正如1944年5月海军计划负责人、上将欧内斯特·金（Ernest King）的描述："我们始终将大西洋和太平洋视为巨大的天然屏障，能够给我们带来超级安全。但是我们上了一课——上了非常痛苦的一课，让我们认识到海洋既是防御堡垒，也是攻击的通畅大道。"³⁰尽管对在未来攻击中能够运用的那种特殊新技术的功能还不是很肯定，就在同一个月，另一位海军官员公开表示，这种攻击自身"将是短暂的、突然的和恐怖的"。³¹珍珠港式的意象始终笼罩在美国战后防御需求的讨论过程中，它不仅仅只存在于军事策划人员当中，也存在于先发制人战争的民间拥护者当中。但是，假定珍珠港专门代表了军事上的羞辱性失败，出于防止未来遭到更加突然痛击的军事责任心，我们就能够理解如1949年《华盛顿邮报》社论所指出的，先发制人战争的讨论大多起源于军界内部。³²而在军界，最强硬的支持者是空军的空中力量倡导者。³³

将正在形成的威胁同先发制人战争这一回应措施首先联系到一起的，是陆军航空兵司令亨利·阿诺德（Henry Arnold）上将。在1945年3月给国防部长的报告中，阿诺德警告道：

> 从空中进行一场突然的、不可预测的和具有瓦解性的打击，这种可能性必须作为首要考虑。下次美国很可能是侵略者的首要目标。如果美国被允许发动和实施一场突袭，那时就没有可能让我们进行充分部署，

或依靠其他国家来为我们充当早期防御。我们煞费苦心设计的部署方案只能被埋葬在瓦砾中,我们的预备役军人可能根本就没有上战场的机会。

他得出结论:"针对那种侵略行为,唯一确定的防卫手段就是在它被发动或发挥效力之前迎击和战胜它。"[34]1945年8月,联合参谋部的策划者们讨论了"未来主要战争的可能形式,就是从对具有侵略性的国家进行打击开始,在更大范围和相对彻底的规模上取得珍珠港式的效果"。作为这篇报告的结果,1945年11月,联合咨询委员会的一篇论文认为,美国只能准备用核武器来攻击苏联,"不仅仅是因为存在苏联日益逼近的威胁,也是为了防止敌人的工业和技术进步将会形成一种'能够对付美国的最终攻击,或者能够抵御美国进攻的'能力"。[35]

这些论据在军方从口袋里拿出来之前,都是绝密和不允许公开鼓吹的。20世纪40年代末期,许多公开出版的书籍中已涉及正在呈现出的核冷战危险,和用先发制人军事行动来确保美国安全的逻辑。其中有三本书特别值得注意,因为书中确切地反映出了那种能够激发出先发制人战争诱惑的恐惧,而且书中的论据是被媒体接受最多、吸引注意力最多的。哈佛政治科学家詹姆士·伯恩海姆(James Burnham)在《世界争夺》一书中提出,世界上至少两个核实力之间可能发生毁灭性攻击所引发的恐惧感,将不可避免地导致冲突。由于存在先发制人袭击的诱惑,在上述任何一个对手处于不知所措状态之前,它们之间是不可能共同生存的。换言之,他认为在当时两个国家同时拥有核武器,是不可能维持实力均衡状态的。正如伯恩海姆所展望的,每个核国家的领导人都将面对相似的困境:

B实力能够在最短时间里拥有其可支配、可摧毁我们的武器。他会发现这种武器更具威胁性和瞬时摧毁能力。这时,他也许就不会对这些武器的运用作出公开部署。然而,我不可能相信他不断表现出的政治善

第二章
阻止苏联核武器造成的实力转变

举——主要是因为他知道我们同样拥有可支配、能消灭他的武器……因此，为保卫我们自己，我们……必须争取使用各种手段……乘其不备，发动攻击。[36]

当一个国家处于危险状况时，伯恩海姆问道："又怎么可能让他们去说服其他人呢？"不考虑核武器的潜在威慑作用，与这一时期的许多观察家一样，伯恩海姆认为，担心毁灭并不足以引起警觉和约束行为，而是会驱使核时代的国家卷入战争，"以求扑灭因对方可能有所行动引发的恐惧感"。[37] 最受欢迎的报刊专栏作者沃尔特·李普曼（Walter Lippman），在这一时期一贯反对先发制人战争，他也同意这种恐惧会将美国引向伯恩海姆所倡导的那条道路。李普曼争辩道："试图通过坚守住阵地来'阻止苏联的行为'，是如此破费和危险，这将使国家和世界的紧张局势增长到十分危险的程度。为结束焦虑和不安，这将产生圣战和先发制人战争的想法。"[38] 尽管伯恩海姆从未最终得出美国必须对苏联发动战争的结论，但他不得不得出这样的结论："到最后，强权实力的其中一方必将被击败。"如果美国在苏联获得核弹前就发动攻击，对美国来说战争的第一阶段将是"巨大的胜利"。另一方面，美国政策若踌躇不定，很可能导致失败。[39]

20世纪40年代末，在热衷于公开鼓吹先发制人战争的人当中，乔治·菲尔丁·艾略特（George Fielding Eliot）是一个著作颇丰的军事分析家。对他来说，战略难题是如此清晰，让人无法忍受："我们不能承受允许现今的苏联政府拥有核武器的现实，外加其具备向北美投放核弹的手段。"[40] 像其他倡导先发制人战争的人一样，他认为，对核时代毁灭性突袭的恐惧感足以为采取极端措施提供辩解理由。艾略特争辩道："最残忍的事实是不存在从核突袭后恢复的可能性。"因此，他继而提出，"在我们仍具有运用先发制人战争措施的时候，采取先发制人手段来对付核突袭的必要性已是显而易见的"。[41] 当艾略特评估当前的实力分配格局和这种实力转变在未来的发展趋势时,他认为美国还存在三年的时间窗口,在这期间,美国对苏联进行任何袭击都不用担心其对美国的反击报复。1949年,美国仍处在这种"不可原谅的时间"以内,它所面临战略难题的解决途径明显只有一个:如果苏联不放弃追求核武器,美国必须运用"美英两国在空中和海洋的远程军事力量,外加拥有大量核武器的压倒性优势",发起"对苏联心脏地带——主要工业区、运输线和人口中心的空中核打击……完全摧毁苏联发动战争的能力"。[42]

通过对伯恩海姆和艾略特观点的对比,科德·迈耶(Cord Meyer)在《和平或混乱》一书中十分担心另一场全球战争——不论是美国仍占据核垄断的战争,还是霸权双方都拥有核弹时的战争,都将是人类文明的一场再也无法复原的、十足的灾难。迈耶二战期间作为美国海军陆战队成员,对太平洋战役有着痛苦而深刻的经历。最值得注意的是,他在战后成为国防部长亨利·史汀生(Henry Stimson)的特别助理,和世界联邦组织的一名创建成员。世界联邦组织是一个寻求通过建立全球联邦政府来结束武装冲突的机构。迈耶强烈反对美国通过实施非理性手段维持世界秩序,而这正是伯恩海姆和艾略特视为对付战后初期不安全局势的唯一手段。尽管迈耶反对伯恩海姆和艾略特倡导的这种政策,这三个人却都对世界政治持有同样坚定的信念:国际上的无秩序状态将导致莫名的恐惧,而这种莫名恐惧又会驱使国家在外交政策方面倾向于采取极端手段。迈耶认为,民主体制能够抗拒卷入战争的断言,甚至多数美国人厌恶发动战争的说法(部分批评者也是用这个作为理由,来贬低他认为迫切需要通过建立世界联邦制抵制战争的观点),是无法与战后盛行的莫名恐惧感相较量的。迈耶指出,"那些指望用美国人大众信念来抵制侵略的人们会发现,他们低估了由现代军备发展引发的恐惧所带来的心理影响力,也忽略了长期重申共产主义威胁所产生的效力"。[43] 他声称,美国领导人与普通大众一样,也会被那种简单的逻辑所吸引,这种逻辑就是美国面临选择,"在现在进行一场短期战争,会使美国人伤亡更少",因为美方现在占据着战略优势,"而未来某个时期一场长期的、犹豫不决的、席卷全世界的冲突，会让更多的美国人和苏联人死掉，也会毁掉西方文明的基础"。[44]

从一些政府官员、军事指挥官和民间观察家关于先发制人战争重要性的公开谈论中，我们可以在所推荐的政策当中找到有趣的缠结现象，那就是将取得对核武器国际控制的努力与通过先发制人军事行动占得先机这两种想法缠绕在一起的体现。实际上，这种"最后通牒式选项"将是在美国要求苏联确实同意对核武器实施国际控制，并允许对遵从情况开展国际检查之后才能开始。这一过程之初，苏联领导人将会被警告，如果他们拒绝合作，美国将发动一场核攻击以阻止苏联发展成为一个核大国。1948年秋天，纽约《时代周刊》科学栏目作者威廉·劳伦斯（William Laurence），在《星期六晚邮报》登出一篇有关这一议题的文章，引起了广泛讨论，并造成轰动效应。尽管劳伦斯坚持声称，他并不支持立刻对苏联进行先发制人战争，而是主张美国倡导并拥护一种新型国际原则，将任何不愿放弃发展核武器的国家贴上侵略国家的标签，并归到联合国宪法规定的惩治范畴内。根据劳伦斯的说法，"此类举措……应包括有权阻止侵略者继续发展核弹和危险性物质"。更具体地讲，美国"应该对克里姆林宫表示，我们将不得不'在你们准备齐当之前就摧毁你们的核工厂'"，以及"如果那意味着战争，那将是你们强迫我们进行的一场战争，是你们坚持核军备竞赛而必然导致战争的"。因一贯坚持先发制人战争逻辑，劳伦斯指出："在这种情况下，我们具备这样做的优势条件，因为我们仍是核弹的独家占有者。"[45]

这种最后通牒战略似乎是美国对付实力转变难题的特有方法，曾在1993—1994年间的朝鲜危机和2002—2003年间的伊拉克冲突时使用过。它给许多美国人提供了更加如意的政治优势。首先，这是解决全球问题的一种墨守成规的战略途径，也反映了美国外交政策领域存在着的一种愿望，即试图构筑和支撑能够规范冲突和提倡合作的一种制度。该战略的许多倡导者将之视为一种强制性手段，在国际法框架内去阻止产生一场能给整个世界带来灾难、危险的核军备竞赛。此外，这一国际控制体制将给构筑一个高效的联合国组织提供更加广泛的支持，这个组织的主要目标就是要根除对世界和平及安全的威胁。其次，最后通牒途径给苏联提供了一个机会，让苏联能够和平自愿地遵从控制核武器的全球合法利益——一个据说是美苏都持有的共同目标。如果苏联拒绝顺从于最后通牒，对随后发动的美国攻击，美国人就可以放下不安的心，因为那是苏联自己的过错招致的。第三，这一战略可以使美国避免对苏联发起突袭。如果需要进行先发制人战争，就不会再有美国人的珍珠港。最后，这一途径让美国最终能从使用军事力量方面退回来，达到先发性目标，军事手段仅仅是这个战略途径的最后一个手段。

在那些偏爱最后通牒选项的人们中，首先给政府官员提出参考意见的是商务部长亨利·华莱士（Henry Wallace）。1945年12月他在日记中写道："一些高层参议员持有这样的观点，如果在目前的会谈中，我们不能与苏联就对他们的设施核查达成协议……我们应该立即向苏联宣战并向他投掷炸弹。"[46] 近四年后，杰出的马萨诸塞州共和党参议员小亨利·卡伯特·洛奇（Henry Cabot Lodge, Jr.），在与美国驻联合国使团成员的会议中强烈推崇最后通牒方案。尽管苏联不久前刚进行了第一次核试验，洛奇参议员认为，美国的态度应该是"不接受国际控制原则便是犯了个国际性的错误"；这将产生"不加入国际控制体制对一个国家来说就是正在犯罪"的效果。根据会议记载，"洛奇参议员认为存在两种选择：我们要么顺其自然，要么立即采取最适合的行动，不参加控制体系并拒绝最后通牒，苏联或许会变成侵略者。他坚信在我们占据优势时最好就采取行动，而不是无限期等待"。[47]

自战后初始阶段起，军界和政府官员以及非政府的评论员们就提出了先发制人选项，然而对先发制人战争的公开讨论却到1950年夏末和秋季才突然涌现。苏联武器库的迅猛扩充带来了日益加剧的恐惧感，上年8月苏联核试验更使这种恐惧成为可能。苏联即将拥有氢弹和将给美国带来巨大毁灭效果的实力景象，再加上1950年朝鲜战争带来的震撼，导致了美国在20世纪40年代末至50年代期间密集地关注先发制人战争。杜鲁门总统于 1950 年 1 月宣布美国将发展氢弹两周后,《新闻周刊》杂志报道国会中有一些人,"已开始思索以前几乎完全被禁止考虑的项目——先发制人战争"。例如,在 1950 年 2 月的发言中,华盛顿特区民主党参议员亨利·杰克逊(Henry Jackson)称,不能容忍在都拥有氢弹的两个国家间中止军备竞赛,同时他提出最后通牒的主张,苏联要么同意对核武器进行国际控制,"要么采用其他选择"。[48] 康涅狄格州民主党参议员布瑞恩·麦克马洪(Brien McMahon),作为国会核能源联合委员会的主席,是一个在核事务方面最具影响力的国会议员,他认为与苏联的战争是不可避免的。核能源委员会主席戴维·利连撒尔(David Lilienthal),记录下了参议员麦克马洪的结论,即美国必须"在他们这样对待我们之前,将他们迅速地赶出地球表面——我们没剩下多少时间了"。[49]

海军部长弗朗西斯·马修斯(Francis Matthews)于 1950 年 8 月 25 日的讲话被广泛宣传后,以及空军战术学院院长、上将欧维尔·安德森(Orvil Anderson)发表了对媒体的评论后,先发制人战争确实扩展成了公众议题。马修斯部长对聚集在波士顿海军造船厂十多万的群众讲话时,使用了直截了当和强有力的语言,宣称已经到了对苏联摊牌的时候了,要回应这个致命的对手以阻止其对美国实力的进一步侵蚀。"我们不能袖手旁观,而被共产主义国家拖垮。这种情况可能存在一个高潮——一种竭尽全力的争夺——那样将导致与朝鲜半岛正在发生的相似系列战争,最终会削弱我们。只要时间和场合适宜,他们就会进攻。如果我们傻乎乎地旁观,我们最后就会遭罪。"马修斯在他的建议中以舒缓的准则性词语表达了美国对国际合作与稳定的单一追求,即回应这种侵蚀美国实力的方法,就是与苏联打一仗,然后成为世界上"对和平的首位追求者"。[50] 马修斯解释说:"在我看来,我们的职责是我们不能逃避……我们首先要准备好阻挡任何可能发生的进攻……我们应该大胆宣称,我们的确凿目标就是给世界带来和平。为达到和平目标,我们愿意以任何代价付出——即使以实施战争的代价,迫使达到合作以追求和平。"[51]

马修斯部长讲话后仅几天，安德森上将在与来自亚拉巴马州的新闻记者们的会面中鼓吹先发制人战争，从而引发了一场风暴。他的评论随后被全国各地报刊登出。安德森上将甚至比马修斯部长更直接："因假定苏联不会使用核武器，我们于是袖手旁观，看着他们不断壮大武器库，这是一个非常危险的假定。斯大林是一个现实主义者，我们也必须醒来并更现实些。我建议向斯大林发问：'你从不欺骗人。你说过你将消灭我们，对吗？'如果他回答说是的，我们必须断定：文明需要我们采取行动。"对安德森来说，对这类行动的任何拖延只能扩大风险。"那个国家的军事实力被允许增长一个月，就会有两个以上的美国城市加入可能被毁灭的行列。"他相信化解这个问题的方法是显而易见的。"如果让我下令来做，一周内我能打掉苏联五个核弹掩体。当我到基督那里报到时，我想我会向他解释为什么我——现在——在还不是太晚时要这样做。我想我会向他说明，是我拯救了文明。"[52] 当时即将就任空军参谋副总长的内森·特威宁（Nathan Twining）上将，在数年后为安德森的观点进行辩护时指出，这是建立于最后通牒选项基础上的。据特威宁的说法，安德森的公开宣言是因为"苏联很明显是想要摧毁我们的政府体制和我们的生活方式"。为了能抗拒这种扩张主义压力，美国应该"发出一个最后通牒，要求停止共产主义渗透和颠覆活动，用门户开放代替铁幕。当然，最后通牒会被苏联拒绝。基于这点，我们将为我们的主张建立起基本道德，能够使我们无约束地，实际上是情愿地去行动"。[53]

综合以上所述，马修斯部长和安德森上将的建议起到了激发公众对先发制人选项进行更大范围思考的作用。媒体对军界空中实力捍卫者提倡先发制人战争的显著普及起到了新的作用，[54] 一些国会议员也卖力鼓励公众去支持马修斯和安德森提出的逻辑及政策号召。阿肯色州民主党参议员约翰·麦克莱伦（John McClellan）因号召最后通牒选项而上了报纸头条，他声称："如果苏联拒绝加入为和平而发起的世界合作大趋势，那么我们会有自己的最终反应……在这种情况下，以后的战争也是不可避免的，因而我倾向于由我们来打响战争的第一枪。"⁵⁵ 佐治亚州民主党参议员小理查德·拉塞尔（Richard Russell, Jr.）走得更远，他直接支持马修斯的观点，称之是"一个完美的大事……对身处高位的一些人而言，那正是合适的时机。发布这样的宣言来唤醒美国人民……如果按照对手的那些规则来玩，我认为我们不可能将这场游戏玩到底。如果我们那样玩，我们就将挨揍"。⁵⁶

面对《时代》杂志和《美国新闻与世界报道》的编辑们，马修斯和安德森仅仅是表达了众多美国人的担忧和挫折感，他们不知道美国还有多长时间能够避开当前正明显增强、逐日逼近的苏联威胁。正如《美国新闻》所描述的，"当耗费巨大的国家和都市防御计划被公布出来，加上苏联大肆扩充核储备，对美国城市会遭受核攻击的担忧日渐增长。越来越多的民众大声质问他们的城市是否将变成苏联飞行员眼中'呆坐的鸭子'，美国在袭击开始之前是否只是等着炸弹落下来"。⁵⁷《时代》用相似的话语来解释这一难题："当一个人认识到他极有可能遭到核弹袭击，就没有什么能够阻止他去考虑能否做些预防措施。那就是为什么谈论美国对苏联发动'先发制人战争'仅仅停留在美国人的口头阶段……没有人愿意坐等共产主义者的袭击。"⁵⁸ 两本杂志都建议两三年内美国应该坚定军事立场，有效地实施先发制人攻击。

尽管苏联毁灭性核攻击的可能性使得恐惧感不断加剧，以及认为美国当时仍处于明显的机会之内，这两方面决定了美国能够发起先发制人战争而不致遭受直接反击，然而杜鲁门总统却明确地否定了先发制人战争选项。在马修斯部长和安德森上将的讲话数月后，杜鲁门当局下了很大力气使大众相信这一主张是不可信的，并且不承认存在有寻求这一战略选项的意图。杜鲁门总统亲自公开否定了它，在随后的几个月里，国务卿迪安·艾奇逊（Dean Acheon）不断地表示反对先发制人战争。同时，参谋长联席会议主席奥马尔·布拉德利（Omar Bradley）上将和空军参谋总长霍伊特·范登堡（Hoyt Vandenberg）不得不公开出面，排除先发制人战争的可能性。安德森上将在空军战术学院的地位遭到轰击，不久就从空军退役。当时任国务院政策策划工作组主任的保罗·尼采（Paul Nitze），数年后在反思先发制人战争选项时承认，"先发制人战争的迷恋者仅是少部分人……从来都不具备强大的政策影响力"。[59] 此外，对苏联发动战争的主张从未获得公众赞同。1950年7月，对苏联宣战仅有15%的赞成率，而74%持反对战争态度；即便是中国介入朝鲜战争后，大大提升了将与苏联进行全面战争的担忧，在1951年1月也仅有24%的比例接受发动战争的主张，而仍有68%反对这一选项。[60]

随着通过谈判达成禁止核武器前景的彻底破碎，以及总统排除了先发制人战争，实际上美国只能决定与苏联核实力转变共同生活下去了。我们已经明白谈判协商选项未能成为先发制人战略的原因。依靠核弹来抗衡苏联在欧洲的常规优势和核弹本身带来的恐惧，以及这种技术将导致无法回避的军备竞赛，在这样的争斗中，美国选择了核弹。苏联不愿意放弃核武器所带来的战略优势，也不愿接受对其核设施核查所带来的骚扰，是因为在国际控制这一过程结束之前，美国仍将保持核垄断地位。由于双方互不信任，如果一方忠实于世界无核武器化的目标，而另一方却私下欺骗，那就会给安分的国家带来惊人的战略代价，这些注定了谈判协商必然失败。但主要的问题仍然存在：为什么杜鲁门拒绝采用这一极端手段？为什么要否决先发制人战争？

下一节及随后的第三章，将通过对否定先发制人战争决定的两种解释进行比较，详细探讨这个问题。第一种解释是与大多数国际关系现实主义学院派的观点相一致的，认为这一决定根植于物质实力因素：美国实际上是没有能力实施一场先发制人战争的，因为缺乏足够的核武器数量和施放核武器的手段；预计苏联报复会造成巨大的代价；参与维持战后秩序将十分困难。简单地说，物质解释就是美国领导人和那些认真研究过先发制人战争选项现实可能性的人们，得出这样的结论：美国不可能以能够接受的代价通过先发制人战争实现自己的目标。第二种解释与这一事例中美国受到的那种物质解释约束相反，这一决定是基于准则性因素，那就是民主的领导人和公民深信，即便是面临最严重的威胁，先发制人战争也是一种非法的行为形式。换言之，美国领导人拒绝先发制人战争选项，是因为它违背了人们的坚定信念。这个信念是指，在缺乏即时威胁，或不是在回应进攻的情况下发动战争，违反了美国有关诱发战争公正理由方面的意识，即违背了美国人军事力量使用的原则以及如何应对威胁的传统。以上两种解释并非完全独立。对个体或集体决策机构来说，完全有依据判断先发制人战争从准则角度而言是错误的，而且从军事可能性角度来说，对以可接受的代价能否成功实现先发制人攻击，会得出悲观的结论。然而，哪种应对核实力转变难题的途径对美国的政策制定更具有影响力呢？确定这一点也是十分重要的。如果先发制人战争纯粹是由于物质成本利益而否定的，这将是对整个民主观念的重击——尤其是美国——因为先发制人战争的准则性含义会将其视为惹麻烦的战略选项加以回避。另一方面，如果我们能够发现有关事例，证明运用军事力量实现先发制人目的合法性方面的有关信念，实际上影响了政策制定者们如何去处理核实力转变难题，这将成为一个重要证据支撑，证明行为准则能够在众多危急安全议题的政策制定方面发挥作用。

有关这一时期否决先发制人战争的现存研究中，马克·特拉奇滕伯格（Marc Trachtenberg）和戴尔·科普兰（Dale Copeland）得出了最确切的结论：美国存在军事弱点和缺乏战争准备是关键。但是，就该问题来说，特拉奇滕伯格和科普兰根本没有考虑到准则给美国领导人产生的影响作用。拉塞尔·布海特（Russel Buhite）和威廉·哈梅尔（William Hamel）承认道德因素会产生作用（两人均未在这方面进行详尽探讨），但最终他们总结说，"有限的美国实力可能是最主要的原因"。[61] 乔治·奎斯特（George Quester）坚定地认为，美国人对待战争的态度、判断战争是否正当的标准，以及更具体的，断定先发制人战争是非道德的民主信念，均阻止了美国利用其核垄断优势来应对核实力转变难题。[62] 尽管奎斯特的工作给了准则性解释的探索一个良好的开端，他的研究工作却未能深入去审视在美国政治体系内，反先发制人战争准则究竟具有多大的市场，以及这种观念是如何渗透到政策决策过程当中的。在下一章对反先发制人战争准则的作用进行探讨之前,有必要说明为什么物质因素并不是作出这一重大决定的原因。

否定先发制人战争的物质解释

在核时代的最初几年里,很明显,美国并不具备对苏联实行一场先发制人战争所必需的充足军事力量。几十年后的现在,有关美国核武器实际规模的高度机密和保密的数据解密,可供查询,对我们来说很明显就能得出这一结论。正如罗森伯格(David Rosenberg)曾直截了当地指出,"1945 年至 1948 年是美国核垄断的自吹自擂时期,国家武器储备和施放能力极度有限。1945 年底仅有 2 枚核武器,1946 年 7 月有 9 枚,1947 年 7 月有 13 枚,1948 年 7 月有 50 枚。这些武器没有一枚是被装配好的"。[63] 参谋长联席会议对这些数字的含义十分敏感,在 1947 年 2 月,他们得出结论,可供使用的核武器"不足以满足美国的安全需求"。根据联合战略调查委员会于 1947 年 10 月发布的后续研究报告,美国需要近 400 枚核弹的库存,才能确保摧毁苏联的工业基地,以及消灭其潜在战争发动能力。[64] 不论这样的核武库是为了回应苏联入侵要发动先发制人攻击而准备的,还是为实施一场决定性的报复反击而准备的,由于与预定要求相比存在着严重的库存短缺,这将给把美国安全与核武器带来的战略优势联系在一起的那些人造成烦恼。即便参谋长联席会议认为,当时美国拥有 400 枚核弹已是足够了,在最初的年份里进行一场充分攻击的目标大致有 100 个,但在当时也是没办法施放这些核弹的。1947 年底,空军仅改造了 27 架 B-29 轰炸机,能够运载核武器;再者,B-29 不具备足够的巡航能力,无法完成从北美到苏联的巡回轰炸任务(苏联周边的前沿基地更易遭受苏联攻击)。到 1948 年,B-29 轰炸机的核运载能力也仅增加至 32 架。尽管新型 B-36 轰炸机的开发将会显著改善空军的施放能力,为从美国袭击苏联目标提供了充足的巡航能力,但 B-36 的计划生产能力不足,在数年里其数量无法形成足够的规模施放能力。[65] 军事方面最要命的是,美国缺乏有关苏联目标的情报,这无疑将降低先发制人攻击的效果,会导致产生比计划军事提供量更大的实际需要量。[66]

这种凄惨景象被直接记入1949年的一份研究报告中,这是1948年底由国防部长詹姆斯·弗罗斯特尔(James Forrestal)下令进行的研究。在空军中将休伯特·哈蒙(Hubert Harmon)的领导下,各军种军官组成专门小组进行了一项研究,这项研究被罗森伯格称为"冷战初期最重要的战略分析之一"。[67]研究得出的结论肯定伤害了当时倾向于先发制人战争的那些人们。有关美国实施决定性核攻击能力的报告里,内容十分直率。尽管那样的攻击将造成百万苏联人民的伤亡,而且会使苏联工业生产能力下降30%~40%,"核攻击本身并不能带来投降,并不具备能够摧毁共产主义根基的作用,也不具备严重削弱苏联领导阶层统治其人民的能力"。[68]除了表明使用现有力量实施核攻击会受到的物质限制外,哈蒙报告也强调,一场核攻击会造成十分重大的物质代价,如苏联对西欧的入侵和可能攻击美国在中东和亚洲的利益。不论是美国的核力量还是常规军事力量都无法阻止苏联的报复举动,特别是在美国人攻击之后,会存在这样的可能性:除了苏联政府用"最强有力的报复措施"[69]努力施行报复外,苏联人民也会更加团结。

一场美国的核攻击,即便是攻击威力强大到足以减弱苏联任何可能的强力反击,仍会带来另一附加物质成本,就是管理战后秩序方面存在的巨大负担。正如国务院顾问凯南(George Kennan)于1949年提出的,"即便是在最适合的条件下,霸权国家间的战争意味着世界状况将令人惊恐地恶化"。[70]哈蒙报告完成一年后,NSC68回应了这些担心:"[决定性的]攻击,即使是完全摧毁了反复盯准了的那些目标,值得怀疑的是……是否会导致苏联提出控告,或者能否阻止苏联军队突破当前布置的地面防线而占领西欧。"[71]NSC 68警示说,"即使我们的攻击取得成功,那样一场战争后,美国试图建立各国可接受的国家秩序,十分明显将是一个艰巨的任务"。[72]

许多公共评论家对美国战略实力的物质限制和先发制人战争的附带成本

持有同样的观点。早在1946年秋天,专栏作者李普曼(Walter Lippman)就认为:"俄国不是日本也不像英国,拥挤的岛国在核轰炸面前特别脆弱。大家知晓俄国防御核弹唯一有效的优势,就是具有足以分散其民众的广阔地域。"一年后,他担心当确定实施一场先发制人攻击时,苏联可能已经占领了西欧。到1950年,使李普曼感到慰藉的是,现有美国战略攻击力量的能力是有限的——他将这视为冷战的一种稳定特征——因为这将使苏联相信,美国实际上不准备发动一场先发制人战争。"特别之处是空军并未强大到足以进行连续战役,而只能展开艰难的报复性攻击。"李普曼经过观察后相信,"克里姆林宫里的现实主义者们,正在研究我们的真实实力……这些实力是不足以发动一场先发制人战争的"。[73]广受尊重的军事事务通讯记者和作家汉森·鲍德温(Hanson Baldwin),于1948年春归纳了反对先发制人战争的大量物质证据:"空中力量的局限,欧洲易受到陆地攻击的战略脆弱性,可供使用的核弹数量稀少……将使得迅速取胜……成为一个极为不确定的事情,其不确定性使得做出这一行动决定的参谋部将承受远远超出预料的风险,那将是一场可怕的冒险。"[74]

战后初期的美国,在实施先发制人攻击的能力方面存在着军事局限性,考虑到这一令人生畏的现实,以及先发制人战争将要带来的可怕风险,这些物质因素似乎很明显地会导致美国政策制定者们否决先发制人选项。这样看来,任何从准则角度出发去否决先发制人战争的考虑似乎也都是多余的。当美国人面对如此明显的军事挑战时,他们对先发制人战争的准则性含义又进行了怎样深刻的思索呢?然而,抛开先发制人战争的物质解释并不像这个问题那样鲜明。物质景象的两个关键点就引出了有关这一解释能否给出最佳答案的严肃问题。

首先,冷战最初几年里,军事上核武器和轰炸机数量的缺乏使得在当时不可能实行先发制人战争,但这一选项并不会完全被排斥,通过打造先发制人战争能力,该选项在未来也会成为可能。在机会窗口关闭之前,通过专门计划使先发制人战争成为一个现实选项，高层官员在任何时候都从不讨论这个可能性。奎斯特（George Quester）提出了一个重要问题：为什么在冷战最初几年里，美国会忽视其核武器生产设施和核武库的建设？小规模的核武库不是美国人必须要接受的、永远不变的物质现实，而是政策抉择的结果。正如奎斯特指出的，"'核弹的短缺'，更大程度上是我们要尽力去解开的一个难题，而不是作为解释难题的原因"。[75] 在早期，杜鲁门总统有意回避去询问美国核武库的状况，直至1947年4月，他仍未就这个议题获得正式简要的介绍。正如罗森伯格（David Rosenberg）指出的，1947年夏天是"战争状态下将核弹价值进行军事考虑的转折点"，也是美国核武库增长数年后一个特殊的、不断增长阶段的开始时刻。[76] 随着核能源委员会的设立和戴维·利连撒尔（David Lilienthal）被任命为首任主席，在参谋长联席会议（JSC）提出对苏联实行决定性打击需要400枚核弹的意见后，制度性的架构已经能够按部就班地发挥作用了。

从这点来看，美国领导人应该已经作出创建这种军力的专项决定，这种军事力量不仅只是用于威慑和报复性攻击，也是为了使先发制人战争成为可行。不是说他们已经决定在这种军事力量成熟后就要进行先发制人攻击，而是说至少他们认为必要时就能够作出这样的选择。捷克斯洛伐克的政变和柏林封锁，在1948年上半年造成了战争恐慌，美国政府不仅加速了其核力量规模的扩充，也正式制定出战争状态下核武器的作用指南。最重要的是，当NSC 30[77] 和NSC 20着眼于对苏联进行大规模报复攻击的能力时——既能威慑住苏联，又能在侵略发生时击退苏联——先发制人战争从未被列入与日益增强的核军事力量相联系的战略选项来加以考虑。

1948年，另外两项事物的发展给美国核力量的增长带来了巨大的动力。春天的核武器试验显示出在核武器生产方面不存在技术和资源限制。10月，柯蒂斯·利迈（Curtis Lemay）上将被任命为战略空军指挥部（SAC）司令，该军事机构肩负着在战时实施核攻击的使命。罗森伯格（David

Rosenberg)指出,"利迈十分惊讶在他履新的控制范围内,可运作的基础准备是如此缺乏,于是他迅速制定了一个紧急方案,要求构建一种'机动运作部队',到1949年1月1日具备至少能同时施放80%核库存的能力",因而从1948年2月到1950年6月间,核轰炸机数量的增长超过了4倍。[78]1949年7月,利连撒尔在给核能源国会联合委员会和高层行政长官的报告中认为,核能源委员会(AEC)"正在高速运转"。[79]当时的核库存已经增加了近200枚的容量,因而"美国在核基础方面取得了实质性的进步"。1949年10月,核能源委员会(AEC)在给参谋长联席会议(JCS)的报告中,期望能够比计划提前两年达到400枚核弹的目标。[80]为推动美国核武库进一步增长,杜鲁门总统于1949年秋和1950年秋分别授权对核武库进行大规模扩充。[81]

对日益增长的核武库和轰炸机军力进行回顾的重点,不是要证明美国在任何特定时刻都能运用现有的或预计的兵力成功实施一场先发制人战争,而是要说明美国的核能力并不是静止不动的。如果这种核军力在某一水平停滞不前,未来进行先发制人战争就会变得荒谬可笑。核军力在动态发展着,它运行在一种增长的轨迹之上,这才能让先发制人战争的支持者们去证明,这一选项在未来某一时刻是切实可行的。这种增长能够给先发制人战争的倡导者们提供一种支持,来拥戴加快生产核武器和轰炸机,使先发制人战争在苏联具备同样反击能力之前成为可能。实际上,曼哈顿项目的首席科学家罗伯特·奥本海默(Robert Oppenheimer)也是先发制人战争的明确反对者,他于1949年在国会听证会上表示,如果需要,美国具备在两年内生产出1000枚核弹的潜力。[82]1946年詹姆斯·伯恩海姆(James Burnham)在为先发制人战争热情辩护时,对征服任何技术挑战,使美国能够发动一场先发制人战争充满信心。[83]1950年9月,《时代》杂志排除了用现有军力进行先发制人战争是"军事胡言"这样的物质局限性,但仍认为美国必须——以及能够——在1953年构建出核军事能力,可以成功地向苏联"摊牌"。[84]关于朝着打造先发制人战争的能力方向,而不是威慑报复军力的方向发展,使其成为一种

第二章
阻止苏联核武器造成的实力转变

未来的能力,在高层行政长官中,或是由低层政府官员正式提出的建议中,我们未能找到相似的关注点,这个被研究的事实仍是一个未解的谜团,也是物质解释所不能解决的谜团。

物质解释未能有效解决的第二个重点是:美国能否对苏联实施有效的核攻击,从而使先发制人战争选项获得成功。当时对这一点也没有达成一致意见,一些政府官员和评论家确信不可能取得成功。然而,其他人则从不同角度来看待这一问题。内森·特威宁(Nathan Twining)上将任空军副总参谋长直到1950年,1953年任总参谋长,1957年至1960年任参谋长联席会议(JCS)主席,他曾直接表示说:"先发制人战争是出于两个基本原因被否定的:道德原因和军事原因。道德原因是从历史角度来看,美国是不怂恿战争的,打出第一拳是'非美国人的'行为。军事原因就不那么明确了,因为存在不同的观点。"[85]这与许多国际关系学者们的重要观点相一致:尽管国家间的实力分配格局——即物质因素——能够决定其行为,但这些"结构性"的因素并不能自然决定一系列特定政策的选择。审视同样物质因素的不同观察者,都以不同方式来理解其重要意义。

显然,在20世纪40年代末至50年代初期,许多重要人物并未因物质局限或预计成本的原因而轻易将先发制人战争视为不可行的选择。也可能有部分人是不知道核武库的实际规模。总之,尽管我们现在对那个时期的武器库规模十分了解,但在"武器储备数量保密"的当时,甚至对高层决策圈来说,那也是"极度秘密的,甚至到了神秘的程度"。[86]即便是高层官员,如乔治·凯南(George Kennan),以及负责监督核问题的国会联合委员会成员,都从未要求了解核武库规模方面的信息。[87]就像理查德·斯莫克(Richard Smoke)对当时情形的描述:"这个时期加以严格保守的秘密之一,就是美国实际上只有非常少的核弹……美国公众、美国盟友和外国势力,包括苏联,都认为美国已储存了没有上千枚也有数百枚的核弹。"[88]其结果是,美国政界关于先发制人战争的大讨论,是被核武库储备已充足到能够实现先发制人战争的假定所鼓舞的。

正如我们已看到的,核能源国会委员会主席、参议员麦克马洪(Brien McMahon)认为,先发制人战争在1950年初就可以实行了,而凯南的班子在1948年着重指出,苏联城市和工业的地理集中度使苏联很难防御美国的攻击。一份国务院研究报告总结道,"如果有准确和高效的引导",只要用"相对很少的核弹",美国就能"使苏联整个工业回到数年之前的水平,给苏联军事力量的发展造成极其严重的毁灭性效果"。[89]1949年的哈蒙报告,明确地质疑对苏联发动致命核攻击的能力,报告在分发时遭到国防部长刘易斯·约翰逊(Louis Johnson)的压制,以至杜鲁门总统和其他行政长官未见到反对核进攻的军事论据。此外,报告也遭到了空军的反对。这不奇怪,因为报告对战略空军实力的价值持悲观态度。罗森伯格(David Rosenberg)发现,大多数战略家都支持空军的主张。[90]尽管特拉奇滕伯格(Marc Trachtenberg)因为那些空中实力的热衷者对这一特殊兵种的"非理性迷恋情结"而排斥他们,[91]但实际上这些人在政策形成过程中发出了重要的声音,他们对先发制人战争的支持使该选项能够得到更乐观的评价。战略空军指挥部(SAC)的利迈(Curtis Lemay)上将无疑是最狂热的一员,也可以说是当时空中实力的极端热衷者。他在回忆录中宣称:"那时这里确实存在一段时间(在苏联完成核储备之前)可供我们去摧毁……苏联发动战争的全部能力,而面对他们的抵抗我们不会损失一人。"尽管利迈不认为在他所支持的最后通牒选项中,实际建议的政策会在军事上起到任何作用,但如果当时被问及是否可行,他明确表示会给予肯定的回答。[92]最后,我们对NSC 68文件表述的观点加以思索,这绝对不是空中实力热衷者主导的,而是国防部门的联合小组提出的一份文件。在美国支撑核攻击的物质实力问题上,即使NSC 68否定了具备实施"毁灭性打击"的能力,它也断定"一场特别的、严重的初始打击能够……降低苏联供应及装备其军事机构和民众的能力,将使美国获得应对长期战争的全面军事优势"。[93]假如行政长官们在1950年愿意更加仔细地考虑先发制人战争的战略前景，用它来应对正在兴起的苏联核实力形成的巨大威胁，就不会导致 NSC 68 否定这一选项了。

在杜鲁门总统任期内，美国否定了先发制人战争，这又将我们带回到是什么削弱了物质理由这个最后要点上：重点行政人物、国会成员和美国公众对先发制人战争的态度，以及这些态度所能告诉给我们的、他们衡量先发制人战争与其他选项相比较的成本和利益的意愿。前面有关否定先发制人战争的研究主要集中在物质解释方面，并没有详尽审视个别人物是如何给先制人战争定性的，以及他们公开和秘密讨论时，都使用怎样的言辞。我们发现，执行部门和国会里两个政党的绝大多数政治领导人和政府官员，以及大多数涉及先发制人战争的当代学术研究成果、出版物及大众书籍，都拒绝仔细思考先发制人战争的战略作用，因为他们已从准则基准出发先期否决了这个主张。我们将在下一章中讨论这个可采用的、极具说服力的解释。

注　释

1. *Congressional Record,* 107th Congress, 2nd Session, 148 CR Senate 10233, October 10, 2002.

2. Albert Wohlstetter, "The Delicate Balance of Terror," RAND paper, December 1958, at http://www.rand.org/publications/classics/wohlstetter/P1472/P1472.html.

3. NSC 68: United States Objectives and Programs for National Security, April, 7, 1950, *Foreign Relations of the United States 1950,* vol. 1（Washington, DC: U.S. Government Printing Office, 1977）, 228. [Hereafter, *FRUS*] See also Study Prepared by the Director of the Policy Planning Staff, February 8, 1950, 145; Record of the Meeting of the State-Defense Policy Review Group, February 27, 1950, 207, in ibid.; assessment by the Joint Intelligence Committee at the American embassy in Moscow of April 1950; Report on Soviet intentions prepared by the Joint Intelligence Committee, American Embassy, USSR, April 25, 1950, *FRUS 1950,* vol. IV（Washington, DC: U.S. Government Printing Office, 1980）,1168—1169.

4. Memorandum of Conversation by the Secretary of State, July 14, 1950, *FRUS 1950*, vol. I, 345. See also Report by the National Security Council, August 25, 1950, in ibid., 379.

5. NSC 68, 251.

6. Preliminary Report by the National Security Council on Status and Timing of Current U.S. Programs for National Security, August 8, 1951, *FRUS 1951*, vol. 1（Washington, DC:U. S. Government Printing Office, 1979）, 132; Memorandum by the Central Intelligence Agency, September 24. 1951, in ibid., 194. 据NSC 20声称，尽管苏联"没有能力对美国领土或'西半球'进行持续和决定性的直接军事攻击"，估计"苏联的当前实力……将不断增长，并且不迟于1955年，苏联将可能对美国发动核、生物及化学武器空袭的能力"。NSC 20/4: U.S. Objectives with Respect to the USSR to Counter Soviet Threats to U.S. Security, November 23, 1948, *FRUS 1948*（Washington, DC: U.S. Government Printing Office, 1983）, 665.

7. NSC 68, 266. Also see projections of Stuart Symington, former secretary of the Air Force and then chairman of the National Security Resources Board, the State Department Counselor Charles Bohlen, and a National Intelligence Estimate of November 1950. Memorandum by the Chairman of the NSRB to the Executive Secretary of the National Security Council, September 5, 1950, *FRUS 1950*, vol. I, 396; National Intelligence Estimate, November 15, 1950, ibid., 415; Report to the National Security Council by the Chairman of the NSRB, January 11, 1951, *FRUS 1951*, vol. I, 8, 17; Memorandum by the Counselor, March 27, 1952, *FRUS 1952—1954*, vol. II（Washington, DC: U.S. Government Press, 1984）, 6.

8. Michael S. Sherry *Preparing for the Next War: American Plans for Postwar Defense, 1941—45*（New Haven, CT: Yale University Press, 1977）, 27, 209.

9. 所提问题是："你是否认为在我们与苏联共同解决难题时，我们能够相信苏联会妥协？"National Opinion Research Center poll, October 1948, at http://roperweb.ropercenter.uconn.edu

10. George H. Gallup, *The Gallup Poll: Public Opinion 1935—1971*, vol. I（New York: Random House, 1972）, 508, 523. 所提问题是："当你近日听及或读到有关苏联时，你是否相信苏联正在构建能够让自己统治世界的实力，或苏联是在打造避免在另一场战争中被攻击的防护能力？" 1946年5月至1953年7月间有关这一问题的数据趋势，见 ibid., 564, 581—582, 591, 682, 721, 743, 827, 881, 949, 1163.

11. Ibid., 641, 714, 759, 817, 899, 914, 947, 1000, 1113.

12. McGeorge Bundy, D*anger and Survival: Choices About the Bomb in the First Fifty Years*（New York: Random House, 1988）, 199.

13. George F. Kennan, "International Control of Atomic Energy," *FRUS 1950,* vol. I, 22—44.

14. "Statement by the President on the Hydrogen Bomb," *Public Papers of the Presidents of the United States: Harry S. Truman 1950*（Washington, DC: U.S. Government Printing Office, 1965）, 25.

15. Bundy, *Danger and Survival,* 204—213; David Alan Rosenberg, "American Atomic Strategy and the Hydrogen Bomb Decision," *Journal of American History* 66（June 1979）: 62—87.

16. NSC 68, 262.

17. Report to the President by the Special Committee of the National Security Council on Atomic Energy Policy with Respect to the United Kingdom and Canada, March 2, 1949, in *FRUS 1949,* vol. I（Washington, DC: U.S. Government Printing Office, 1976）, 454.

18. Walter I.ippmann, "Russian Military's Fallacy and Ours," *Los Angeles Times,* March 22, 1946.

19. President Truman speech to new Democratic senators and representatives, April 6, 1949, in *Public Papers of the Presidents of the United States: Harry S. Truman 1949,* 197.

20. David Alan Rosenberg, "The Origins of Overkill: Nuclear Weapons and American Strategy, 1945—1960," *International Security* 7（Spring 1983）: 12. Also see John Lewis Gaddis, *The Long Peace:Inquiries into the History of the Cold War*（New York: Oxford University Press, 1987）, 109. 在此期间，杜鲁门政府确实使得核研究和 I 基础设施建造工作停滞，使美国核武器能力的强化工作变得衰弱。

21. For an excellent firsthand account of this meeting, see the diary of Commerce Secretary Henry Wallace. John Morton Blum, ed., *The Price of Vision: The Diary of Henry A. Wallace, 1942-1 946*（Boston: Houghton Muffin, 1973）, 482—485. For details on the policy process, the American plan, and diplomatic efforts between the U.S. and the USSR, see Barton Bernstein, "The Quest for Security: American Foreign Policy and International Control of Atomic Energy, 1942—1946," *Journal of American History* 60（March 1974）: 1003—1044; Bundy, *Danger and Survival,* 136—142.

22. Special message to Congress on atomic energy, October 3, 1945, in Louis W. Koenig, ed., *The Truman Administration: Its Principles and Practice* (New York: New York University Press, 1956), 125—126.

23. A Report to the President by the Special Committee of the National Security Council on Atomic Energy Policy [secretary of state, secretary of defense, and chairman of the Atomic Energy Commission], March 2, 1949, *FRUS 1949,* 444. See also the statement by Secretary of State George Marshall before the United Nations General Assembly, September 23, 1948, in Raymond Dennett and Robert K. Turner, eds., *Documents on American Foreign Relations,* vol. X (Princeton, NJ: Princeton University Press, 1950), 303; Statement by the Representative of the United States to the United Nations General Assembly, November 3, 1948, in ibid., 343; General United States Policy with Respect to International Control of Atomic Energy, PPS/7, August 21, 1947, *The State Department Policy Planning Staff Papers 1947* (New York: Garland Publishing, 1983), 77—78; Secretary of State Acheson Statement to the United Nations General Assembly, September 21, 1949, in Department of State *Bulletin* (October 3, 1949), 489; Truman press conference, February 9, 1950, *Public Papers of the Presidents of the United States: Harry S. Truman 1950,* 34—35; Truman press conference, February 2, 1950, in ibid., 29—30. 秘密鼓动重新关注国际控制——而不是埋头致力于氢弹研制——最著名的政府官员是乔治·凯南，在1950年1月20日给国务卿的一封密信中，他激昂地提出他的观点。Memorandum by the Counselor, January 20, 1950, *FRUS 1950,* 22—44. Also see George Kennan, *Memoirs, 1925—1950* (Boston: Little, Brown, 1967), 471—476; Dean Acheson, *Present at the Creation: My Years in the State Department* (New York: W. W. Norton, 1969), 347.

24. Statement by President Truman at a Meeting at Blair House, July 14, 1949, *FRUS 1949,* 481. See also Minutes of the Fourth Meeting of the Policy Planning Staff on the International Control of Atomic Energy, October 19, 1949, in ibid., 194.

25. Bernstein, "The Quest for Security," 1029—1031.

26. Acheson, *Present at the Creation,* 155; Bundy, *Danger and Survival,* 164.

27. Blum, *The Price of Vision,* 593.

28. A Report to the President by the Special Committee of the National Security Council on Atomic Energy Policy," 444—445.

29. Marc Trachtenberg, "A'Wasting Asset':American Strategy and the Shifting Nuclear Balance, 1949—1954," *International Security* 13（Winter 1988/89）: 5, 7. Also see Marc Trachtenberg, "Strategic Thought in America, 1952—1966", *Political Science Quarterly* 104（Summer 1989）: 314—315; Russell D. Buhite and William Christopher Hamel, "War for Peace: The Question of an American Preventive War Against the Soviet Union,, 1945—1955," *Diplomatic History* 14（Summer 1990）: 367.

30. Sherry, Preparing for the Next War, 34.

31. Ibid., 35.

32. "Ancient Mariner," *Washington Post*（August 5, 1949）.同一篇社论注意到，相比军界官员，民众领袖中支持先发制人战争的范围是含糊的。1946年9月商务部长亨利·华莱士（Henry Wallace）在军界高级官员中引发了强烈反应。当时他向报界提供了之前七月份他写给杜鲁门总统的一封信，信中指责在美国军界存在一小股推动先发制人战争的思潮。这封信件引起的窘境迫使总统解除了华莱士的职务。其文本，见 Blum, *Price of Vision,* 589—601.

33. 本节的目的不是要详细记录哪些军事领导人及民众说过支持先发制人战争。详细报道参见 Trachtenberg, "A'Wasting Asset'"; and Buhite and Hamel, "War for Peace." For another useful source, see George H. Quester, *Nuclear Monopoly*（New Brunswick, NJ: Transaction Publishers, 2000）.

34. Sherry, *Preparing for the Next War,* 112—113. 阿诺德（Henry Arnold）将军在1946年一场新闻发布会上重申了这一立场："防卫核弹的唯一手段是'在发射前就击毁它……我不喜欢防卫这个词。我们应该通过出击来确保美国的安全'。" "Shoot First: Arnold Declares on Defense," *New York Times,* January 14, 1946.

35. Sherry, *Preparing for the Next War,* 209, 213.

36. James Burnham, *The Struggle for the World*（New York: John Day Co., 1947）, 36.

37. Ibid., 37.

38. Walter Lippmann, "Waging World Peace," April 29, 1947, *Vital Speeches of the Day,* 528.

39. Burnham, *The Struggle for the World,* 232—247.

40. George Fielding Eliot, *If Russia Strikes*（Indianapolis: The Bobbs-Merrill Co., 1949）, 21, 251.

41. Ibid., 22.

42. Ibid., 15—16.

43. Cord Meyer, Jr., *Peace or Anarchy* (Boston: little, Brown, 1948), 91.

44. Ibid., 90. 有趣的是，虽然迈耶（Cord Meyer）热切支持世界联邦主义，在1949年苏联试验核弹后，他越来越怀疑美苏在这个项目上的合作可能。其结果是，迈耶加入了中央情报局，最终成为第二把手，负责对苏秘密情报工作。

45. "Laurence Urged New Doctrine," *New York Times,* November 14, 1948. 重点指出，乔治·菲尔丁·艾略特（George Fielding Eliot）支持在美国处在机会窗口的现在用最后通牒方式强迫苏联放弃其核设施。Eliot, *If Russia Strikes,* 21—22, 252.

46. Blum, *Price of Vision,* 534—535.

47. Minutes of the Twenty-second Meeting of the United States Delegation to the Fourth Regular Session of the General Assembly, October 26, 1949, *FRUS 1949,* 199—202. On other advocates of the ultimatum option, see Quester, *Nuclear Monopoly,* 44—46.

48. "Significance of the H-bomb, and America's Dilemma," *Newsweek,* February 13, 1950, 20.

49. David McCullough, *Truman* (New York: Simon & Schuster, 1992), 761.

50. "Aggression for Peace," *Chicago Daily Tribune,* August 2S, 1950.

51. "Instituting a War," *Time,* September 4, 1950, 12. See also Walter Trohan, "Top Officials Hit War Talk by Matthews," *Chicago Daily Tribune,* August 27, 1950; Marquis Childs, "Preventive War: Masquerade in the Pentagon," *Washington Post,* August 31, 1950; Hanson W. Baldwin, "War of Prevention," *New York Times,* September 1, 1950; Holmes Alexander, "That Matthews Speech was a Trial Balloon," *Los Angeles Times,* September 4, 1950.

52. "Curb General Who Offered to Bomb Russia," *Chicago Daily Tribune,* September 2, 1950; John G. Norris, "Air College Head Suspended for 'Preventive War' Remarks," Washington Post, September 2, 1950.

53. Nathan F. Twining, *Neither Liberty nor Safety: A Hard Look at U.S. Military Policy and Strategy* (New York: Holt, Rinehart and Winston, 1966), 49. General Twining eventually became Air Force chief of staff in 1953 and chairman of the Joint Chiefs of Staff in 1957.

54. "Preventive War Idea Gains in Military Minds," *Chicago Daily Tribune,* September 4,

1950; Austin Stevens, "General Removed Over War Speech," *New York Times,* September 1, 1950.

55. "Both Parties Back Truman Arms Call," *New York Times,* September 3, 1950; "Truman's Decision to Double U.S. Forces Gains Support," *Washington Post,* September 3, 1950.

56. "Senator Russell Says Americans Should Ponder Preventive War," *Washington Post,* September 15, 1950.

57. "Preventive War Talk—Why: Fear of A-bombs on U.S. Cities," *US. News and World Report,* September 8, 1950, 11—12.

58. "Background for War," *Time,* September 18, 1950, 30.

59. Paul H. Nitze, "Assuring Strategic Stability in an Era of Détente," *Foreign Affairs* 54 (January 1976): 211. 在他的回忆录中, 前美国驻苏联大使、退休陆军上将华尔特·本德尔·史密斯 (Walter Bedell Smith) 注意到只有"一小撮极端主义分子"鼓吹先发制人战争。Walter Bedell Smith, "My Three Years in Moscow," *New York Times,* November 6, 1949.

60. Gallup, *The Gallup Poll,* July 9—14, 1950, 930; Gallup Organization, August 20—25, 1950 and January 1—5, 1951, Roper Center for Public Opinion Research, at http://ropeweb.ropercenter.uconn.edu.

61. Trachtenberg, "A 'Wasting Asset,'" 14—25; Dale Copeland, *The Origins of Major War* (Ithaca, NY: Cornell University Press, 2000), 8, 170—174; Buhite and Hamel, "War for Peace," 382.

62. Quester, *Nuclear Monopoly,* 123—125.

63. Rosenberg, "The Origins of Overkill," 14.

64. Rosenberg, "American Atomic Strategy and the Hydrogen Bomb Decision," 166-167.

65. Buhite and Hamel, "War for Peace," 383; John Lewis Gaddis, We *Now Know: Rethinking Cold War History* (New York: Oxford University Press, 1997), 109. 有关相对于美国战争计划要求的美国战略弱点的更进一步分析, 见 Harry R. Borowski, *A Hollow Threat: Strategic Air Power and Containment Before Korea* (Westport, CT: Greenwood press, 1982).

66. Rosenberg, "Origins of Overkill," 15.

67. Rosenberg, "American Atomic Strategy and the Hydrogen Bomb Decision," 72.

68. Gaddis, *The Long Peace,* 112. 有关成功实施先发制人战争面临的实际重大困难, 同时期更广泛的分析讨论参见 P. M. S. Blackett, *Fear, War, and the Bomb*（New York: McGraw-Hill, 1949）.

69. Gaddis, *The Long Peace,* 112. Also see Rosenberg, "America's Atomic Strategy and the Hydrogen Bomb Decision," 72—73.

70. John Lewis Gaddis, *Strategies of Containment*（New York Oxford University Press, 1982）, 48.

71. NSC 68, 265.

72. Ibid., 281.

73. Walter Lippmann, "The Atomic Stalemate," *Los Angeles Times,* October 12, 1946; Walter Iippmann, "The War Psychosis," *Los Angeles Times,* November 7, 1947; Walter Lippmann, "Should Air Preparation be Total or Defensive?" *Los Angeles Times,* April 8, 1950.

74. Hanson W. Baldwin, "What Air Power Can—and Cannot—Do," *New York Times,* May 30, 1948. See similar arguments in R. E. Lapp, *Must We Hide?*（Cambridge, MA: Addison-Wesley Press, 1949）, 174—175; Marquis Childs, "Furor over Matthews: War with What?" *Washington Post,* August 29, 1950; Thomas Hamilton, "Russia's Policies Still Are the World's Enigma," *New York Times,* September 17, 1950.

75. Quester, *Nuclear Monopoly,* 58—60.

76. Rosenberg "American Atomic Strategy and the Hydrogen Bomb Decision," 66.

77. NSC 30: United States Policy on Atomic Warfare, *FRUS 1948,* vol. I（Washington, DC: U.S. Government Printing Office, 1976）, 624—628.

78. Rosenberg, "Origins of Overkill," 19—20.

79. Record of the Meeting of the Joint Congressional Committee on Atomic Energy, *July 20,1949, FRUS 1949,* 491.

80. Rosenberg, "American Atomic Strategy and the Hydrogen Bomb Decision," 71; Bundy, *Danger and Survival,* 202—203.

81. Rosenberg, "Origins of Overkill," 22. See the National Security Council recommendation for maximum bomb production into the foreseeable future to achieve "overwhelming superiority." Report to the President by the Special Committee of the National Securi~ty Council on the Proposed Acceleration of the Atomic Energy Program, October 10, 1949, *FRUS 1949,* 561.

82. Lapp, *Must We Hide?,* 172.

83. Burnham, *The Struggle for the World,* 243.

84. "Background for War."

85. Twining, *Neither Liberty nor Safety,49.* Emphasis added.

86. Bundy, *Danger and Survival* 203.

87. Ibid., 201.

88. Richard Smoke, National *Security and the Nuclear Dilemma*（Reading, MA:Addison—Wesley Publishing, 1984）, 55.

89. Factors Affecting the Nature of the U.S. Defense Arrangements in the Light of Soviet Policies, PPS/33 June 23, 1948, *The State Department Policy Planning Staff Papers 1948,* vol. II（New York: Garland Publishing, 1983 , 287.

90. Rosenberg, "American Atomic Weapon Strategy and the Hydrogen Bomb Decision," 72—73, 77—78.

91. Trachtenberg, "A'Wasting Asset,'" 25.

92. Curtis E. LeMay with MacKinlay Kantor, *Mission with LeMay*（Garden City, N Y：Doubleday, 1965）, 481.

93. NSC 68, 266.

第三章

杜鲁门否决先发制人战争

20世纪40年代末至50年代初期，美国面临着一个可怕的战略困境，即如何面对苏联对核武器的坚定追求。这种追求将首次对美国构成大规模的军事毁灭性威胁。到1947年，通过谈判达成控制协议作为限制这种实力转变的手段已显然是不可能的了，只剩先发制人战争这个唯一保留的战略选项，能够阻止苏联发展这种令人恐怖的能力。尽管先发制人战争呈现出巨大的风险，但是不与苏联发生战争的决定也会带来巨大的特定风险。有两位著名观察员在这个时期的论述中表示，美国人关于发动先发制人战争的任何道德疑虑，都将被苏联威胁带来的压力排挤开去。1948年，科德·迈耶（Cord Meyer）承认，"美国民众持有的传统和平态度，以及……[其]政府的民主形态"将导致多数人"不相信美国能挑起战争"。[1] 1950年底，杰出的外交史学家亨利·斯蒂尔·柯马杰（Henry Steele Commager）援引19世纪伟大的历史学家亨利·亚当斯（Henry Adams）的观点，承认"对和平的热爱深深扎根于所有美国人的品质之中"这一广泛持有的信念，这种信念是"美国人的准则"，显然是出自"传统美国人的态度"。[2] 然而，对有关和平与战争，以及长期存在的美国人行为准则方面，那些美国人的传统态度是否能够在当前新的国际形势下存在下去，迈耶和柯马杰都持怀疑态度。柯马杰指出，"我们从未经历过一场持久战争所带来的神经紧张"，结果是，"越来越多实用性的考虑，而不是道德原则，似乎会逐渐影响我们对战争与和平问题的思索"。他认为，这解释了向苏联发动先发制人战争的那种显而易见并急剧增长的兴趣。[3] 虽然迈耶个人是反对先发制人战争的，但他也强调指出，"不管是美国人民，还是任何其他人类群体，从未发现过他们自己曾面临……如此巨大的毁灭力量"，就像苏联未来将会拥有的那种力量。他认为，"用过去作为基础来预测一个易犯错的、可怕的民族将如何驾驭这种巨大的实力，是不保险的，尤其是当他们突然间发现自己是这种实力的独有者时"。确实，"认为民主制度无力对付侵略，历史没有给出任何理由"。[4]

迈耶和柯马杰都十分准确地将 1945 年以来有关先发制人战争言谈日益扩大的影响范围与威胁感的增长联系在一起。1950 年对先发制人战争的公开讨论迅猛增加，这令人毫不惊奇，因为苏联的首次核试验、一种崭新和更具威力致命氢弹的前景，以及朝鲜战争，均使美国人体会到这些事件蕴含着的意义。但最重要的一点是：美国政治体系各阶层中的主流观点认为，用先发制人战争回应这种核实力转变是不合法的，那是对美国人的原则和传统的违背，是民主人士出于道德因素不应去追求的东西。事实证明，从准则角度对先发制人战争的否定，像普遍持有的反对美国孤立于世界事务的观点一样，自 1945 年起直到整个 50 年代，都是"安全时代"的核心内容。对美国领导人来说，这支撑着他们去构筑坚固的世界秩序以及有责任去阻击苏联扩张主义威胁。反先发制人战争准则如此广泛地、根深蒂固地且名符其实地作为美国人的主导性态度，以致当时大多数学者、公众评论家和政府官员不会将先发制人战略选项作为可行的政治考虑。这些人中也包括众多分析家和官员们，按理说他们对先发制人战争不存在任何个人良心上的不安，他们一贯重视战略事务必须占据优势而不看重道德原则。其结果是，先发制人战争从未被详尽地研究，从未被用作物质实践基础上的战略决定。事实上，在有关美国政策的公开宣言和高度机密的政府文件中，我们都能发现大量实例，说明高层决策者基于民主道德原则而否定了先发制人战争。这表明官员们在国内和国际受众面前谈论先发制人战争，与他们之间讨论先发制人战争，其方式没有差别。准则性言辞不仅仅是一种实用的公开辞令，用来解释实际出于战略原因而作的决定。政策制定者实际上就是这样想的。

准则造成对先发制人战争举棋不定

在我们详细审视冷战初期的反先发制人战争准则之前，与有关战争道德观的许多问题一样，同样的事件或行动对号入座能够成为道德特性的主题，这些道德特性反过来又会产生对立的看法，即这些事件或行动是否与公正、有原则或动机合适等概念相一致，认识到这一点是十分重要的。科德·迈耶（Cord Meyer）嘲讽反先发制人战争准则，他说，如果道德观能够阻止大胆的军事行动，那么"侵略似乎就能成为对过分挑衅和解放圣战的一种正当反应"。[5] 先发制人战争是由于害怕潜在对手的未来伤害而激发出来的，其特别之处是将先发制人战争与自卫的观点联系在一起了。在国际法和道德哲学两方面可能不存在其他原则来为使用暴力提供更多的合法性基础。《联合国宪章》第 51 条授权国家可以使用武力防卫自己免遭他国侵略，13 世纪有关正义战争的基督教义也同样允许这样。在冷战初期苏联威胁兴起的情况下，我们发现许多卓越人士建议进行准则性诠释，使美国能够将先发制人战争列为合法自卫行为，甚至作为美国保护其公民的政府职责的一种道德义务。一些人争辩说，尽管在当时进行先发制人战争将付出很多人的生命，但如果同未来与更强大的敌人作战损失更多人相比，先发制人战争还是能拯救很多生命的。一些人把敌人具有邪恶特性的证据用来证明先发制人战争的正当性，认为这样的敌人没有权力指望获得公正待遇。另外一些人认为，美国发动战争后所带来的和平与稳定，能够补偿必须的付出。如果美国人在权衡政策时严肃考虑行为原则，那么这些道德立场中的任何一个都能提供一个准则基础，让美国人团结在能消除严重威胁的先发制人战争手段上。

从政治科学家詹姆士·伯恩海姆（James Burnham）的视角来看，两个核霸权之间不可避免的军事冲突——以及首先攻破这种无法维持均衡状态的迫切需要——使美德不再成为战略需要。伯恩海姆明白，他的建议从准则角度讲是多么矛盾。对于那些谴责他认为美国必须考虑先发制人攻击的人，他用特有的天赋反击道，"那些认为不应该加以考虑的虚伪想法，就如同撒旦似疯人般的胡言乱语"。实际上，考虑先发制人战争的政客们不会是"无责任感或不道德的人。他们自己及团队明白他们的基本职责。他们知道，历史上没有任何社会团体因信赖人类天性善良而保存下来"。[6]军事分析家乔治·菲尔丁·艾略特（George Fielding Eliot）生动地表达了这一两难的道德立场。在天平的一端，"勤于思考的美国人将会拒绝发动战争，在最适合的条件下，就是指用核武器进行空中突袭……美国人更会拒绝发动战争。……这样做可能，也确实将丧失道德优势，以及认为我们正义的内心自信。正是这样的信念让我们的心能够忍受住"第一次世界大战和第二次世界大战的"黑暗日子"。他承认，"我们的国家良心，是我们遗产的一部分"。但是，艾略特又坚持认为，"我们在刻板要求自我完善的良心支配下，被迫置于天平的另一端"，我们这样做时，"对国家安全的思考……呈现出一种道德品质"，会使我们"无罪恶感"。[7]塞缪尔·亨廷顿（Samuel Huntington）从道德角度进一步探究了发动先发制人战争的行动自由权，在这种行动自由权方面，当国家政府面临那种威胁时，艾略特倡导一种积极的道德责任。"没有采取先发制人行动的政府"，在与"明显敌对的"国家较量时，"在相对军事实力方面"进行"系列缩减"抑制行动，那"将完全是对公民玩忽职守，进行道德上的犯罪"。[8]艾森豪威尔总统和丘吉尔首相都曾经历过肩负国家安全首要责任的沉重负担，看上去他们会对这种道德责任的宣称抱有同感。在丘吉尔对二战的回忆录中，他对不是回应直接挑衅的参战，而是因似乎从远处逼近的威胁而参战进行了反思。"推迟战争没有好处，"丘吉尔总结道,"国家的安全、国人的生命和自由,对他们来说很重要,使得参战是正确和必要的。"[9] 艾森豪威尔为保持相对实力与苏联展开无尽的竞赛感到受挫的时候,担忧那种竞赛的成本将"驱使我们要么投入战争,要么变为某种形式的独裁政府"。如果事情会是这样,总统认为,"我们将不得不考虑未来的子孙,我们的责任将不允许我们在所谓最适合的时刻发动战争"。[10]

英国哲学家伯特兰·罗素(Bertrand Russell)坚决反对苏联拥有核弹,并为此作了热情的鼓动,因而十分著名,他在冷战的最初几年就是先发制人攻击的强力倡导者。同伯恩海姆一样,罗素深信,美苏一旦都具备核力量是无法和平共存的。罗素在1959年的一次访谈中回忆道:"我当时一直想的是,双方都拥有核武器时,一场核战争将是绝对和彻底的灾难。"为了避免让全体人类都去承受这种命运,罗素相信美国的进攻威胁将迫使苏联接受美国倡导的国际控制计划。国际控制是应对核激增问题的最符合道德防御原则的方案,因此,即便是攻击威胁失败,美国不得不展开先发制人战争,从道德角度说这样的结果也优于两个核实力国家之间未来战争的悲惨局面。[11] 先发制人战争也能作为创建一个世界政府的催化剂——就是罗素称之"值得为真正宏伟目标去战斗的"东西——将给人类带来长期和平和进步的巨大希望。一些观察家通过将美国和自由世界呈现的价值观与苏联及其统治世界企图的邪恶性进行道德对比,为先发制人战争提供准则方面的证据。欧维尔·安德森(Orvil Anderson)上将,在任空军战术学院院长时,曾公开为先发制人战争辩护,他以这样的方式提出了道德问题:"下面哪一个更不道德呢?——用先发制人战争作为阻止苏联发展核实力的手段;或者允许一个极权主义的独裁体制发展起来,对自由世界进行恐吓、讹诈,甚至可能进行摧毁。"对安德森来说,"我们作出决定,允许一个好战体制发展其能够摧毁自由世界的实力,这才是最大的不道德"。[12] 美国退伍军人协会领导人乔治·克雷格(George Craig),也是要对苏联采取"最终摊牌"激进措施最公开的鼓动者。克雷格将他的立场建立在他所认为的美国道德正义目标之上。"如果我们是对的……而且我们知道我们是对的！……那么就让我们义无反顾地向前，为了自由去摘取正义的果实！我们必须更加敢作敢为，来促进我们的事业，因为俄国人已经在向世界其他地方扩散共产主义观念。我们必须发动一场全力攻势……并且要坚持住！"[13]

在广泛的意义上，支撑先发制人战争的非传统道德立场的特征要点在美国政治体系内得到了大量支持，实际上这种支持一直维持到几十年后的冷战末期。当然，许多人会争辩道，自我完善的权力是至上的，而且这种权力能够判断美国政府为保护人民而履行自身道德义务的众多行为是否正当。多数人完全同意苏联是一个邪恶体制国家，如果不予反击，它将创立一个新的世界，在其中美国人最热切和普遍持有的价值观念将会被粉碎。相反，美国被视为一种进步力量，指引着通向一个更加和平和繁荣世界的道路。尽管这些基本道德宣言获得很大范围的认同，但是由伯恩海姆、罗素及其他人提出的有关先发制人战争的非传统道德论点，从未在美国政治体系内或政策制定者当中获得显著的支持。先发制人战争作为安全保障途径，对民主的美国来说在道德上是不可接受的，这种主导思想始终如一。由三类人——学者、公众评论员和政府官员——就先发制人战争所论述或讲话中表达的观点来看，民主不能也不许发动先发制人战争的信念是多么的普遍。

同时代学者论先发制人战争

证明反先发制人战争准则普遍性的一个好起点，就是从20世纪40年代末期至50年代初期国际关系学者们、政治科学家，以及新出现的一群学院战略家们所撰写的论著开始的。学术领域内的国际关系研究，在20世纪40年代末期因现实主义学院思潮的逐渐兴起开始占据主导而引人注意。对这个阶段的绝大多数国际关系学者们来说，用行动准则、法律原则，以及国际制度来减少暴力冲突事件的发生，在20世纪30年代即使可能，也是十分困难的。助长了大萧条的超民族主义竞赛、继而因国际自由贸易体制崩溃而放大了的竞争，以及一代人时间内爆发两次世界大战，都似乎证实了世界政治是被某种永恒规律所支配着的。不论我们是否喜欢，这些学者——自我宣称是"现实主义者"[14]——都认为各国被锁定在一个不停竞争的周期中，在其中，实力平衡变成了无法回避的固定术，而战争则是护卫自身利益的天然手段。现实主义者们根据16世纪初叶意大利著名政治家兼历史学家马基雅维利（Machiavelli）的论点提出告诫，如果国家试图避开国际实力争斗，或者墨守那些限制对他国进行暴力活动的行动准则或道德主张，这些国家在那些并不尊重这类约束原则的国家面前就会危险地变得十分脆弱。[15] 例如，乔治·凯南（George Kennan）就认为，美国最严重的错误就在于"解决国际性难题时，无法摆脱墨守法规和道德说教的方法"，其结果是因"对民主的偏好及思维的习惯"，而导致"十足的灾难"。[16]

从这个阶段现实主义思维营造的智力氛围里，因先发制人战争在准则或道德方面的非法性而对其加以否定的那些学者当中，我们可以发现针对先发制人战争存在着普遍的敌意。毕竟，先发制人战争曾长期被认可作为阻止平衡实力发生危险转变的有效手段。[17] 这样的行为准则实际上是对维护美国安全的必要战略选择的一种阻碍，我们期望对这种断定至少存在一种不友好的接受态度。但这根本不是我们所发现的。这个阶段卓越的学者们一致断定，反先发制人战争准则确实会阻止美国追求这种选项，而不论他们自己是否认可其作用。甚至在外交政策领域最蔑视道德原则的那些人，从经验出发也会承认，这一特殊原则对美国公众和决策者都具有强有力的效力，而且，无疑也是先发制人战争最重要的阻碍力量。

或许没有一个学者能够像汉斯·摩根索（Hans Morgenthau）那样能够与美国现实主义思潮紧密地联系在一起，他在1948年出版的里程碑式著作《国家政治学》中，创立了实力政治学的系统世界观，从而确立了其美国现实主义之父的地位。在这之前两年，摩根索用一点儿也不轻蔑的笔调评写了"颓废的自由主义"，那是对世界政治的一种导向，他相信这种导向由于偏爱意识形态外交政策，削弱了其评估世界政治难题的能力，并且在对国家利益进行战略测评过程中的作用发挥，折磨了所有国家。摩根索观察到，自由外交政策包括：

> 对先发制人战争的彻底谴责。一个国家因预料到另一个国家计划发起战争，而应该对该国率先发动战争，这个观点从未被自由主义理论和实践所接受。通常，自由主义的政府并不因战争与和平的选择而进行战争，也不会因时机最好而进行战争，是因非自由主义政府主动冒战争风险以追求其目标才进行战争的。[18]

尽管摩根索从这一意识形态导向中看到对自由主义国家存在着固有的不利之处，作为一个已知事实，他接受了这样的观点：他们不会从战略前景所预计的成本和利益出发来决定是否使用武力，而是基于使用武力是否构成侵略或属于防卫行为，因为只有防卫战争"按照自由主义哲学才能够被判定是正当的"。[19] 到了1948年，对苏联发动先发制人战争的主张在美国正引起更多的注意，对这种能够遏制针对美国的核实力转变的战略选项，摩根索不厌其烦地对其缺点进行评价。国家间互相猜疑，甚至冒着战争风险去护卫他们的相对实力，并将其作为国家首要利益。摩根索在他的经典教科书中，将这种实力政治的必要性和不可避免性打回原位，他将先发制人战争的政治可能性轻快地否定掉了，因为"对民主公众来说，这样的选择是可憎的"。摩根索从未考虑由苏联核武库威胁形成的恐惧，是否会压倒美国国内先入为主的反对侵略战争的准则性观念。他只是宣称，美国人拒绝"认真考虑先发制人战争"，是因为它从根本上违反了美国人关于战争起因的认识。"当战争来临时，它必然是因自然灾难或他国的罪恶行为而来的，不应该是因预见者和某一外交策划而引发的。"[20]

这一时期，学者们发出的另一主导声音来自阿诺德·沃尔夫斯（Arnold

Wolfers），他被麦克乔治·邦迪（McGeorge Bundy）称为"美国国际关系专业的系主任"。[21]在苏联首次核试验之前三年和之后三年的论著中，沃尔夫斯有着相同的结论，即美国发动先发制人战争从准则角度讲是不可行的。他在《绝对武器》书里的一章中首次提出先发制人战争议题，这是首部严肃剖视核武器对世界政治含意的书籍。该书以这样的设想开头，"我们的（核）垄断会有一个很快的终结"，美国只能暂时享有"由核攻击得到的绝对安全"。沃尔夫斯承认，为了防止出现苏联猛击美国，有必要考虑美国在这之前应该做些什么，能够阻止核战争恶果。人们认识到不久后的某天，"我们的城市将持久地置于毁灭性的'珍珠港'式威胁之下"，[22]像其他人一样，沃尔夫斯理解人们由此而产生的焦虑。那些人正忙于用自己的措辞来鼓吹先发制人战争时，沃尔夫斯则指出这种选择的战略愚笨之处，其成本将包括苏联战败后重组时难以完成的任务，以及苏联人像以前的德国人一样，可能会在未来寻找报复的时机。但对沃尔夫斯来说，这些战略论据从先发制人战争的准则作用角度看，充其量是处于次要位置的。

沃尔夫斯同两年后的摩根索一样，断言"对美国人的感觉来说，先发制人战争的想法是如此令人憎恶，从今天公众的观点来判断，这个国家的政府是不会指望获得公众对冒险行为的支持"。即便先发制人战争是在"富有思想和理想主义的国际主义者们"在效力世界政府的过程中极力主张下发动的，或是为拯救"人类……免于遭受前所未有的巨大灾难"时发动的，"……美国人民绝对不会被说服同意如此行动"，因为他们"经过认真考虑，将因其太不道德而排除掉"。[23]沃尔夫斯在数年后的论述中，对国家安全政策的道德含意进行了才华横溢的分析。现实主义者宣称国际政治是一个不能用道德标准看待的领域，任何行动"无论什么方式，只要是对国家安全有所贡献，就可以判定是正当的"，沃尔夫斯对这一宣称提出了质疑。他恰当地指出这一宣称"明确表明了一种立场，将国家安全置于价值金字塔的顶端，并想当然地认为这是绝对正确的，而所有其他价值都是次要的"。但从准则角度讲，这正是先发制人战争惹麻烦之处,也就是其被强制作为战略难题的解决途径。沃尔夫斯认为"总的来说,任何政策或人类行为,都无法不成为道德判断的主题——无论是出于行动者自己还是他人的良心——这种政策或人类行为要求牺牲其他的价值,就像任何安全政策都必定要求的一样"。[24] 正如先发制人战争的情形,国家领导人,以及民主国家的公民,绝不会因追求安全最大化而接受某种政策选择,并完全牺牲其他价值。沃尔夫斯指出,"对国家安全的追求就是显而易见和纯粹的……",在努力确保自我保护以及价值体系的维持过程中,"是要在某处划一条线的"。[25] 尽管将安全保持在一定水准需要国家特定程度的物质投入,但那也意味着在这一过程中要作出抉择,哪些价值将得以保持或哪些必须牺牲掉。一个政策制定者"必须在各种手段中进行选择,对价值概念进行一丝不苟的评估,再将他抉择中要牺牲的价值与承诺的安全保障进行对比"。[26] "当准备好时,即使行动将带来巨大的灾难,但我们能否走到发动先发制人战争的地步呢?"沃尔夫斯问道,"是否我们会相信,除了击败苏联,我们不可能获得充分的安全保证呢?"在对这个问题的回答中,沃尔夫斯观察到,"甚至像摩根索这样颂扬自我保持道德责任的人,似乎都认为因安全需要使用军事力量只能用于对暴力攻击的反击,而不是用于先发制人战争",[27] 沃尔夫斯接受了摩根索的立场,把在发动先发制人战争中牺牲美国人的价值观视为是不可接受的。

沿着相似的路线,昆西·赖特(Quincy Wright)在1950年断定,国家不仅仅按照实力测估来制定政策,还依照能够影响他们如何去理解供选择行为方针的实力和价值观来寻求合适的政策。"政府之间制造战争,政府这种人类机构并不像自然力量那样运作,而是按照他们信奉的价值观来运作,……是在他们相信存在的一定条件下,通过采用他们深信最能实现所信奉价值观的方法来运作的。"[28] 最重要的,像同时代的许多人一样,赖特认为没有必要费心从战略前景角度去评估先发制人战争选项,也没有必要去探明美国人的态度是否真的是对立的。对赖特来说,将先发制人战争等同于侵略这种事，只是意味着它"不值得考虑"。²⁹ 数年后，赖特重复这种宣称，"先发制人战争的鼓吹者们未能充分认识到"，他们不可能"在（美国）公众观点中找到对发动这种战争的支持，国际法和联合国无数政治声明中都将这样的战争烙刻上侵略的标记，并将其作为对侵略者政府的责任官员提出犯罪控告的充分依据"。更明确地说，赖特宣布先发制人战争"对民主国家来说是不可行的"。³⁰

早期核理论和核战略的主要设计师伯纳德·布罗迪（Bernard Brodie），毫不奇怪地加入了先发制人战争反对者的行列。当时，布罗迪将其战后生涯聚焦于指引有关军事战略和核武器问题思考的"非感性逻辑"的研究，他发现关于先发制人战争情形的这种不可能性：

> 否认道德价值观的实用性就使我们自己立即陷入荒谬，例如我们会持有这样的荒谬观点：无论多少外国人的生命都无法与一个美国人对丧失自由的担心相衡量。我们在道德基础上本能地否定了那样的建议……"先发制人战争"意味着必然要无缘无故地屠杀数百万人，多数是无辜的人，这都是出于"我们的安全需要这样做"这么一个无法证实的假定……这只是为一种想象提供理由，这种想象假定……美国人民能够默许做那种事情，然后接着干自己日常的事，追求幸福，不会有犯罪感，也不会有恐惧。³¹

这时期，其他学院的一份论著增强了上面的基本论点。亨利·基辛格（Henry Kissinger）在1955年就因其"幻想性"，将先发制人战争政策勾销掉了："建议用先发制人战争政策来解开死结，这种激进解决方法的提倡者都是在幻想。关于这一方案总是存在着一种幻想的氛围，与美国外交政策必须遵从的国家意识和宪法约束相对立。"³² 赫尔曼·菲纳（Herman Finer）指出，"敌对政府间实施压倒性突然袭击，过去时代那种沉重的巨大焦虑感，在当今核弹拥有者面前马上就会被移除掉。考虑到……民主的人道主义，将这种政策排除在行动方针之外"。³³ 尽管亨廷顿鼓励对限制先发制人战争进行坦诚的考虑，以求维持住冷战的实力均衡，他承认他发现这种政策会带来挑战，因为"毋庸置疑，美国人本能上不喜欢先发制人战争"。³⁴ 著名的英国历史学家马克斯·贝洛夫（Max Beloff）指出，将美国的军事优势力量作为解决苏联威胁的进攻性政策，"似乎已被民主的特殊性质排除了。民主不允许发动进攻性战争，即便是贴上'先发制人'的标签。对战争的敌意是价值准则的最基本组成部分，是作为这种文明的概念标识，表明我们只应该关注防卫"。其结果是，"美国……毫不留情地将以某种形式被拉回到'遏制'政策的轨道"。³⁵

里霍尔德·纽伯尔（Reinhold Niebuhr）是一位神学研究者和社会政治评论家，曾是 20 世纪初期和中叶一位重要的智囊人物，他就质疑在民主状态下进攻性政策的可接受性，因为它是基于战争无法避免的主张。

> 即使历史情形同我们当代一样悲观的时候，以及对历史概率进行仔细评估必定会导致更悲观而不是乐观的结论时，我们也没有权利说历史是"不可避免的"。在历史进程中，人总是驱动因素，而不是组成要素……在这个悲情的时刻，我们没有任何理由放弃对那种愿望负起责任……因此在任何所谓"不可避免的"事情或难以驾驭的"未来浪潮"前，我们都不必着急屈服。³⁶

1954 年，纽伯尔给美国反对先发制人战争定了性——有一个显著的事实，仅有 6% 的公众接受先发制人战争——将其作为"对我们政治成熟性最主要的测试"。同强调美国正面临着新型战略压力的其他人一样，他承认，"作为一个国家，我们还未习惯去面对当前经历着的挫折和没有保障的情形"。尽管存在这种压力，纽伯尔对能够得出美国人从未屈从于那种"绝望"

政策的结论感到非常满意。³⁷

公共时事评论员关于先发制人战争的评论

在介绍了学院派人物,以及他们对一场美国式先发制人战争的准则性阻碍作用的评价之后,我们接下来要转向能够将意见传播给更大范围受众的那些人——通过外交政策方面的通俗读物、涉及大胆论及先发制人战争的个人和团体的报刊文章,以及主要报纸和新闻杂志的专栏进行传播。正如学者们著作中所论述的,当先发制人战争成为讨论主题时,我们所发现的是,明确反对将军事力量作为阻止苏联追求核武器的手段,或作为防止与苏联的相对实力在更大规模上受到损失的一种措施。在我们发现的每个事例中,无论是一种直接论据,说明先发制人战争对美国来说从准则角度的确是错误的,还是一种明确的断定,出于准则原因美国公众强烈反对先发制人战争,靠着这种断言,先发制人战争仅被视为一种假设,不需要解释为什么会否定它或需要用证据来为之辩护。有趣的是,通过对 1945 年到整个 50 年代印刷媒体上数百篇文章的回顾,其中论及先发制人战争的内容揭示出,先发制人战争从未从支持或正面的角度被提及。讨论所表现出的这种不均衡性反映出公众对待这一战略选项态度的突出现实,这无疑有助于增强冷战初期反先发制人战争准则的作用。

即便是在公开对苏联构成的威胁进行最极端描述的条件下,关于先发制人战争的准则性信念是如何对这一战略选项树立了一种心理上的(尽管也确是实际存在的)壁垒,这方面最吸引人的例子或许就是由哈利特·艾本德(Hallett Abend)所写的一本书,艾本德是 20 世纪 30—40 年代在外交事务上著述广泛、多产的报纸撰稿人和公众作家。在《半奴役、半自由》一书中,艾本德推出了一个坚定的论点,认为美苏间的战争不可避免,这种意识形态相对立的敌手不可能长期共存,而且时间将有利于敌人。不可能再找到比当时 1950 年美国所面临的更加令人绝望及生畏的威胁景象。"历史上的任何时期，"艾本德宣称，"都不能与当时联合国和西方世界所面临的、可怕的紧迫感相匹敌，那是因为苏联在1949年9月成功进行了核试验。"艾本德警告道："指望莫斯科在新条件下会摈弃侵略和扩张主义的目标，只可能是一种自杀式一厢情愿的想法。"[38] 相反，"当苏联获得充足的、占据优势的战斗实力时，必然发生的结果就是包含着系列要求的最后通牒，如果我们接受最后通牒，将意味着自由世界终结阶段的开始"。在他眼里，未来的景象会这样发展下去：将来的某一天，"当共产主义领导人决定抓住良机，使用他们的核武库和秘密施放手段，通过突然袭击，彻底地致瘫民主国家"，美国将遭受一场"核珍珠港"。[39] 对艾本德来说，苏联无异于二战前的日本和德国，都是慢慢地为他们的帝国增添实力，避免挑起普通战争以赢得时间，直到他们能够在军事上突然狂击爆发，使盟国耗费多年，牺牲百万生命。这两个极具分量的历史相似事件，加上苏联最终将能够派上用场、更具威力的巨大实力，其含意十分明确："当我们还坐等和平时，苏联无疑每个月都在继续改进其远程空中实力，以及更迅速地完善其制导火箭技术。仅仅坐等就意味着放弃拥有主动权所带来的优势。"[40]

通过这种分析，似乎有理由期望通过对先发制人战争，甚至一场"核突袭"令人振奋的号召，将其作为唯一机敏的战略选项，尽管将该选项用来迎接日益增加的危险，存在着代价高昂的缺点。但在该书的最后数页，艾本德完全排除了先发制人战争。"那样一种卑劣的举动是不可能采用的；自由世界的人民绝不会赞同或支持发动这种背后插一刀式的战争，即便是能够带来一场及早和节省的胜利。"[41] 在书的结尾，艾本德宁愿接受他在书中详尽并惹人注目地讨论过的可怕风险，而不是让美国的价值观让步。

在主要报刊和遍布全国的地方性报刊专栏的评述中，反对先发制人战争的准则性态度大体是相同的。事实上，通过对1945年至1948年底之间14位最受欢迎的专栏作家数百篇文章的分析，可以发现他们在有关核弹问题方面"未持有极端的侵略性立场"，"例如像倡导对苏联进行先发制人战争之类"。对珍妮特·贝斯（Janet Besse）和哈罗德·拉斯韦尔（Harold Lasswell）来说，其含意是正面的。不是靠着在美国和苏联之间"煽起互不信任的火焰"来销售报纸，他们的数据表明，任何"侵略冲动都将被道德的准则扣下进行检查"。总之，他们归纳出，专栏作家们把在反对侵略讨论中展现的"共同传统与他们自己的良心结合在一起了"。[42]这时期三大城市的三家主要报纸，《纽约时报》、《华盛顿邮报》和《洛杉矶时报》，一贯性地发表社论反对先发制人战争，反对的主要原因就是它是"非美国的"，是一剂能诱使整个国家走向犯罪的毒药，是一种朝向苏维埃主义和法西斯主义、不为美国人所接受的马基雅维利政策（不择手段的政策），是对"民主的灵魂核心"的违背，是一个关于战争不可避免的可憎宿命论的例子，是"如果我们的人民能够聚集在一起，参加一个宏大的城镇会议，从总统以下……（而）由多数选票来决定，我们政府的每一位有责任心的成员"[43]都将会否决的那种事情。

这个时期两位经常发表评论的军事分析家，《纽约时报》的汉森·鲍德温（Hanson Baldwin）和为《新闻周刊》写作的退休空军上将卡尔·斯帕兹（Carl Spaatz），都将先发制人战争列为自己专栏反复讨论的主题，而每次都因先发制人战争的不道德进行严厉谴责。鲍德温关于先发制人战争的观点在1948年外交关系委员会出版的一书中得到了强化。为了直接回应先发制人战争的支持者，他聚焦于为努力实现一场成功攻击所面临的实际困难和长期代价，对这种战争选项特别作了评论。但像同时期其他许多作者一样，鲍德温出于美国特有的道德和心理因素对先发制人战争进行了指责，认为先发制人战争从政治上讲是不可行的。在这之后，他才对该主张提出了物质质疑，并宣称，"不论怎样描述"，先发制人战争是：

> 赤裸的帝国主义……高尚的动机将变得卑劣，而通过蓄意征服来争夺权力和世界秩序，获得更多的物质目标，这将使美国被血和耻辱玷

污。我认为,这对政府的美国理想是不幸的,对民主意识是毁灭性的打击,处心积虑要对苏联开展先发制人战争,对我们在世界已经贬值的道德标准更是致命的。因为在那种情况下,我们在道德上将堕落到信奉我们曾一贯反对的邪恶信条——用结果判断手段的正当与否。毕竟希特勒也曾宣称第二次世界大战对他那一方来说是"先发制人"战争,但对受害方来说,那是侵略战争。而且,美国人民从来没有打过一场先发制人战争。[44]

在1948年从美国空军退休后的数年里,曾担任空军首任参谋总长的斯帕兹上将,在《新闻周刊》专栏就军事和外交事务定期撰写文章。他第一次涉及先发制人战争主题是在1950年秋天,那时海军部长弗朗西斯·马修斯(Francis Matthews)和空军战术学院的安德森上将表达了亲先发制人战争评论,引发公众陷入恐慌。斯帕兹上将尽管有着长期的军旅经历,拥有空中实力问题方面的专业知识,却并未费心去评估先发制人战争的战略可行性。相反,他因先发制人战争具有道德侵蚀性和非民主特性而持反对态度,并坚定地表明了自己的立场。"先发制人战争从来没有,也永远不会成为我们民主国家中负责任公民和军事领导人选定的政策。"先发制人战争是"懦弱和胆怯的想法。是强盗逻辑,而我们肯定不是好战的国家……美国及其盟国……具有强有力的道德力量,不会诉诸那类行动。如果我们被迫卷入另一场世界大战,那只能是苏联及其卫星国的持续侵略行径引发的直接后果"。[45]数年后,韩国总统李承晚在国会联席会议上演讲时,号召对苏联和中国发动先发制人战争。之后,先发制人战争的主张又公开兴起。斯帕兹坚持认为:"从西方观点的角度来看,先发制人战争是绝不可能的。其特别的民主属性决定了不能发动未受挑衅的战争。美国及其盟国的人民都憎恶战争。在由人民统治的国家里,领导人无视这种憎恶而命令其武装力量首先发动攻击,这几乎是不可能发生的。"[46]

第三章
杜鲁门否决先发制人战争

政策制定者和反先发制人战争准则的支配地位

尽管通过对学院学者、专栏作者和作家们的观察，给反先发制人战争准则在整个美国社会里是非常普遍持有和严肃看待的断定提供了重要的支撑，一个关键问题仍未解决。反先发制人战争准则在政策制定者否决这一战略选项的决策过程中如果起了作用，那么起的是什么样的作用呢？终究我们不能假定政策制定者个人对先发制人战争也持有准则方面的厌恶感，或迫于政治压力而尊重美国民众的反先发制人战争情感。正如迈耶（Cord Meyer）和柯马杰（Henry Steele Commager）提醒我们的，苏联威胁的新颖性和其未来核武库将给美国造成的毁灭程度，显然会给美国领导人造成巨大压力，使得先发制人战争具有压倒性的诱惑力。当美国政府高层官员相信先发制人战争是最佳的战略选项时，可以想象他们会很容易放弃关于发动武装冲突的传统限制，然后将有关先发制人战争的非正统道德观点拿来，帮助证明他们政策抉择的正当性。然而，一份证据材料以十足的分量，显示出有多少政策制定者因先发制人战争是对美国传统和民主原则的违背，在准则的基础上亲身否定了这一战略选项。该证据显示，如果美国将要发动先发制人战争，许多政策制定者确实非常担心会失去美国人民的支持。再者，政府官员在公开场合和绝密文件中如何明确表达这些准则方面的态度，两者之间有着显著的一致性，这说明这种态度并未用国内或国际听众的场合来掩饰政治目的。总之，在解释美国战略决策是如何考虑应对核实力转变的过程中，不将准则信念视为一个主导因素是不可能的。

这个故事中一个最重要的年份是1950年，当时在杜鲁门当局内部十分明确地在考虑先发制人战争，而关于先发制人战争选项的公开矛盾迫使政治领导人越过这些争议，用他们自己的思量进行判断。然而我们确实发现，在内阁层面上反先发制人战争准则的第一个迹象可以追溯到1945年底。或许不应该惊奇的是，第一位坚定持有这种立场的内阁官员是商务部长亨利·华莱士（Henry Wallace）。二战后初期，华莱士不断批评美国"对苏联毫无理性的恐惧"造成冷战的兴起，在杜鲁门当局内部，他成了一位令人厌烦的牛虻。[47] 即使这样，华莱士绝不相信美国会因先发制人战争而呈现出某种"道德丧失"，变得像德国一样，成为一个"侵略国家"。"我无法去想象美国会做那类事情。"[48] 这有可能吸引我们不把华莱士部长的观点视为美国官员的代表性看法，华莱士基于美苏关系的基本立场而被排除在主流之外，而且由于他乐于表达强烈的异端立场，到1946年9月，他就不再待在内阁里了。但是关于先发制人战争准则所产生的约束作用，他的观点的确是属于主流范畴内的。

这个时期对反先发制人战争准则进行广泛呼吁的最好方向标是陆军部长亨利·史汀生（Henry Stimson），他于1945年9月从杜鲁门总统的内阁退休，作为一个共和党人，他在美国外交政策领域是为期数十年的精英人物。实际上，史汀生在政府最高层的公共服务生涯延续了三十四年之久，从欧洲第一次世界大战爆发一直持续到第二次世界大战同盟国胜利。他第一次担任公职是在1911年至1913年，是总统威廉·塔夫特（William Taft）的共和党执政期间的陆军部长，之后从1929年到1933年在共和党总统赫伯特·胡佛（Herbert Hoover）任期内担任国务卿，在1940年被富兰克林·罗斯福（Franklin Roosevelt）总统再次指定担任陆军部长，罗斯福总统当时试图为他的任期建立一个由两党组成的联合班底。这段特殊时期对史汀生形成关于战争的看法十分关键，而他作为一个能干的代理人服务于政府，理解了为什么反先发制人战争准则在20世纪中叶成为美国人公开认可并普遍持有的信念。史汀生在1947年的《外交事务》上发表关于纽伦堡审判的文章中描述说，就是第一次世界大战铸成了这种信念，即"发动侵略战争的人就是对全人类开战"。到希特勒发动侵略战争时，史汀生坚持用"道德判断标准"来反对这种罪行，这能够追溯"到上一代人……侵略是一种犯罪，而我们都明白这点；我们这一代人都懂得这一点。这种罪行是如此严重和凶残，因此，我们不能允许这种罪行再次发生"。⁴⁹ 尽管史汀生这里的论点是指，监禁在纽伦堡的纳粹集团政治和军事领导人应对战争负有责任，几个月后，对美国发动先发制人战争来应对正在增长的苏联威胁的主张，他用关于侵略的同样道德立场进行了判定。按照纯粹的道德标准判断，先发制人战争不仅是错误的，而且对美国来说是格外令人反感的。史汀生断言：

> 我不相信这种主张是人们普遍同意的。因为它是比胡说更糟的主张；它是……对世界人民会宽容所有国家这一说法持玩世不恭、不理解态度的结果。最糟糕的是，这个理论对美国人民的根本态度和目的作出了完全错误的判断。即便美国当时确实拥有在全世界建立霸权的时机，但是不抛弃我们珍贵的传统，我们是不可能利用那种机会的。美国成为征服者将是可悲的。⁵⁰

仅仅几个月后，艾森豪威尔上将从军队参谋总长退休时作了最后一次报告，表达了相同的观点。他用直截了当的言词对正在强烈主张对苏联开展军事攻击的那些人作出了明确回答，艾森豪威尔断然阐明："我们不会通过统治世界或先发制人战争来征服会攻击我们的国家，以寻求单方面的安全保障。这两种方式都与我们的生活方式相矛盾。"⁵¹

在危机气氛浓厚的 1948 年，捷克斯洛伐克发生了共产党政变，柏林出现封锁危机，而那年美国正式决定，在发生战争的情况下可以动用核弹，国务院政策策划班子排除了美国采取进攻行动的可能性，同时将这个结论直接与美国的民主特性相联系（而不是与进攻性行动本身的战略特性相联系）。通过对苏联威胁和构成 NSC20 基本原则的美国战略所进行的更详细、高度机密的分析，乔治·凯南（George Kennan）和他的班子认为，与战争时期相比，一个民主政体如何解决和平时期的安全问题，民主观念会发挥决定性影响作用。当民主观念的"限制"作用"被战争的爆发消除，而这个战争是他方挑衅的结果时,要激怒民主观念总是需要"有一种惩罚性质的目标,"在和平状态下,这种情况是不会得到支持的"。但在和平时期,研究表明,"对一个民主国家来说十分明显……作为外交政策的一种手段,民主国家对战争的反感是如此强烈,将不可避免地倾向于更改其目标……期望他们能够不借助武力来达到目标"。研究认为最强有力的限制,无疑也是对先发制人战争产生准则性抗拒作用的那种限制,可能就是:

> 我们不把战争视为是不可避免的。我们不否定这种可能性:通过尊重苏联,不借助战争也能达到我们的总目标,我们也不得不承认存在着战争的可能性……但在战争不可避免的假设基础上来考虑并确定我们的政策将是错误的。[52]

十三个月后,杜鲁门总统公开宣布苏联已实施核试验的当天,代理国务卿给世界各地的美国大使馆和领事馆发了一封绝密电报,提供了对这一事件的指导性意见。其中一个关键性问题就是,这一事态发展是否增加了战争的可能性。尽管电报反映出对苏联是否存在发动武装冲突的意愿有着明显的不确定感,但电报将一个关键点完全表明了。"十分明显的是,美国和其他民主国家的政策不会有引发战争的危险,美国将坚持通过忠实遵从联合国宪法的条款来避免发生战争,在书面上和实质上都是如此。"最有力的是,电报断言,"所有人都知道,在民主国家,准备发动侵略性战争是不可能的,而且在民主国家内的政党联盟状态下更是不可能,如果存在战争的危险,那是源于其他国家的态度和政策……我们从未认为战争是不可避免的"。[53] 对美国新出现的战略脆弱性感到敏感的那些人,特别是很想支持将先发制人战争作为一种工具,以求能够确保美国达到具有历史意义的永恒安全,电报作出了重要评论。"我们必须记住,在这个世界上不存在绝对安全那类事情,而且(历史上也)从未有过绝对安全。安全是相对的。我们不再是核武器的独有

第三章
杜鲁门否决先发制人战争

者,这一事实促使我们重新定位,让战争变成徒劳的事情,因而也是靠不住的事情,而且也向世界人民表明,人类难题有着比国际上的暴力更好的解决办法。"⁵⁴《华盛顿邮报》的一位记者在苏联宣布核试验后数周内,就对超过十几位高层的政策制定者和顾问进行了一系列匿名采访,他发现所有人都一致认为,"在苏联积聚了足够的核弹能够痛击我们或世界之前——进行一场先发制人战争——痛击苏联,是似恶魔般的头脑所能想象到的、同样可恶的一种'解决方式'"。⁵⁵

1945 年至 1949 年间,来自重要政府官员的这些评论开始呈现出一种格局,因先发制人战争是不公正的侵略行径并与美国人持有的战争不是不可避免的信念相矛盾,政府官员一致否认了先发制人战争,此时政策制定者和高层顾问们就先发制人战争发表的评论仅保持着零星的状态。然而到了 1950 年,在秘密的官方文件和公开声明中,官方对先发制人战争的评论呈爆炸式增长态势。我们发现,可以将对美国安全来说十分关键的这一年划分为三个仍然相互联系的阶段:1950 年的头两个月,即在杜鲁门总统授权推动研究氢弹前后的时段;春天和初夏,这是 NSC 68 的起草阶段和高层决策者公开表达主要观点的时段;1950 年的夏末和秋天,接连发生了海军部长和空军战术学院院长发表亲先发制人战争的评论。

在初期最值得注意的一个事例中,奥马尔·布莱德利(Omar Bradley)上将在为参谋长联席会议(JCS)所撰写的材料中,十分重视氢弹的道德含意,当时杜鲁门总统对是否发展这种新型武器仍未作出决定。参谋长联席会议则认为,从道德角度来看,无论美国是使用聚变还是裂变炸弹卷入战争都是不重要的,最要紧的是在什么情况下开始战争。根据布莱德利上将的观点,"在战争中去争论一种武器是否比另一种武器更不道德是愚蠢的。因为,从广义角度上看,战争本身就是不道德的,而这种不道德的污名必须加在挑起战争的国家头上"。⁵⁶ 几周以后,国务卿迪安·艾奇逊(Dean Acheson)在与一部分参议员的非公开会见中,对先发制人战争采取了一种坚定反对立场。这次会见是许多类似事例的首例,这些事例一直延续到1951年。在公开和秘密场合,艾奇逊因先发制人战争是对美国核心原则的一种道德违背,率先反对先发制人战争,从而在这段困难的年份里,将反先发制人战争准则置于最重要的地位。根据一份记录这次会见要点的高度机密备忘录的记载,一位参议员坚持倾向于最终通牒式选项,要求苏联同意一项国际控制计划,否则就要面临美国的先发制人战争攻击。而另一位参议员指出,他的选民有着一种强烈要求,想知道"为什么我们不马上就着手解决这事?否则就太迟了"。这使艾奇逊感到震惊。根据备忘录记载,"无需多说,国务卿强烈反对所有这些言论……而且告诉参议员们,如果他们所表达的看法形成为政策,那么他将不愿意再留在国务卿位置上了"。[57] 两周后,在白宫与广告业委员会(一个曾经常帮助当局制作公共政策广告词句的民间团体)的秘密会见中,艾奇逊再次否认可能将先发制人战争作为政策选项。尽管承认"自由世界正在进行一场对人类来说绝对是决定性的斗争,但是要取得与纳粹主义战斗的胜利……对民主国家来说,凭借军事方式作为决胜手段从其残忍性和现实性来看都不是合适的政策"。[58] 乔治·凯南(George Kennan),时任国务院顾问,他在广泛发行的一篇文章中就与苏联开战的前景发表了同样的观点。凯南注意到,"关于'先发制人战争'[和]'冲突的无法避免性'……只有个别的讲话在流传"。但是,凯南断言,先发制人战争"是任何一个民主国家都不会将其作为政策目标的一件事情",相反,美国必须寻求一种"有力和富有希望的外交政策,坚定地反对所有关于未来战争的失败主义思潮,着眼于保持共同生存和积极'追求'解决国际差异的每一个可能性……而不是借助战争"。[59]

毋庸置疑,1950年关于先发制人战争最重要和最具权威性的政策宣言是NSC 68,由国防部联合工作小组在春季起草,那年稍后又经杜鲁门总统批准。NSC 68阐述了对苏联威胁和美国确保其关键利益安全的战略措施方面最具权威性的分析结论。在国务卿艾奇逊(Dean Acheson)、国防部长刘易斯·约翰逊（Louis Johnson）和核能源委员会主席戴维·利连撒尔（David Lilienthal）的强烈催促下，杜鲁门总统下令拟定 NSC 68 文件，目的是保证美国发展氢弹的决定能够在一种广阔的视野内，与"国家安全的目标和纲要"保持统一。[60] 此外，杜鲁门也想让这个文件成为美国政策的唯一宣言，能够被用来在政府各部门中强化纪律和统一目标，使美国政策能够适应不断变化的苏联威胁。令人吃惊的是，在 NSC 68 文件之前，没有一份研究曾经以准则性语言对这方面进行过详细的审视，而 NSC 68 文件中这种准则性语言完全主导了有关美国战略选择和先发制人战争选项的整个讨论。马克·特拉奇滕伯格（Marc Trachtenberg）指出，NSC 68 文件明确地否定了先发制人战争，虽然对正在增长的苏联威胁进行深入分析，使得"赢得时间"这种战略变得毫无意义，但这种战略还是寄希望于苏联的行为和目标能够变得更温和。他恰当地指出，"NSC 68 文件起草者们绝不会引导自己接受从他们自己论证中得出的结论"。[61] 然而，特拉奇滕伯格没有对 NSC 68 否定先发制人战争这件事提供进一步的解释。文件中用简短的篇幅确实承认了采用先发制人战争战略会遭遇的"实际"困难，即在自由世界和共产主义的意识形态争斗中，"取得军事胜利将只是部分地或者可能只是暂时地影响了主要冲突"。此外，美国发动战争将"使敌方的政权和人民在这种最后一战中团结起来。最根本的问题没解决，新的问题又产生了"。[62] 然而，这些涉及有关实际困难的简短内容，被 NSC 68 中两方面的准则性宣称，即美国民主特性及其基本原则产生的对发动先发制人战争的约束完全吞没了。

将其作为政策制定者持有准则性观点的有效显示器，从而增加了 NSC 68 文件正统性的是这个文件被设为高度机密。如果文件被作为强调美国在其防卫政策方面限制的一种公开宣言来发布，那么，该文件将会被怀疑是作为一种鼓吹或宣传工具发布的，意图是显示美国正在驶向道德的高速路，而实际上美国的行为绝对是由战略考虑激发的。但是因为受众只是局限在政府官员这个相对很小的圈子，文件中坚硬的准则性词语无助于从美国人民或美国盟友那里获得言辞支持，在与苏联的意识形态争夺战中也无法作为宣传工具发挥作用。文件的作者们是能够仅仅从物质因素角度为他们否定先发制人战争的依据建立根据地的，同时无视所引出的意识形态主张，而文件中实际上已经包含了这种主张。如果高层政策制定者实际上并不看重反先发制人战争准则，或者并不相信美国人民会按照这些准则界线来判断美国政策的正当与否，那么由 NSC 68 所鼓舞起来的对准则的详尽讨论就没有任何意义了。

NSC 68 用了重要的一节就美苏间的关键差异进行了论述，断言"克里姆林宫能够选择任何适宜的手段实现其根本构想"。[63] 换句话表达就是，苏联会将其外交政策的目标严格建立在以最小代价实现目标最大化的优化选择基础上。在这种状况下，苏联似乎会变成合适的战略践行者，而完全不受限制自由选择政策行动准则的约束。相反，"我们没有类似的自由选择权，"NSC 68 直接指出，"而且在武力使用方面更是如此。"美国是个"自由社会"这一特别事实，意味着美国"在达到目的的手段选择方面要受到限制"。[64] 实际上，校正这一自由社会行为的原则并不只是美国要遵循的那些客观标准，这些原则也给出了美国本来应该是什么样的国家这种意思。"[针对苏联侵略]我们采取的先发制人和报复手段是受到这些原则和良心顾忌的限制，正是这些原则和良心上的顾忌赋予了我们自由和民主的含意。"[65] 有趣的是，NSC 68 也看出在与苏联竞争中美国所受到的这类制约，将会成为被敌方利用的弱点。但 NSC 68 建议，在任何时候政策制定者都不能放弃这些原则，或者政治领导人绝对不能相信在新的威胁环境下，公众需要一套新的良心顾忌。这些准则要求与美国的那种特性结合为一体，已作为一种领导人必须适应的政治现实被大家所接受。

正如 NSC 68 起草者们意识到的，"强制性行为是对自由的否定，除非是用于巩固对所有人都共同攸关的权利……诉诸武力、强制性行为、强迫接受其意愿，对一个自由的社会来说是困难和危险的举动"。如果自由如此轻易地抛弃它最珍惜的那些价值观，那种社会里自由如何还能保持其起决定性

第三章
杜鲁门否决先发制人战争

作用的核心价值体系?"采取战争手段……对自由社会是最后的诉诸手段","仅仅是在面临无比巨大的危难时才能成为正当的理由",而不是因战争要给自由带来损失的原因。[66]NSC 68 的附录认为,尽管美国成为世界领导是一项"很困难、并非舒适的工作",但美国必须要"有耐心和用自我克制的态度"来发挥领导作用,特别要"避免变得专横、飞扬跋扈和高高在上"。要维护大家对其领导地位的尊重,"美国必须说服其他国家和人民……不再把与苏联的战争视为不可避免",以及"发动侵略或先发制人战争"并不是美国人的"品质"。[67]

涉及武装冲突方面,NSC 68 强调了几点,"只有在使用军事力量的必要性是十分明确和令人信服的,而且受到我们绝大多数民众赞同的条件下,美国才能动用其军事力量,这一点十分重要"。有关先发制人战争内容,这一节继续阐述道,"除非是对侵略作出反应,美国不能卷入战争,而这种侵略行为应该具备十分显然和令人信服的特点,使我们绝大多数民众能够接受武力的使用"。[68]NSC 68 的关键一节,就美国应对苏联威胁可选择的非传统战略策略进行了评估,自由社会对先发制人战争选项的制约作用是明显存在的。

> 对不久的将来与苏联开战,一些美国人要经过审慎的考虑才能作出决定。这样做并不是说"先发制人"战争的主张——在我们或我们的盟友并未遭受军事攻击的挑衅时就开展军事攻击——不会为美国人广泛接受……[一场]对苏联的突袭,尽管是由于近期苏联的举动而挑起的,也将是多数美国人所**不会接受的**。虽然美国人民可能会因支持战争的努力而团结在一起,但一场突袭带来的对责任感的震撼也将侵蚀道德观。许多美国人会怀疑这是不是一场"正义战争",以及为达到和平是否所有合理的解决途径都在良好信念的指引下被探究过了。[69]

NSC 68 并不是围绕着这些准则约束为美国战略寻找一条出路,而只是接受了这样的结论,这些准则约束"迫使我们得出结论,我们别无选择,只能是……通过除战争以外的手段试图改变世界形势,以这样的方式挫败克里姆林宫的企图,以及加速苏联体制的崩溃"。[70]

在 NSC 68 文件的起草过程中,官方政府文件中唯一有记录的对这些准则主张的异议是罗伯特·洛维特(Robert Lovett)发出的。洛维特是一位前任副国务卿(以及后任的国防部长),当时已经返回私人部门任职,但仍然在国家防御政策审查小组担任顾问。总的来说,洛维特感到 NSC 68 的酝酿起草是基于正统逻辑之上的,但在三月中旬的会议上,因文中包含了太多上面讨论过的、根植于民主原则之中的种种限制,他提出了警告。尽管洛维特最终从未声称赞同将反先发制人战争章节从文中删除,但十分明显的是,他不喜欢贯穿全文的准则性约束。按照洛维特的说法,"我们的国家政策必须保持最大可能的灵活性。我们不能将自我否定的既定规则强加到自己身上,那样会阻止或似乎会阻止我们在任何条件下做某些事情"。更重要的,他试图在战略决策制定过程中不考虑民主原则的主要主张。"不可能在民主原则和非道德行为之间划一条明确的分界线,而要这样做会形成危险和不必要的障碍。"对洛维特来说,当时最要紧的是美国"正处于一场命运攸关的斗争之中",必须作为热战来对待,应该降低对美国举动的限制。[71]尽管洛维特呼吁给予战略策略超过准则约束的优先权,他的评论对最后形成的文件没有产生影响。相反,在形成的美国国家安全计划方面,秘密原始资料记录和公开解释两者间的信息是一致的,即先发制人战争因纯粹的准则原因已被排除在外。

从这以后,艾奇逊国务卿成为有关先发制人战争议题发声最多的政府官员。正如他在回忆录中所写的,他"走遍全国,宣传 NSC 68 的主题观念"。[72]他于 1950 年 6 月在德克萨斯州达拉斯所作的演讲中,对涉及 NSC 68 的主题作了最重要和深入的阐述,从极明显的准则性角度解释了为什么先发制人战争对美国是不可行的。

第三章
杜鲁门否决先发制人战争

在初期还有第三种行动方式可供考虑，但这只能是由另一种类型的政府和人民而不是我们去选择。那就是，我们应该向苏联掷下核弹。这种行动方式有时被委婉地称作"先发制人战争"。所有负责任的人一定同意这种方式对我们来说是难以想象的。这将完全违背我们民众的道德原则。战争不是不可避免的，我们的责任是在不必诉诸战争的情况下找到解决我们所面临难题的方式，并在那种努力过程中将所有的可能性都探索一番。[73]

这时期其他的一些机密资料反映出同样的观点。例如，在四月份给国会核能源联合委员会准备的一份秘密证词中，负责联合国事务的助理国务卿解释道，就核技术关键控制与苏联达成协议的努力失败后，将会对美国和苏联产生一种不平衡效应。这是来源于"核武器给世界带来的最大威胁是一场核珍珠港式的威胁"这种假设。按照助理国务卿约翰·希克森（John Hickerson）的说法，这只会对苏联威胁很小，因为"很明显，民主国家不会发动那种突袭。不论苏联宣传工具如何说，他们肯定完全了解这个事实"。另一方面，核珍珠港式的威胁对美国却是真实存在的，因为民主呈现出的约束力量"对极权主义国家并不适用"。[74] 朝鲜战争爆发后一个月，国务院政策策划组着手进行了与苏联发生全面战争可能性的专题研究。策划组备忘录明确阐明，只有在战争"硬压向我们"时，正如第一次和第二次世界大战一样，这种全面战争的情况才会发生。因为按照美国传统，"不可能由美国首先发动战争"。[75]

靠着 NSC 68 牢固树立的反先发制人战争准则的地位，以及艾奇逊在后面通过公开演讲解释为什么美国品质使得先发制人战争不可能成为战略选项，在 1950 年 8 月末海军部长马修斯和空军战术学院院长安德森上将发表亲先发制人战争言论之后，这个舞台的布景就全面拉开了。白宫、国务院和高级军事领导人的反应迅速且清晰，公开谴责这种观点。杜鲁门总统亲自参加进来,他根据美国的道德品质以及这种品质对美国使用武力所施加的准则性限制,拒绝采用先发制人战争。在马修斯的那番鼓动之前,杜鲁门曾在多个场合表明态度,"我们不是军国主义国家。我们不以军事生活方式为荣耀……当我们想到战争,是在祈祷我们的逝者所做出的牺牲将永远不会重现"。[76] 更具体的,杜鲁门反对与苏联不可避免会开战的想法,而且他驳斥了民意调查显示多数美国人相信五年内可能发生战争的悲观观点。[77] 马修斯讲话后的第二天,在白宫的坚决要求下,国务院出面拒绝为他关于先发制人战争的评论负责任。"马修斯部长的讲话与国务院的态度是不一致的,他的观点不代表美国政策。美国并不赞同发动任何形式的战争。"[78] 尽管海军部长的讲话给白宫带来了很大的难堪,也搅起公众对他是否会被解职的猜测,但杜鲁门并未将他从办公室赶走。按照总统回忆录中就这事的解释,马修斯太幼稚了,并未意识到在五角大楼所作的先发制人战争讲话是与行政当局的政策不相符的。

> 马修斯先生在波士顿发表讲话,称我们应该打一场"先发制人战争"。我是始终反对那种战争的,甚至想都不会去想一下。没有比认为战争能够靠战争来阻止更愚蠢的想法了。除了和平,你不可能靠战争去"阻止"任何东西。当然,马修斯先生是被一大群海军将军们和其他高级海军人士包围着,在这个事情的范畴内他并没有对付他们的丰富经验。他曾告诉我,他过去听到他们在他耳边提到了太多的"先发制人战争",他也就在讲话时重复了这种词语,没有意识到这已经背离我们的政策有多么的远了。[79]

马修斯的讲话引发了众多政府官员持续数月的一系列公开评论,所有评论都从纯粹准则条款出发,谴责先发制人战争的想法。杜鲁门在从准则角度否定先发制人战争方面没有给公众留下任何疑惑。马修斯讲话后仅仅数天,

第三章
杜鲁门否决先发制人战争

在发表一场重要的国家电台和电视演说时,总统将演说重点集中在"我们相信什么是可行的?"这一具体原则上。总统说:"我们不信赖侵略或先发制人战争……那种战争是独裁者的手段,不是美国这样自由国家的工具,我们加强武装仅仅是为了防御入侵。"[80]在总统演讲前数小时,空军参谋总长霍伊特·范登堡(Hoyt Vandenberg)上将宣布,安德森上将已从空军战术学院的位置上被解职了,原因是他公开支持先发制人战争。在解释这一决定时,范登堡上将使用了大家通晓的反先发制人战争词语:"作为防卫队伍的一员,空军把阻止战争发生作为基本目标……美国公民[应当]了解空军自始至终都是和平的维护工具……战争不可避免的假设不仅是不成立的,也是十分危险的。"[81]两个月后的一次重要讲话中,范登堡甚至更加着重地指出对先发制人战争的准则性否定。"'美国只有先扣动扳机才能阻止一场毁灭性战争',我们如果要拒绝这种遭人指责的建议,就必须更加大声地反对这种如此荒谬和铤而走险的幻觉。因为这种幻觉是屈从于战争不可避免前景的一种无望状态下的产物。要消除这种幻觉,我们必须打破冲突无法避免的虚幻。我们必须使美国人民放心,我们的实力能够阻止战争……焦躁、反复无常和冷言冷语,这些都是希望的敌人。"范登堡认为迎接苏联挑战的最佳策略,是通过武装的和平来"拖延冲突的发生","直至有着能够危及世界野心的那些国家接受这种道德秩序的差异是能够通过和平方式解决的……这是给自由人民留下的唯一解决方式"。[82]

参谋长联席会议主席布莱德利(Omar Bradley)上将也在因先发制人战争引起的矛盾纷乱中留下了自己的声音,他在九月份的一次发言中断言,"自由世界不侵略、不挑起侵略,以及不发动先发制人战争的方针"是不可动摇的。[83]几个月后,布莱德利重复了这一立场:"我们不对任何人挑动战争,而且我们甚至不会对主要的敌人发动所谓的先发制人战争,因为这是肯定要破坏和平的。"[84]甚至艾森豪威尔将军(当时任哥伦比亚大学校长),在1950年10月的一次讲话中,感到就先发制人战争所引发的矛盾不得不明确

先发制人战争与美国民主
Preventive War And American Democracy

地表态。同 NSC 68 的起草者们一样，艾森豪威尔感到美国的重大挑战是"针对共产主义痴迷者公开宣告的目标，美国要保卫自己，通过那种方式来做到这点，而我们自己不能在我们的居住地压制自由"。他警告道，最大的危险是美国行为中出现"残忍军国主义"的倾向。遵循这种界限，他注意到："一些人提出了先发制人战争的建议。可能是我对战争的憎恶使我失去了判断力，总之我难以理解他们列举的证据……作为一项永久性政策，我们不能信奉武力哲学，而且我们必须确信世界理解我们对和平的渴望。"[85]

在马修斯讲话两周后的一次电视采访中，国务卿艾奇逊给先发制人战争赋予了如下特征："一种邪恶十足的事物……从任何角度看都是不道德和错误的。"此外，艾奇逊宣称："认为战争不可避免的主张，对我来说是完全错误和特别险恶的。"[86] 在十月份的讲话中，艾奇逊将先发制人战争问题置于美国价值体系更广阔的范畴内来考虑："我们发现在我们的国民生活中存在这种情况，在危机到来的时刻，我们依存的价值体系遭受了挑战，我们会对价值体系中珍贵和闪亮的要点更加在意，我们也会激发自己，努力去诺行实践。"例如，艾奇逊指出美国军事实力的目标是制止战争。"而谈论先发制人战争，或战争的不可避免性是荒谬的，会真的使战争变成不可避免了。"[87] 在马修斯讲话煽起先发制人战争热潮两个月后，艾奇逊用可能是最强硬的口气，痛斥先发制人战争是对美国目标的颠倒，并且以极大的热忱宣告，美国的道德目标和原则绝不会因与苏联的斗争而列入颠倒的行列。尽管承认"威胁是严重的"，而"不适当回应的结果可能很容易导致灾难的发生"，艾奇逊强调："要回应这种威胁，我们绝不能让自己忘记努力构筑军事力量的目的。除非我们时刻意识到，我们的目的是维护和平，让我们珍惜的民主价值观能够继续收获，否则我们就要冒让这种军事力量自己终结民主进程的风险了。"艾奇逊呼吁"将我们的道德目标和我们的物质实力融合起来"，以反对先发制人战争支持者们兜售的"自我毁灭型癔症"。[88]

由国务卿指派公开谴责先发制人战争主张的重要人物是巡回大使菲利

普·杰萨普(Philip Jessup)。杰萨普迅速对马修斯部长的讲话作出了反应;在一场全国性广播采访中,他强烈反对战争无法回避的概念,并且宣称我们的"良知"不允许采取像先发制人战争那样的举动,"那不是美国做事的方式"。他坚持认为,美国的目标必须是"用和平的手段来维护我们的安全和我们最崇高的价值观"。[89] 在1951年2月,杰萨普在联邦学院发表的演讲中再次攻击先发制人战争。据《纽约时报》记者詹姆士·雷斯顿(James Reston)报道,当时因中国军队的参与使得朝鲜局势恶化,杜鲁门当局十分担忧在一些美国人中会增强对苏联开展先发制人战争的吸引力,将其作为一次性、永久性、从根本上解决问题的方式。正像雷斯顿看出的,"杜鲁门当局彻底否定了这种政策,因受条约约束及道义的约束而否决了那种政策"。杰萨普在联邦学院的演讲中提出,美国必须抵制"失败主义"态度,而这种态度正是先发制人战争思维的核心。"如果必要,为保护自由和正义,美国是会战斗的,但不能仅仅因为通往和平的道路漫长、艰难和劳累就依靠战争。"[90]

先发制人战争和共和党的反对态度

我们已经看到,反先发制人战争气氛主导着杜鲁门当局,但处于反对党的共和党精英们又是如何看待先发制人战争主张的呢?是不是反先发制人战争准则所起的作用主要局限在民主党内部?是否共和党人在承接其道德含意时有着显著的差异?如果是这样,我们就能得出结论:反先发制人战争准则只是在国内争辩得厉害,因而不是被广泛一致享有的美国特性的组成部分。尽管许多人记得,冷战初期是民主、共和两党围绕美国外交政策主要内容有着一致意见的时期——反对孤立主义、承诺履行全球领袖的职责,以及遏制苏联扩张——事实上,外交政策领域始终是政治党派之间强力竞争的竞技场。到1953年艾森豪威尔担任总统时,共和党已有二十年在执行机构里丧失权力了。在国会,民主党从1933年至1947年在两院都占据主要地位。尽管共和党在1946年的选举短暂赢得参众两院,但民主党于1949年又夺

先发制人战争与美国民主
Preventive War And American Democracy

回了控制权。在真实的政策差异和政治获利的机会之间，外交政策不再只是共和党挑战民主党的领域。1949 年至 1951 年是政治上特别棘手的年份，在这期间，共和党谴责杜鲁门将中国丢失给了共产主义，当局混乱的亚洲政策遭到了更普遍的批评，杜鲁门单方面决定派遣美军到欧洲作为北约常备军事力量引起了一场"大辩论"，总统在 1951 年春天因道格拉斯·迈克阿瑟（Douglas MacArthur）将军的桀骜不驯损害了美国的朝鲜政策而将他解除职务。[91] 尽管在这些领域存有强烈的争议，以及共和党乐于将外交政策作为政治工具来使用，但是杜鲁门在先发制人战争问题方面并未面临有组织的政治反对。实际上，特别是在 1950 年的关键年份，共和党内的多数重量级人物公开表明反对先发制人战争，他们也是使用与杜鲁门总统和艾奇逊国务卿相同的准则性词语来解释这种立场。反先发制人战争思潮与美国人民民主品质和传统的联系，使之完全成为一种两党共享的信念。

或许在共和党内部，最好的出发点是从约翰·福斯特·杜勒斯（John Foster Dulles）开始的。他在担任艾森豪威尔总统的国务卿之前，曾在 1948 年的总统选举中，作为外交事务顾问服务于参选的纽约州长托马斯·杜威（Thomas Dewey）。在共和党内部，杜勒斯最受尊重，其表态最具影响力。杜勒斯在 1948 年初详细阐述其美国外交政策观点的一次发言中，明确地反对先发制人战争。他首要的着眼点是美国政策不能去做什么。杜勒斯宣称，"美国首先发起一场所谓的'先发制人'战争"，"那是无法想象的"。为什么他这样说呢？他认为，"这是与我们的民主本质相对立的"，策划那种攻击计划会使美国面临受到"我们正在策划所有人都害怕的战争的犯罪指控"。此外，"美国自己不应该接受战争是不可避免的假定"。[92]

他在 1950 年出版了《战争或和平》一书，这也是他在职期间写的有关外交政策内容最为广泛的一本著作。他在书中就把先发制人战争视为无法想象的那种看法和原则进行了详细阐述。像陆军部长史汀生（Henry Stimson）一样，杜勒斯的解释基础来自 20 世纪初悲剧般的历史以及这段时期对战争

第三章
杜鲁门否决先发制人战争

及其起源的态度产生的准则观念的转变。

下面我们对美国人反先发制人战争准则所谓的"关键时期"这一段历史进行具体的回顾。按照杜勒斯的说法,"我们这代人,已经使不计其数的人遭受到难以置信的恐惧",其结果就是一种情绪化的反应——一种"前所未有的对战争的恐惧"。从这种情绪反应中产生了一种准则承诺义务,即"对战争的道德谴责变得如此普遍和如此密集,不得不承认这也是前所未有的"。反过来,从文化角度看,"不再有战争的颂扬了……我们前所未有地在推动一种否定,否定把战争作为获取良好结局的一种手段"。杜勒斯并未走到断定这种对战争的"普遍"反感将约束住苏联的地步。"可以想象到,"他承认,"他们可能正在谋划另一场珍珠港。"相反,美国人民"怀有战争不是不能避免的信念",而且最重要的是,尽管呈现出沉重的战略危险前景,美国人民是愿意"为和平去承担风险的"。正如杜勒斯看到的:"在美国存在一种公众情绪,如果维护好,将成为一种难以逾越的障碍,不可能受诱惑发动所谓的'先发制人战争',或者蓄意惹发或哄骗潜在的敌人采取行动,貌似有理地创造出战争借口……对那些感到所有选择都不适用而战争还算相对过得去的任何人来说,公众观念产生了一种有力的,我们相信也是决定性的约束作用。"[93] 三年后,在艾森豪威尔执政后的第一周,杜勒斯用同样的措词解释了否定先发制人战争的理由,同时也描绘出美国行为的道德基础与苏联非道德性质之间的明显差别。

> 少数人在各处公开活动中提出,与苏联的战争不可避免,以及我们早开战比晚开战更好。据他们说这是因为时间的流失不利于我们。艾森豪威尔总统明确地反对那类政策,当然我和国务院所有同事们也同样如此……我们绝不选择将战争作为实现我们政策的手段……我们明白我们的敌人是不会有道德方面的顾虑的。

杜勒斯还指出，对美国来说，我们的"目的是绝不发动战争，而仅仅是防止战争"。[94]

在共和党人远离政权的许多年里，党内的重要人物——如俄亥俄州参议员罗伯特·塔夫特（Robert Taft）、前总统赫伯特·胡佛（Herbert Hoover）、纽约州州长及1944年和1948年总统候选人托马斯·杜威（Thomas Dewey）、前明尼苏达州州长和1948年曾有望当选总统的哈罗德·斯塔森（Harold Stassen），以及加利福尼亚州参议员查理德·尼克松（Richard Nixon）——都具有强大的影响力。其结果就是，共和党自身就有一些涉及外交政策的最重要的内部机构，研究诸如美国承诺重建和防卫欧洲、战后军事力量的规模，以及朝鲜战争的逐步升级等主要问题。尽管党内在有关重要问题方面存在很大的差异——这些特殊人物代表了不同的声音——但他们都赞同杜勒斯的观点，认为先发制人战争对美国从准则角度是非法的。

在1950年8月，针对海军部长马修斯的亲先发制人战争讲话，在从论战角度对退伍老兵组织发表演讲时，参议员塔夫特指出，"我常常不认同艾奇逊国务卿的观点，但我赞同他的那种原则"，美国不能发动先发制人战争。[95]几个月后，随着美国军队在朝鲜与中国作战中陷入泥潭，以及有关方面处于关于与苏联的全面战争迟早会爆发的抱怨之中，塔夫特在参议院的发言再次断然否定了先发制人战争主张。"甚至直到战争爆发时才承认战争是不可避免的，对我来说这依然是很轻率的……我们必须面对并且我们必须准备好，这是可能的事，但先发制人战争理论是与每个美国人的原则和道德准则相矛盾的。"[96]胡佛虽然自1933年起就不再担任公职了，但整个冷战初期，他都在美国公共事务方面有着令人尊重和活跃的发言权。在面临苏联不断壮大和施加的巨大威胁时，他看到美国人变得默然顺从及软弱。1950年秋天，他加入了一场激烈的评论。但最终，胡佛强有力地声明，"我不会谈及任何如一场进攻或先发制人战争之类的事情"，以保卫美国免于苏联的威胁，"我憎恶这样的想法"。[97]

杜威，在 1948 年的总统选战中被杜鲁门击败，他对总统的外交政策保持一种强劲的批评态度，并且与他的共和党同事们严厉指责执政领导人在危急时刻的表现。根据杜威的看法，1950 年底的战略局势是十分危险的，以致"我们国家——自由世界——人类自由的那个信念正处于直接的、十分危险的状况下……苏维埃俄国正在对自由世界发动一场冷酷战争……只有采取更加果断的行动……才有可能挡住涌来的苏联浪潮"。解决方式是什么呢？"我们必须抛弃我们的防御模式。"尽管杜威振臂高呼，号召针对这种危急的威胁采用新的攻击性政策，但他坚定地接受了他认定的一种政治事实，即无需进一步解释这种事实会对美国战略选项施加的限制。"美国绝不会发动一场先发制人战争。"[98]两个月后，在参议院一次听证会的证词中，杜威重申了他的看法，苏联实际上已经在对美国展开某种形式的战事了，美国需要更加有效的应对措施。但是，他马上又补充道："说到这里，当然，我们并没有应该发动那种俗称先发制人战争的意思。"[99]他在 1951 年 5 月又重复了这种说法。即使美国处于一种"为生存而拼死一战的情形……那也不意味着我们应该去考虑发动先发制人战争"。[100]像杜威一样，斯塔森描绘出苏联威胁更甚于纳粹德国的一幅画面，其目的没有别的，只能是统治世界，"这是甚至包括会对美国本土发动突袭的一种威胁"。[101]但是斯塔森再次确定他的听众弄明白了他所重视的对美国回应措施的限制。"让我明确地说清楚，我是坚决不会去建议美国发起一场'先发制人战争'的。"[102]1950 年 10 月，斯塔森坚定地宣称，他对美国政策的看法是，"排除掉先发制人战争，因为对我们来说，从道德上那是错误的，实际上也是愚蠢的"。[103]

1950 年将尼克松选进参议院的那次国会选举的前一周，尼克松在对支持者的一次演讲中指出，美国外交政策的两种极端倾向对美国人民来说都是不能接受的："今年秋天我的竞选旅行中，在加利福尼亚州与数千民众会面和谈话时，我发现公众的观点并不倾向于向苏联绥靖或对其发动先发制人战争。"[104] 在全国的不同地点,其他竞选公职的共和党候选人也表达了同样的观点,认为先发制人战争在政治上是不可接受的。前海军作战指挥部主任、退休海军上将路易斯·邓费尔德(Louis Denfeld)在1950年秋天寻求竞选马萨诸塞州州长职务,他在好几个场合表明:"这个国家作为一个民主政体,绝不可能发动先发制人战争,而我也不认为民众会被引导同意这样干。"[105] 美国参议院的共和党候选人、纽约州副州长乔·哈利(Joe Hanley)在一场集会上提到海军部长马修斯,他表态说:"我想总统仍然让那样一个人留在内阁中是国家的耻辱,那人公开鼓吹将先发制人战争作为国家政策的实现手段。"[106] 在反先发制人战争准则下为使共和党领导人达成一致意见,在1952年的政党宣言中,以及共和党总统候选人提名者艾森豪威尔,都正式确立了反对先发制人战争的政党立场。在离开现役并从欧洲司令部返回美国仅仅四天后,艾森豪威尔就宣布了他参加共和党总统竞选提名的候选计划。作为候选人他在首次就外交政策发表的重要讲话中,表明了自己关于美国原则和先发制人战争的立场,重申了他过去既作为一名五星上将又作为哥伦比亚大学校长时曾表明过的态度。"我们必须确信每一个国家——我们自己、我们的友邦国家,以及铁幕下的国家——都明白我们对和平的真挚和热爱。我们反对所有关于先发制人战争的话题和建议——不存在那类事情。享受生活的人们及幸福的家庭……是我们目标的象征。"[107]

就在1953年初共和党准备接管白宫之际,杜鲁门直到他的总统任期结束一直推行反先发制人战争主旋律,在他的告别演说中,他再次拒绝考虑先发制人战争选项,表明了对这一道德问题的明确态度。"那么,偶尔我接到来自一些焦躁人士的信件,质问为什么我们不把这事做好了。为什么我们不发出最后通牒——全力以赴发动一场战争,扔下原子弹。对多数美国人来说,答案十分简单:我们不是那样行事的。我们是讲道德的民众。和平是我们的目标,正义和自由也是。我们不能够任由我们的自由意志,违背那些我们一直努力捍卫的原则。"[108] 由于杜鲁门执政时期高层行政官员和反对党成员们所花费的所有努力，仅仅只依据准则条款就排除了先发制人战争，根本就没在把先发制人战争作为战略选项的物质成本和收益研究方面耗费精力。仅靠准则的限制作用就提前将先发制人战争选项否决掉了。

注　释

1. Cord Meyer, *Peace or Anarchy*（Boston: Little, Brown, 1948），90—92.

2. Henry Steele Commager, "The Challenge to the American Character," *New York Times*, November 26, 1950.

3. Ibid.

4. Meyer, *Peace or Anarchy,* 90—91.

5. Ibid.

6. James Burnham, *The Struggle far the World*（New York: John Day Co., 1947），36

7. George Fielding Eliot, *if Russia Strikes*（Indianapolis: Bobbs—Merrill Co., 1949），23—24.

8. Samuel P. Huntington, "To Choose Peace or War: Is There a Place for Preventive War in American Policy?" *United States Naval Institute Proceedings* 83（April 1957）: 362. 亨廷顿文章更深远的目的是主张用有限度的先发制人战争作为保持实力平衡的防卫手段，而不是支持全面先发制人战争。

9. Winston S. Churchill, *The Gathering Storm*（Boston: Houghton Muffin, 1948），320.

10. Marc Trachtenberg, "A 'Wasting Asset': American Strategy and the Shifting Nuclear Balance, 1949—1954," *International Security* 13（Winter 1988/89）: 39.

11. Ronald W. Clark, *The Life of Bertrand Russell*（New York: Alfred A. Knopf, 1976），523—529. 类似观点，见 James Burnham, *The Coming Defeat of Communism*（New York: John Day Co., 1950），144—148.

12. Nathan Twining, *Neither Liberty nor Safety: A Hard Look at U.S. Military Policy and Strategy*（New York: Holt, Rinehart and Winston, 1966），19.

13. George N. Craig, "For This We Fight," September 21, 1950, *Vital Speeches* 17（October 15, 1950）: 19—20. Emphasis in original.

14. Edward Hallett Carr, *The Twenty Years' Crisis*（London: Macmillan, 1940）; Hans Morgenthau, *Politics Among Nations*（New York: Alfred A. Knopf, 1948）, chap. 1. 卡尔和摩根索都蔑视他们称为"乌托邦者"或"理想主义者"的那些人，那些人自世纪初就试图通过有助于仲裁纷争的国际法和制度建设来摆脱工业时代以来不断增长的战争风险。

15. Niccolo Machiavelli, *The Prince,* trans. Thomas Bergin（Arlington Heights, IL.: Harlan Davidson, 1947）, 51.

16. George F. Kennan, *American Diplomacy, 1900—1950*（New York: Mentor Books, 1951）, 93—95, 73.

17. Ernst B. Haas, "The Balance of Power as a Guide to Policy-Making," *Journal of Politics* 18（August 1953）: 377.

18. Hans J. Morgenthau~ *Scientific Man vs. Power Politics*（Chicago: University of Chicago Press, 1946）, 68—69.

19. Ibid.

20. Morgenthau, *Politics Among Nations,* 229—230, 256.

21. McGeorge Bundy, *Danger and Survival: Choices About the Bomb in the First Fifty Years*（New York: Random House, 1988）, 194.

22. Arnold Wolfers, "The Atomic Bomb in Soviet-American Relations," in *The Absolute Weapon: Atomic Power and World Order,* ed. Bernard Brodie（New York: Harcourt, Brace, 1946）, 114, 138.

23. Ibid., 117.

24. Arnold Wolfers, "National Security'as an Ambiguous Symbol," *Political Science Quarterly* 67（December 1952）: 498, 500.

25. Ibid., 500.

26. Ibid., 500—501.

27. Ibid., 500.

28. Quincy Wright, "America's Policy Toward Russia," *World Politics* 2（July 1950）: 464.

29. Ibid., 465-466. Emphasis added.

30. Quincy Wright, *Problems of Stability and Progress in International Relations*（Berke-

ley: University of California Press, 1954), 76, 136.

31. Bernard Brodie, *Strategy in the Missile Age* (Princeton, NJ: Princeton University Press, 1959), 235—237. See also Bernard Brodie, "Implications for Military Policy" in *The Absolute Weapon,* 87.

32. Henry Kissinger, "Military Policy and Defense of the 'Grey Areas,'" *Foreign Affairs* 33 (April 1955): 416—428.

33. Herman Finer, *America's Destiny* (New York: Macmillan, 1947), 134.

34. Hutington, "To Choose Peace or War," 360.

35. Max Beloff, "No Peace, No War," *Foreign Affairs* 27 (January 1949): 220.

36. Reinhold Niebuhr, "A Protest Against a Dilemma's Two Horns," *World Politics* 2 (April 1950): 338—339.

37. Rienhold Niebuhr, "Comments on 'American Attitudes on World Organization,'" *Public Opinion Quarterly* 17 (Winter 1953—1954): 435.

38. Hallett Abend, *Half Slave, Half Free: This Divided World* (Indianapolis: BobbsMerrill Co., 1950), 275—276.

39. Ibid., 279—280.

40. Ibid., 287.

41. Ibid., 290. Emphasis added.

42. Janet Besse and Harold D. Lasswell, "Our Columnists on the A-Bomb," *World Politics* 3 (October 1950): 73, 87.

43. For example, see "An Elder Statesman Speaks," *New York Times,* September 21, 1947; "The Battle for Men's Minds," *New York Times,* December 14, 1949; "No 'Preventive War,'" *New York Times,* August 28, 1950; "Against Preventive War," *New York Times,* September 3, 1950; "America's Program," *New York Times,* September 21, 1950; "Preventive War," *New York Times,* September 3, 1950; Malvina Lindsay, "Antiquated War Talk," *Washington Post,* March 13, 1948; "Finletter and Matthews," *Washington Post,* August 30, 1950; "Preparedness for Peace," *Los Angeles Times,* August 30, 1950; Thomas J. Hamilton, "Soviet Stand on Atom Stirs Wide Speculation," *New York Times,* March 16, 1947; Drew Middleton, "Do the Men in the Kremlin Want War?" *New York Times,* March 28, 1948; William D. Pardridge, "Defense

Strategy," *Washington Post,* December 14, 1948.

44. Hanson W. Baldwin, *The Price of Power* (New York: Harper, 1948), 300—301.

45. Carl Spaatz, "Preventive War?" *Newsweek,* September 11, 1950, 26.

46. Carl Spaatz, "The Lure of Preventive War," *Newsweek,* August 9, 1934, 19.

47. Lewis Wood, "Truman Silences Wallace Until After Paris Parley," *New York Times,* September 19, 1946.

48. John Morton Blum, *The Price of Vision: The Diary of Henry A. Wallace, 1942—1946* (Boston: Houghton Muffin, 1973), 535. See also ibid., July 23, 1946, 592.

49. Henry L. Stimson, "The Nuremberg Trial: Landmark in Law," *Foreign Affairs* 25 (January 1947): 184—185. 这一观点也在史汀生的回忆录中讨论过。Henry L. Stimson and McGeorge Bundy, *On Active Service in Peace and War* (New York: Harper, 1948), 588—590.

50. Henry L. Stimson, "The Challenge to Americans," *Foreign Affairs* 26 (October1947): 9.

51. Lloyd Norman, "Ike Opposes Preventive War as 'Repugnant,'" *Chicago Daily Tribune,* February 16, 1948. 数月后，托马斯·芬莱特（Thomas Finletter），总统空军政策委员会主任，很快就任空军部长，他声称反对先发制人战争，是因为先发制人战争是"崩溃领导"的标志，而不是美国人民愿意跟随的"积极领导"以迎对苏联威胁的象征。"Finletter Opposes a Preventive War," *New lark Times,* March 25, 1948.

52. United States Objectives with Respect to Russia, PPS/38, August 18, 1948, *State Department Policy Planning Staff Papers 1948* (New York: Garland Publishing, 1983), *377,* 395.

53. Cable from the Acting Secretary of State to All Diplomatic and Consular Offices, September 23, 1949, in *Foreign Relations oft/ic United* States *1949,* vol. I (Washington, DC: U.S. Government Printing Office, 1976), 538—539. [Hereafter, *FRUS*]

54. Ibid., 540.

55. Alfred Friendly, "Soviet A-Bomb Blast Split Top U.S. Policy Thinking," *Washington Post,* November 6, 1949.

56. Memorandum by the Joint Chiefs of Staff to the Secretary of Defense, January 13, 1950, *FRUS 1950,* vol. I (Washington, DC: U.S. Government Printing Office, 1977), 511.

57. Memorandum by the Assistant Secretary of State for Congressional Relations to the

Under Secretary of State, January 26, 1950, *FRUS 1950*, 140—141. See also James Reston, "Acheson's First Problem: to Convince Congress," *New York Times,* February 19, 1950. 在一份有趣的声称美国人民将支持对苏联攻击的参议员宣言的附注中，国务院曾进行过一项秘密研究，对媒体上的公开评论及观点调查进行研究，以检测这一断言的准确性。1950年3月，公众事务办公室得出结论，尽管"大多数美国人愿意考虑更大范围内的可行措施以阻止共产主义扩张……只有很少人愿意走得更远去支持一场'先发制人'战争"。Memorandum by the Director of the Office of Public Affairs to the Assistant Secretary of State for Public Affairs, March 6, 1950, *FRUS 1950,* 186.

58. "Acheson Calls on All U.S. to Block Russia," *Chicago Daily Tribune,* March 10, 1950.

59. George F. Kennan, "is War with Russia Inevitable?" *Washington Post,* February 26, 1950.

60. The President to the Secretary of State, January 31, 1950, *FRUS 1950,* 141—142.

61. Trachtenberg, "A 'Wasting Asset,'" 14.

62. NSC 65: United States Objectives and Programs for National Security, April, 7, 1950, *FRUS 1950,* 243—244, 281.

63. Ibid., 243.

64. Ibid., 242.

65. Ibid., 263.

66. Ibid., 242—243.

67. Annex No.7 to NS~ 68, reprinted in *SAIS Review* 19（Winter/Spring 1999）: 21.

68. NSC 68, 267, 243.

69. Ibid., 281. Emphasis added. Also see, 264.

70. Ibid., 244. 强调后加。NSC 68 主张"这些考虑……排除了攻击，除非**确实**是对一场正在进行中的或将要实施攻击的本质上是**反击**的行动。"更确切地说，真正的抢先攻击是合法的，先发制人攻击则不是。

71. Record of the Meeting of the State-Defense Policy Review Group, March 16, 1950, *FRUS 1950,* 196—197.

72. Dean Acheson, *Present at the Creation: My Years in the State Department*（New York: W. W Norton, 1969）, 375.

73. Address Before the Civic Federation of Dallas and the Community Course of Southern Methodist University, Dallas, Texas, June 13, 1950, Department of State *Bulletin* 22（June 26, 1950）: 1038. Emphasis added. See Acheson's description of the speech in *Present at the Creation, 376—377*. For press coverage of the speech see "Acheson Rules Out 'Preventive War,'" *New York Times,* June 14, 1950, "Acheson Warns of Reds' Aim to Terrify Weak," *Chicago Daily Tribune,* June 14, 1950.

74. Testimony by the Assistant Secretary of State for United Nations Affairs Before the Joint Congressional Committee on Atomic Energy, April 26, 1950, *FRUS 1950,* 70—71.

75. Draft Memorandum by Canton Savage of the Policy Planning Staff, July 27,1950, *FRUS 1950,* 358—359.

76. Address by the President on the Requirements for a lasting Peace, Little Rock, Arkansas, June 11, 1949, D*ocuments on American Foreign Relations 1949,* vol. XI, ed. Raymond Dennett and Robert K. Turner（Princeton, NJ: Princeton University Press, 1950）, 17.

77. Presidential Press Conference June 1, 1950, *Public Papers of the Presidents of the United States: Harry S. Truman 1950*（Washington, DC: U.S. Government Printing Office, 1965）, 450.

78. Walter H. Waggoner, "U.S. Disowns Matthews Talk of Waging War to Get Peace," *New York Times,* August 27, 1950; "Secretary Matthews Rebuked for War Speech," *Washington Post,* August 27, 1950; "Asks Matthews to Quit," *New York Times,* August 28, 1950; "Gag Urged on Unofficial Policy Talk," *Washington Post,* August 28, 1950.

79. Harry S. Truman, *Memoirs: Years of Trial and Hope*（Garden City, NY: Doubleday, 1956）, 383.

80. Radio and Television Report to the American People on the Situation in Korea, September 1, 1950, *Public Papers of the Presidents,* 613. 有关杜鲁门总统拒绝先发制人战争的其它公开评论，见 Anthony Leveiro, "Truman Affirms World Peace Aims," *New York Times,* October 14, 1950; Radio Address by the President, December 15, 1950, *Documents on American Foreign Relations,* vol. XII（Princeton, NJ: Princeton University Press, 1950）, 16; "'Preventive War' Banned by Truman," *Washington Post,* February 8, 1951.

81. John G. Norris, "Air College Head Suspended for 'Preventive War' Remarks,"

Washington Post, September 2, 1950; Austin Stevens, "General Removed Over War Speech," *New York Times,* September 2, 1950; "Removed General Gets Training Post," *New York Times,* October 14, 1950. 安德森将军的职业生涯因这一行为而被中止，他于11月从空军退休。"General Seeks to Retire," *New York Times,* November 28, 1950.

82. General Hoyt S. Vandenberg, Speech Delivered in Chicago, Illinois, November 17, 1950, *Vital Speeches* 17（December 15, 1950）: 139.

83. General Omar N. Bradley, Speech Delivered in Detroit, Michigan, September 20, 1950, *Vital Speeches* 17（October 15, 1950）, 17. See also John N. Popham, "U.S. Stripped Its Defenses for Korea, Bradley Asserts," *New York Times,* November 18, 1950.

84. "Text of Address by General Bradley on Foreign Policy of U.S.," *New York Times,* April 18, 1951.

85. "Eisenhower Hits at Preventive War," *Los Angeles Times,* October 20, 1950; "Eisenhower Urges Armed Alertness," *New York Times,* October 20, 1950. 曼哈顿项目前军事首脑、退休陆军上将莱斯利·格拉夫斯（Leslie Groves），他早期也是认可对苏联进行先发制人攻击逻辑的，到1951年年中，他承认先发制人战争的观点是与美国人"格格不入的"，因此不能列为政策选项。"Reveal Errors to Americans, Groves Urges," *Los Angeles Times,* September 15, 1951

86. Television interview with Secretary of State Dean Acheson, September 10, 1950, Department of State *Bulletin* 23（September 1950）: 460.

87. "Acheson's Speech Envisioning Possibility of Peace," *New York Times,* October 9, 1950; "Loose War Talk Decried by Acheson," *Washington Post,* October 9, 1950.

88. Walter H. Waggoner, "Acheson Stresses Moral Purposes," *New York Times,* November 10, 1950; "Acheson Hits 'Preventive War' in First Post-Election Speech," *Washington Post,* November 10, 1950. 整个1951年，艾奇逊不断公开反对战争无法回避的说法，并谴责先发制人战争的侵略本质。见 Dean Acheson, Speech Delivered April 18, 1951, *Vital Speeches* 17（May 1, 1951）, 427.

89. Robert F. Whitney, "Jessup Abhors Idea of Bombing Russia," *New York Times,* August 28, 1950; "A Bombing of Russia Held No Road to World Peace," *Los Angeles Times,* August 28, 1950.

90. James Reston, "To Prevent Any War, Including 'Preventive War,'" *New York Times*, February 25, 1951. 临近1951年年底，杰萨普（Philip Jessup）仍在不断提醒听众美国拒绝"先发制人战争这个欺骗性疗法"。"Acheson Stresses Need of Strength," *New York Times*, September 27, 1951.

91. Gary Reichard, "The Domestic Politics of National Security," in *The National Security*, ed. Norman Graebner (New York: Oxford University Press, 1986), 243—269.

92. John Foster Dulles, Speech Delivered to the Foreign Policy Association of New York, January 17, 1948, *Vital Speeches* 14 (February 15, 1948), 271—272. For press coverage of Dulles' view, see Thomas J. Hamilton, "Ideals, Not Force, Urged by Dulles," *New York Times*, January 18, 1948.

93. John Foster Dulles, *War or Peace* (New York: Macmillan Co., 1950), 234—235, 262—264.

94. John Foster Dulles, "A Survey of Foreign Policy Problems," Television and Radio Address, January 27, 1953, Department of State *Bulletin* 28 (February 9, 1953): 215. For press coverage, see Walter H. Waggoner, "Dulles Says Policy Aims at Defeating Red Encirclement," *New York Times*, January 28, 1953.

95. "Taft, Acheson Agree, Oppose Preventive War," *Chicago Daily Tribune*, September 5, 1950.

96. Senator Robert Taft, January 5, 1951, *Vital Speeches* 17 (January 15, 1951): 199.

97. "Hoover Urges Self-Defense for Europe," *Los Angeles Times*, October 20, 1950; Arthur Krock, "Herbert Hoover Speaking," *New York Times*, January 28, 1951.

98. Thomas E. Dewey, Speech Before the New York County Lawyers Association, December 14, 1950, *Vital Speeches* 17 (January 1, 1951): 167, 170.

99. "Text of Dewey's Statement Opposing Curbs on Troops for Europe," *New York Times*, February 25, 1951; Ferdinand Kuhn, "Dewey Urges More Troops for Europe," *Washington Post*, February 25, 1951.

100. "Text of Dewey's Address on Means of Stopping Communists," *New York Times*, May 11, 1951.

101. "Stassen Warns on Peace," *New York Times*, April 22, 1950.

102. Harold F. Stassen, "Reaping the Red Whirlwind," in *Man Was Meant to Be Free:*

Selected Statements of Governor Harold F. Stassen, ed. Amos J. Peaslee (Garden City, NY: Doubleday, 1951) , 325, 327. See also William S. White, "Stassen Demands Warning to Russia," *New York Times,* August 16, 1950.

103. Harold E. Stassen, " China's Veto Seat," in *Man Was Meant to Be Free,* 363.

104. "UN Police Force to be Nixon Goal," *Los Angeles Times,* October 28, 1950.

105. "Preventive War Talk Assailed," *Los Angeles Times,* September 4, 1950; "MacArthur Backed by Denfeld, Berle," *New York Times,* September 4, 1950; "Denfeld Critical of War Talk," *New York Times,* August 27, 1950.

106. Warren Weaver, Jr., "Hanley Puts Onus of War on Rivals," *New York Times,* October 27, 1950.

107. "Text of Address by Eisenhower," *Los Angeles Times,* June 24, 1952.

108. President Truman's Farewell Address, January 19, 1953, in Louis W. Koenig, *The Truman Administration: Its Principles and Practice* (New York: New York University Press, 1956) , 287—288. Emphasis added.

第四章

艾森豪威尔与苏联及中国的实力增长（1953—1955）

在冷战初期的年代里，美国面临着因苏联核军事力量引发的战略难题，当时反先发制人战争观点仍占据着主导地位，这种观点被杜鲁门当局持有，并且共和党的领导人也抱有同样的态度。然而，在艾森豪威尔执政的头两年里，先发制人战争问题在继续徘徊，共产主义集团的实力转变持续发展，这种重大形势似乎要求新总统作出明确的决定，是否让先发制人战争在美国战略选项中占据一席之地，而不是直接接受杜鲁门以决定性的词语所表达的立场。苏联持续不断地改进和扩大其战略核攻击能力，这让许多观察家预言，苏联达到"核繁荣"并消除美国在核武器方面的数量优势，只是一个时间问题。实际上，艾森豪威尔就任总统仅仅七个月后，苏联就测试了氢弹，这时距美国首次进行氢弹爆破仅仅九个月。在目睹了中国共产党赢得内战、战胜了逃往台湾岛的中国国民党，又采取措施向东南亚扩张实力之后，认为共产主义实力不断增强的观念得以深化，大家变得更加不安。1954年印度支那半岛上法国抗拒共产主义力量的崩溃，被视为是中国令人鼓舞的重大胜利。美国舆论当时认为，如果共产党占领了台湾，之后日本和菲律宾很快也会被纳到共产主义旗下。根据当时盛行的战略思维，如果这种情况发生，美国在太平洋就会失去支配地位,而且不得不在西半球采取一种陆地防御姿态。随着苏联核实力的不断增长,以及东亚潜伏的中国扩张势头,产生了巨大的利害冲突,先发制人战争的诱惑力在1953年至1955年间又得以兴起,试图作为能够遏制住这些敌手们追求的潜在实力转变的一种战略选项。

然而,最终艾森豪威尔总统像杜鲁门总统一样,否定了先发制人选项。需要强调指出的是,艾森豪威尔对先发制人战争主张的反应表现出的是对纯粹准则观点的一种偏离,而这种准则观点在他的前任总统时期是占据了主导地位的。正如艾森豪威尔看到的,由苏联不断变化着的军事能力所驱动的、在20世纪50年代中期一场美国人的先发制人战争所蕴含的战略含意也在不断变化,这些都意味着他不能忽视无法发动先发制人战争的军事理由。同时,艾森豪威尔完全明白,不可能只在准则的真空中作出这样的战略决策。先发制人战争仍被视为侵略行为的一种形式。对艾森豪威尔来说,是军事和准则理由的组合作用,使得他在总统任期内对苏联开展先发制人战争成为"不可想象的"。

比苏联这事甚至更为危急的事情是在1955年初,台湾海峡危机最高峰的时期,当局明确地否决了对共产主义中国进行先发制人攻击。正是在这一事件中,我们发现在艾森豪威尔八年执政生涯期间出现了与先发制人战争最为相似的时机。威胁是实实在在的:中国共产党持续对国民党占据的几个靠近大陆的岛屿进行炮击和空袭;中国总理周恩来发出了共产党意图的预告,如果需要时,将用武力攻占台湾;而且很显然的是,当时台湾周边的机场已经准备好了,能够在未来某个时刻实施那种进攻了。当时对中国发动先发制人战争的战略代价比向苏联进行攻击要小得多。当时的白宫也处于国民党主席蒋介石、参谋长联席会议主席、美国驻国民党大使,以及美国驻太平洋军队总司令等人日益增强的压力之下,他们都要求在台湾被攻击之前动用军事力量来对付这种中国的集结。甚至国务卿约翰·福斯特·杜勒斯(John Foster Dulles)在1955年2月至5月间,似乎已经听从于这种的想法了:要

第四章
艾森豪威尔与苏联及中国的实力增长（1953—1955）

与中国进行一场无法避免的战争，以及用先发制人军事行动的逻辑，以低代价赢得这场战争。尽管用痛击中国来阻止正在发展着的、明显的实力转变有着很大的诱惑力，艾森豪威尔总统还是根据他明确认同的反先发制人战争精神，将先发制人战争同侵略划等号，因而否定了这一选项。

艾森豪威尔和苏联的战略威胁

考虑到共和党内对先发制人战争的明确反对态度，以及艾森豪威尔身为军事长官、大学校长和美国总统候选人时对先发制人战争有着强烈的准则性否定态度，在这一主题上，我们可以期待从杜鲁门总统到艾森豪威尔总统应该有着持续性的一致态度。然而，先发制人战争诱惑，并未因两党共识的准则主张而得以降低。因为在杜鲁门总统任职的后期，核威胁已经很严重了，情报机构、重大政策制定者以及高级军事顾问们都一致认为，未来几年的局势将进一步恶化。1954年，正是当局对苏联的基本政策进行再审视的时期，情报机构得出这个时期明显存在着的一种看法，即当时美国享有的"机会窗口"将会在几年之内因苏联氢弹库存和洲际弹道导弹数量的增加而关闭。[1] 在1954年12月，国家安全委员会策划部门预警性宣布："苏联共产党的挑战，包括苏联扩充其核力量的做法，对美国构成了以往从未面临过的最大危险。"更具体的有："大约再过五年时间，苏联几乎肯定发展出能致美国瘫痪一击的基本能力……苏联的制导导弹项目，在随后几年将有越来越多的远程导弹投入生产。假定通过集中力量，大约在1963年（最早在1960年），苏联就可以发展出可用于实战的洲际弹道导弹了。"[2] 在1954年11月末的国家安全委员会一次至关重要的会议上，时任参谋长联席会议主席的海军上将阿瑟·拉德福德（Arthur Radford），直截了当地断定，一旦苏联达到与美国同等的核水平，"美国的相对实力地位将发生变化，那时美国就不能够指望苏联还会害怕发生全面战争了"。根据会议记录，拉德福德上将发出警示说："如果我们继续寻求一种政策，只是对共产党人的主动行为作出回应，而不是采用预先阻止共产党人行动的政策,到 1959 年或 1960 年,我们除了与苏联共产党人最后决一雌雄以外别无指望了。"[3]

在美国核优势地位遭受抢先侵蚀的情况下,艾森豪威尔总统只好重新审视能够帮助降低或消除这种严重及前所未有威胁的那些选项,包括先发制人战争,这似乎是很自然的事情。国务卿杜勒斯直接向国家安全委员会提出问题,究竟要如何做,"在我们不与苏联发生战争的情况下,才能够阻止苏联获取那样一种核实力均衡?当然在苏联周边的行动不可能阻止苏联核能力的增长。如果这种能力的获取会被阻止,肯定是苏联自己将其停下来了,而这时就意味着某种针对苏联的行动正在发生"。[4] 出于这种尝试,要确定美国对日益严重的苏联威胁的回应是否适当,就使得艾森豪威尔总统的态度在一定程度上摇摆不定,表现形式就是有时表达出了对先发制人攻击的兴趣——当感到遭受挫败的时刻——将其作为解脱美国面临的日益恶化的安全困境的一种方式。

在这一时期,尽管艾森豪威尔总统偶尔会沮丧地涉及先发制人战争诱惑,但他还是断然否决了这个选项。即便是在接下来的年份里,核威胁以不确定的方式发展变化的情况下,他反而选择依赖威慑策略了。[5] 尽管美国关于先发制人战争的政策被认为是在杜鲁门总统和艾森豪威尔总统之间保持了显著的连贯性,但二人执政时期否定先发制人战争的理由却是不一样的。杜鲁门将他的决定坚定地建立在美国准则基础上,根本就未全面考虑物质成本-利益估测结果,而艾森豪威尔似乎更多的是出于"氢弹时代"所必须承担的巨大战略成本而拒绝了这一战略选项。

韩国总统李承晚 1954 年 7 月以一种惊人的和令人窘迫的方式将这一问题提了出来,当时他在向国会联合会议演讲,呼吁对共产主义中国展开攻击。按照李总统的观点,美国应该在那样一场战争中欢迎苏联援助中国,因为"在苏联氢弹被大量生产之前,由美国空军摧毁苏联制造中心,这样做是有正当理由的",李继续说道,"我明白这是难以说服大家的一种哲学。但是

第四章
艾森豪威尔与苏联及中国的实力增长（1953—1955）

共产主义者已经把这个世界变得更加艰难、更加恐怖，要服软就只能成为奴隶"。[6]两周后，在艾森豪威尔总统的每周新闻发布会上，当总统被直接问及"有关越来越多的建议，要求我们应该对共产主义世界发动一场先发制人战争"，他对李总统所表达出的冷酷哲学的回应是在他的任期内对先发制人战争最直接的公开否定。艾森豪威尔只是宣称："一场先发制人战争，依我的看法，在现今是不可能的……而且，坦率地说，有人进来并谈及那种事情，我甚至不会去认真听的。"[7]总统在12月3日向国家安全委员会强调了这种看法，他称"我们不会去挑起战争"。这被直接纳入了NSC5440文件之中，文件中这样写道："美国及其盟友必须反对先发制人战争的概念，或是意在挑起战争的举动。"[8]12月3日，艾森豪威尔在与共和党国会领导人的会面中重申了这一立场："就哪些事情我们不能够做，我想把这些说清楚……蓄意策划在某个特定日子或年份发动攻击。"[9]1954年9月进行的一次民意调查显示，极其明显多数人支持当局在先发制人战争方面的立场。当被问及"在我们仍具有核弹和氢弹优势时，是否应该现在就对苏联发动战争"，结果76%反对这一选项，而支持率仅有13%。[10]

艾森豪威尔总统完全知晓先发制人战争的准则性含意，而且明确承认他把它视为一种侵略形式。最重要的，如他在1955年1月的一场新闻发布会上坚持的，"我们知道我们绝不会发动侵略战争"。[11]国务卿杜勒斯也强调总统对先发制人战争侵略本性的敏感性。"任何有关美国涉及先发制人战争的主张完全是不可能的。"杜勒斯表态说。总统确定先发制人战争"对他来说是可憎的……不论是个别或成批，甚至间接的，都不能成为美国的外交政策"，在这方面总统一贯是"清清楚楚的"。杜勒斯进一步断定这种"嫌恶"是两党共有的，并且是前任政府及艾森豪威尔这届政府都不变的原则。他得出结论，先发制人战争"目前不是，我预测将来也不会成为美国外交政策的一部分"。[12]

但是艾森豪威尔总统的观点也反映出一种变化，即从绝大多数公共官员、学者和观念领袖们着眼的，1945年至1953年间的纯准则立场上产生了一种偏离。实际上，艾森豪威尔已得出结论，适于先发制人战争的机会窗口已经关闭了。这在1954年年中他回应李总统先发制人战争呼吁时表现得特别清楚。今天"你又怎么能够打"一场先发制人战争？总统问道，到那时候，"其后果之一会是数个城市变为废墟，许许多多的人会死去或受伤，以及血肉模糊，运输系统被毁掉了，卫生设施和体系全完了"。那时的另一份报告记录了总统纯粹从军事角度提及先发制人战争，总统承认"有着各种理由，道德的、政治的和其他方面的理由，来反对这种理论，但在今天的条件下它是如此不可想象，我想再进一步探讨也是没有用的"。[13]

中国威胁和先发制人战争选项

到1954年底，针对苏联进行先发制人战争的议题似乎最终偃旗息鼓了。然而，这并不意味着作为通用政策选项的先发制人战争在苏联之外的事件中也被明确地排除了。在1954年和1955年，先发制人战争又被作为抗击共产主义中国实力增长的政策选项直接摆回到桌面，对当时的决策者来说，似乎中国对美国利益已构成严重和直接的威胁。1953年，美国在朝鲜半岛与中国打了个平手，在这个特殊舞台上，通过停战协议结束了战事。不到一年，美国官员们被他们看到的中国南向威胁的变化惊呆了，这种威胁是指向东南亚和中国国民党人占据的那些岛屿，国民党在1949年中国内战失败后就从大陆撤到这些岛屿上了。到1955年初，台湾海峡危机达到了顶峰，似乎要将美国和共产主义中国带至战争边缘，参谋长联席会议（最重要是陆军参谋长除外）、美国驻台湾大使、地区军事指挥官、一些国会成员，甚至国务卿杜勒斯，实际上都在展示先发制人战争逻辑，指望在不太迟时能够阻断正在增长的威胁。通过这个事件我们发现，对共产主义中国开展先发制人攻击的可能性远大于冷战最初十年内针对苏联开展类似攻击的可能性。其结果是，美国如何应付中国事件中的先发制人战争诱惑——而最重要的，为什么在1955

第四章
艾森豪威尔与苏联及中国的实力增长（1953—1955）

年初，先发制人战争就被断然否定了——这将为我们认识美国外交关系领域有关先发制人战争的观点提供具有重大意义的贡献。实际上，中国事件比苏联事件提供了一个更好的证据测试机会，证明行为准则能够对战略决策起到有力的约束作用。尽管在这期间中国并未直接威胁美国，美国的政策制定者将东南亚和台湾的共产主义扩张活动视为一种过度威胁，是对美国在太平洋的安全地位、对美国阻挡全球共产主义扩张潮流的能力，以及对美国在世界其他地方作为一个可靠和有力盟友的声誉的过度威胁。这些不仅仅是具有局限含意的局部冲突，其利害关系被理解为与美国全球实力和利益确实是相关联的。此外，如果美国对中国发动一场先发制人战争，相比苏联能够直接反击的能力，中国回击美国的能力是十分有限的。由于美国领导人对苏联不会卷入冲突并升级为全球战争感到自信，而且到了1955年他们对此更加肯定，那么对美国来说，针对中国的先发制人战争能够以一种更低的代价来进行。因此，针对中国的先发制人战争，从战略角度来看，似乎是一种更有望实施的选择。

转变中的中国威胁

朝鲜战争后，美国对华政策的第一份宣言文件是NSC166，是由艾森豪威尔总统在1953年11月初批准的。在其中，我们找到可以描述为对共产党当局能够在内战胜利后相当短的时间所取得成就的一定程度上坦诚的敬意。通过取得对"世界上最大人口"的控制权以及"振兴"自己的经济，共产党当局"已经彻底地改变了远东的实力格局"。[14] 尽管地区实力格局发生了这种彻底的改变，NSC166在其对美国利益所意味方面并没有危言耸听。在1953年秋天，美国官员们仍然保持着自信，除了印度支那半岛外，亚洲非共产主义的其余部分能够有效地抗拒当时共产主义中国所施加的那种低程度压力。[15] 不过，美国的政策是基于下列判断而制定的，即中国有着一种对美国和西方"浓厚的意识形态敌意"，其最终意图是要占领国民党人占据的那些分布

127

广泛的岛屿,也包括国民党的主要基地台湾岛,而且要取代美国成为该区域政治和安全的支配力量。因此,美国的政策着眼于"减少共产主义中国在亚洲的相对实力地位"。[16] 然而,NSC166不得不承认,要达到这一目标,美国能够做的,或将要做的,就是与盟国协调一致,使用贸易限制手段延迟中国实现工业化的步伐。[17] 使用军事力量推翻其政权被明确否决了。在这一点上,NSC166没有局限在使用军事力量的巨大战略代价来判断这种决定可行与否。这种政权更换选择不仅要求美军从全球其他承诺区域进行全员调动和大规模重新部署到亚洲,也将导致美军人员大量伤亡。据信,这种主动行为也将把与苏联发生全球战争的风险,提升至不可接受的程度。[18] 当时并不存在着明显的紧迫性,要抗拒共产主义中国的实力增长,而且朝鲜战争在仅仅数月前因停战协议而停止,美国不需继续付出高昂的代价了,在1953年秋天做出这种决定也毫不令人奇怪了。

然而,到了1954年春天,关于针对美国及其地区盟友正在发生一种急速及潜在的大规模实力转变的看法,对当前政策是否适合于止住共产主义中国的野心增长提出了疑问。这时期迅速发生的一连串事件带来了两大危机。第一个危机是在中国支持的越南独立同盟的叛乱中,法国军事抵抗能力正在崩溃,并且已经将越南北部丢失给了共产主义——这样一个事件是总统曾预测将导致整个东南亚一连串损失的失败,这包括印度尼西亚和菲律宾。而预料到的失败发生时,美国领导人仍然感到忧郁。印度支那现在象征着共产党人扩张的一个明显胜利,这不仅是给美国实力带来了直接损害,而且也似乎预示着未来中国的侵略趋势,以及对美国战略地位和安全的进一步威胁。实际上,终止了战争的日内瓦协议,美国并不是参加方,这也促成了美国对东亚政策进行了为期一个月的回顾,最终形成了NSC5429文件。NSC5429的第一份草稿,是在8月初成稿的,其中直接指出日内瓦协议严重地"危及美国在远东的安全利益,并且增强了共产党人的力量"。更具体的,文件中警告,"共产主义者在越南牢固地建立了前沿阵地,从那里对邻近或更远的非

第四章
艾森豪威尔与苏联及中国的实力增长（1953—1955）

共产主义区域施加军事和非军事压力"。这已经造成了"美国在亚洲威望的损失（美国是法国和保大政府的支持者），而且将导致对有关美国在亚洲的领导作用和美国制止共产主义在亚洲进一步扩张的能力的更大程度的怀疑"。相反，"共产主义已经增强了他们在亚洲的军事和政治影响力"。[19]

紧随着的第二个危机，也是最令人焦虑的危机，是在1954年整个夏天，中国共产主义领导人的一系列公开声明，这些声明声称其目标是要消灭国民党领导人蒋介石统治集团的"匪帮们"，是要"解放台湾"，让台湾回到"中华人民共和国的怀抱"。中国《人民日报》在9月1日发表的一篇文章中，政府号召"中华民族，六万万人同心，努力实现这一使命，而且定能完成这一使命"。[20]似乎是用实现这一目标的第一项措施来支持这种号召，9月3日，共产党军队越海进攻了国民党人占据的金门岛，金门岛距大陆港口城市厦门仅仅三公里，共产党军队对守卫该岛的五万名国民党军队发起了五个小时的炮击。[21]11月，中国空军对大陈岛发起攻击，大陈岛在台湾北面三百多公里处，当时正由一万五千名国民党士兵守据。12月初，中国总理周恩来宣布，"如果美国不从台湾撤出其'所有的武器力量'，就将面临'严重后果'"，并且重复了早先的警告："中华人民共和国决定要'解放台湾，消灭卖国的蒋介石集团'。"[22]

整个印度支那和台海危机期间，艾森豪威尔当局从未动摇过这样的观点，即这些地区的丢失将会导致无法容忍的实力转变。在总体层面上，智囊团在1954年6月预测，中国尽管仍将长期保持一个不发达国家的状态，但等到1957年，经济和军事实力的持续增长将使其有能力在整个亚洲挑战西方的领导地位。[23]在NSC166认为亚洲的非共产主义区域能够有效地抗拒中国压力一年后，1954年11月，一个智囊评估机构宣称，同样是这些国家，当时"面对共产主义实力的扩张，正处于十分危险的脆弱状态"。[24]杜勒斯描述中国的目标就是迫使"美国的影响从阿留申群岛到新西兰的整个远洋岛屿链移出去"，[25]完全在西太平洋建立霸权。"我们相信，共产国际如果在西太平洋延伸岛屿屏障,"艾森豪威尔在 1955 年 2 月写给英国首相丘吉尔的信中认为,"就将处在能够直接和迅速威胁菲律宾和印度尼西亚的有利位置,我们,包括欧洲的自由国家,会很快处于比现在远为糟糕的麻烦中。当然,整个地区也将很快处于这种状态之中。"[26] 拉德福德海军上将一贯主张采取果断行动,来中止受中国欢迎的那种正在演变中的实力转变:"如果中国仍然是共产党的天下,并且继续在亚洲大陆增强实力,日本很快就没有其他的路可走了,除非让自己也变成共产主义的领地。""总之,"拉德福德认为,"如果共产主义中国的实力持续膨胀,就没有别的办法能够阻止全部亚洲都变成共产党人的天下。"局势是如此严峻,他坚持无论有没有盟友参加,美国都必须做好准备以对抗中国的军事力量。[27]

1954 年的整个秋天,与中国不断发展中的危机相关的新闻报道,是忙于对军事官员和重要的共和党立法者当中鼓吹先发制人战争的情况进行反映。要求一种更加强有力政策的这种压力的公开表现,是由参议院共和党多数党领袖、加利福尼亚州的威廉·诺兰德(William Knowland)表达的。诺兰德参议员带领一帮鹰派共和党人,公开挑战当局的中国和苏联政策。诺兰德经常谈到来自共产党中国新型侵略的必然性,或者是在朝鲜,或者是针对台湾,以及在中国达到能够发动上述行动的状况之前,迫切需要采取一种大胆的举动来对抗中国。尽管诺兰德不承认自己鼓吹先发制人战争,但他认为与中国的战争不可避免,并力求推动对整个中国沿海地区实行封锁。作为回应,参议院中他的反对者们认为,他这种立场的逻辑只能导致先发制人战争。[28] 私下里,艾森豪威尔总统指责诺兰德参议员是"不负责任的",而且他因好斗的表现而"超出范围"了。总统的新闻秘书詹姆士·哈格蒂(James Hagerty)曾向总统表达了他的担心,共和党"右翼……因政府拒绝对赤色中国采取严厉措施而将政府归为正在转向懦弱胆怯之类"。[29]

在幕后,艾森豪威尔政府确实把先发制人军事行动列入了议事日程。财政部长乔治·汉弗莱(George Humphrey),在印度支那危机期间就向国家

第四章
艾森豪威尔与苏联及中国的实力增长（1953—1955）

安全委员会提出了他归纳出的称之为"大难题"的、摆在当局前面的战略选择。汉弗莱注意到，当局似乎接受了在未来与共产党中国的战争不可避免的看法，试图通过战争来阻止其扩张实力。"如果与共产党中国的战争确是不可避免的，"汉弗莱问道，"为什么我们不现在就开始迫使共产党中国在亚洲的实力后退呢？"先发制人战争的逻辑就是处于这种情况的核心。"我们允许共产党中国逼迫我们后退越久，面临最终摊牌和战争时我们的处境就会越糟。另一方面，如果与共产党中国的战争可以避免，我们是不是应该放弃所有微不足道的争吵和较量？而对我们的当前政策，我们经常陷在这样的争吵之中。"[30] 尽管存在着支持通过先发制人战争来阻止中国实力进一步发展的战略证据，以及来自保守共和党人和军事顾问们的持续压力，艾森豪威尔总统连探究这一选项都拒绝了。重要的是，总统已经划出了一条鲜明的界限，这条界限是介于对中国直接进攻台湾威胁的一种抢先反应——这是他同意实施的——与通过一场先发制人军事打击来阻止共产党威胁的未来潜在性之间划定的。在国家安全委员会一场大范围的就军事力量在维护国民党统治中的作用方面的讨论中，艾森豪威尔向他的顾问们保证，"如果他看到大规模的中国共产党的攻击正在发展，他会立即采取行动并随即将他的行动提交国会作进一步调整，即便这冒着遭受弹劾的风险"。[31] 两个月后，他向国会领导人重复了这一点："如果我们发现中国共产党人集结……他们的军队准备入侵台湾，我们就将不得不加入进去并制止入侵。"[32] 但是，先发制人战争是完全不同的事情。

我们发现在1954年的夏秋，总统和国务卿反复强调，是先发制人战争的政治成本使得其没有理由成为战略选项。在他们重复的、反对那年春天介入印度支那的论据中，艾森豪威尔和杜勒斯坚持指出，美国对中国发动军事行动将会在全世界形成对美国的"道德谴责"，这将使美国与那些拒绝接受先发制人战争合法性的盟友们产生分裂，[33] 并且正当国家团结至关重要的时刻，那种战争在道德上和智慧上会使美国人民及国会产生分裂。[34] 在1954年秋天，明确从鲜明的准则角度表达出一种反先发制人战争观点的唯一美国官员，是陆军参谋长马修斯·里奇微（Matthew Ridgway）。他书面写下了他的异议，反对联合战略委员会建议轰炸大陆目标以提前阻止中国可能向厦门发动的入侵，里奇微上将宣称"不管军事上多么合理"，这种行动"就美国而言，将构成侵略，在世界上其他人的眼里，针对共产党中国发动战争就是犯罪"。[35] 尽管艾森豪威尔和杜勒斯从未使用类似的直率措辞承认反先发制人战争精神是问题的组成部分，但他们关注于先发制人战争的政治因素，在这个背景下，将其作为否定先发制人战争的决定性理由才显得有意义。然而，要见证这一时期反先发制人战争准则真正的决定性时刻，必须回到1955年最初几个月内台湾海峡危机的高峰时期。这时先发制人战争选项急迫地爆发出来，只有靠美国实施这一战略选项是不正确的这一呈压倒之势的信念，才能直接和全部地将其扑灭。

反先发制人战争准则和台湾危机解决途径论辩

因为美国和共产党中国在东亚的实力争夺在1955年最初几月加剧，反先发制人战争准则因此爆发至美国政坛表面。这个关键时期的推动部门就是美国国会，直到1955年1月，美国国会在美国的对华政策方面都没有发挥出正式的作用。在那个月里，参众两院应艾森豪威尔总统的请求，开始着手处理使用武力保护台湾的授权，[36] 伴随着某些国会成员指控白宫正在打造对中国发动先发制人战争的法律和政治基础，一场十分激动人心的公开论战出现了。当局及其国会支持者们对这一指控的反应——这种反应能够准确地被描述为对先发制人战争条件反射式的不同意——直接显示出，在美国存在的反先发制人战争准则有多么大的影响作用。

美国保卫国民党政府的承诺，更广泛地表达，是为防止其在东亚实力的进一步损失而划定底线的一种决定，这种承诺在1955年1月中旬因共产党的攻击而再次遭受考验。此次行动的发生地又是大陈岛，是国民党政府控制

第四章
艾森豪威尔与苏联及中国的实力增长（1953—1955）

地域的最北端。1月18日，一场持续数小时的两栖突击后，数千名共产党军人攻占了国民党士兵试图守卫的江山岛。这使得大陈岛，数个岛屿中的主岛，以及超过三万名的居民和士兵，处于共产党的炮击范围内。尽管参谋长联席会议主张美国应该组织防卫大陈岛，但总统十分清楚，由于大陈岛位于台湾超过 200 英里的北面，不仅不利于国民党集团的守卫，也很难守住，而且始终容易遭受共产党的攻击。似乎最合理的决定就是从这些岛屿撤离，将其留给共产党人。[37] 然而，条件是蒋介石总统必须接受这种选择。在这个事件中，我们发现了美国政策发生决定性改变的一个根源，以及一个新阶段的开始。为了让蒋接受羞辱性的撤退，美国给了他曾持续数月要求得到的东西，美国保证保卫金门和马祖群岛。这在行政当局内部无疑是个充满矛盾的决定。国防部长查尔斯·威尔逊（Charles Wilson）和财政部长汉弗莱（George Humphrey）认为，与中国发生全面战争的风险相比，金门和马祖不仅提供不了任何军事价值，他们也质疑国民党本来是否有权力占据这一区域，其实这一区域是能够被视为大陆的合法部分。[38] 而艾森豪威尔并没有去反对他们的评价，他坚信成功守住金门和马祖，对从心理上支撑住国民党政府和军队的士气是必不可少的。失去这些岛屿，将对国民党人坚守台湾的意志产生摧毁性的影响。总统在二月份写给丘吉尔的信中解释了他的决定。"我们不能失去蒋的军队，我们必须维持其实力、效能和士气。仅仅数月前，我们还拥有蒋以及一个强大的、装备完好的法国军队，支撑着自由世界在东南亚的地位。法国已经完了——除非我们都想完全放弃地球的这一角落，比任何时候都明确的是我们不能够再失去蒋了。否则对我们是难以想象的。"[39] 在给美国北约盟军司令阿尔弗雷德·格仑瑟（Alfred Gruenther）上将的信中，总统承认共产党中国在"当前的状态下，[并不是]美国的直接威胁。"然而他强调，如果中国"在西太平洋"扩展"岛屿壁垒"，中国威胁就同第二次世界大战前数年里德国实力增长时希特勒形成的威胁相同了。他嘲笑了那些没认识到中国发展中实力转变引起的长期危险的那些人，正像他们也没有认识到希特勒的危险一样。⁴⁰ 因此，为努力巩固国民党统治集团的防卫和鼓舞其士气，总统接受了金门和马祖的防卫义务，即便是在必要时伴随有不得不与中国大陆开战的风险。⁴¹

尽管艾森豪威尔决定做出这种承诺，按照国内政治规则，他没有单方面这样做的想法。正像他在1954年全年所表现出的，总统无论采取什么行动，对公众观点和国会支持度都是十分敏感的。⁴² 当白宫准备一份国会联合决议提案的文本时，该份提案授权为保卫台湾，必要时可以使用武力防卫任何区域。众议院发言人萨姆·雷伯恩（Sam Rayburn）（德克萨斯选区）和众议院多数党领袖约翰·麦克科马克（John McCormack）（马萨诸塞选区）力劝总统不要提出这个议案。两人都坚持认为，作为总统，艾森豪威尔有足够的权力在必要时动用军事力量。雷伯恩向艾森豪威尔保证，无论总统做了什么，只要事实上"没有一句批评"都会被批准通过的。白宫发言人在一次有着先见之明的发言中承认，真正的问题是那样的决议将会"在国会和整个国家引起意见分歧"。⁴³ 但是，总统却是这样看待这一问题的，在没有得到国会特定授权下他就实施军事行动导致的意见分歧，比在实际使用武力前的辩论过程中产生的意见分歧更加危险。⁴⁴ 行政当局推出了联合提案，在1月24日提交给国会考虑。

正是在次日，众议院经过两个小时的辩论，以410对3的投票结果通过了议案，1月28日，议案在参议院以同样令人宽慰的85对3的差距得以通过。尽管议案的通过有着倾斜一方的投票结果和快捷的速度，但这并不意味着议案不存在任何争议。事实上，参议院三天的辩论中，不仅在针对远东危机的美国政策选项方面产生了激烈的争论，而且也迫使国会成员和行政当局直接面对先发制人战争的准则含意。先发制人战争在辩论中占据了首要地位。更重要的是，从严格意义上来说，这场辩论表明在公共官员当中意见是多么的一致，先发制人战争远未纳入美国行为的接受范围。

台湾议案和先发制人战争之间首次建立起联系，是在艾森豪威尔总统

第四章
艾森豪威尔与苏联及中国的实力增长（1953—1955）

提交议案给国会之日，由参议院军事委员会和外交关系委员会举行的一次联合听证会期间。专栏作者德鲁·皮尔逊（Drew Pearson）当时报道，在绝大多数听证过程中，国务卿杜勒斯和海军上将拉德福德对议案进行了有效的辩护，只遭遇委员会成员的少量反对意见。参议员诺兰德（William Knowland）主张进行一次快速投票。然而，接下来腔调发生了急剧转变，参议员阿尔文·巴克利（Alvin Barkley）（肯塔基州选区）提出一个问题，动摇了委员会的信心："这不是一个倒填日期的战争宣言吗？"议案的操作条款授权总统"在他认为必要时，出于保卫和保护台湾及澎湖免遭军事攻击的具体目的……使用武装力量"。使用更广泛的地理术语，总统应该能够得到授权，因为"现在是用友好的手段在保卫和保护那些相关的地点和区域，而为了确保防卫台湾和澎湖，在他判断需要时或合适时，也可以采取类似的其他措施"。[45]当杜勒斯回答"一些人可能会这样认为"，巴克利参议员把他逼压得更紧了："作为一个精通国际法的人士，你不会把这解释为一种倒填日期的战争宣言吗？"杜勒斯回答："是的，我会这样解释的。"按照皮尔逊的记载，杜勒斯的回答在委员会房间中引起一阵咕哝低语，并在接下来的听证中引发了一连串更加严肃的提问。杜勒斯和拉德福德都承认，要保护国民党政府占据的"相关地点"，尤其是金门，在共产党实际进攻国民党领地之前，需要美国对中国大陆开展袭击。弗吉尼亚州参议员哈里·伯德（Harry Byrd）第一个千方百计地大声指出，议案将给鼓吹先发制人战争的那些人提供合法外衣。[46]

当联合委员会投票决定将议案提交整个参议院表决时，论战才仅仅开始。在这之前，来自俄勒冈州的独立参议员韦恩·莫尔斯（Wayne Morse）（仅仅几周后他就登记为民主党人了）召集了一小批被他反先发制人战争理由所激发起来的参议员们，带头反对议案。莫尔斯不只是反对阵营的中心人物，参议院三天审议中他做了两个小时的演讲，为辩论定下了任何参议员或白宫都不能忽视的框架。首要且不可回避的问题就是，美国是否将向共产党中国发动先发制人攻击。处于莫尔斯参议员论点核心的是一种纯粹的准则观点，这种观点将先发制人战争选项贴上标签，置于与美国外交政策中因袭下来的、制约侵略性使用武力原则完全相对立的位置。莫尔斯宣称，对美国外交关系的历史进行探讨，就会揭示出：

> 我们始终拥有的最具说服力的外交政策方面的武器，以及自由民众永远坚持的、最珍贵的理想外交政策，就是……决不实施战争行为，决不开展侵略行动，以及决不卷入战争，除非战争是强加给我们的……我的良心和信念在我的耳边提醒我，在目前美国建议行动的过程中，在历史上是第一次，使得这个国家走到那样一种境地，数以百万民众的看法将是我们……走得那么远，在战争行为施于我们之前就有侵略举动的危险了。

如果是这样，莫尔斯继续说道："我们将被载入史册，是因我们成为侵略者给历史抹了黑而载入的。我不想让未来的一代美国人做出那样的历史裁判。"莫尔斯参议员准确地指出先发制人战争诱惑力的增长主要源于恐惧，而且当面临核毁灭时，主张率先攻击可能更具有号召力。但是，莫尔斯声称："我不会因与核时代相关的所有这些稻草人和恐惧因素而受到丝毫鼓动，是到了考虑我们是否仍将忠于或应该马上拒绝我们国家重大的国际政策原则这个问题的时候……这个原则就是我们不能够向他人施加战争，除非战争已被施加到我们身上。"仅仅可能发生战争不能证明"我们出于惧怕可能遭到攻击而实施战争行为"[47]的正当性。循着莫尔斯给他们的指引，一个参议员两党小组，包括田纳西州的埃斯特斯·柯福弗（Estes Kefauver）、路易斯安那州的罗素·朗（Russell Long）、佛蒙特州的拉尔夫·弗兰德斯（Ralph Flanders）、纽约州的赫伯特·莱曼（Herbert Lehman）、北达科他州的威廉·兰格（William Langer）和南达科他州的弗朗西斯·凯斯（Francis

Case),他们重申了关于先发制人战争具有非道德性质的论点,以及在这场危机中的危险时刻坚守美国原则的重要性。⁴⁸ 伯德(Harry Byrd)参议员简明地表示,"先发制人战争对我来说是不能考虑的"。⁴⁹

这些先发制人战争的反对者强调指出,美国发动先发制人战争的可能性并不仅是一种理论推测,他们以此强化了他们的观点。按照莫尔斯的说法,人们不用费力,就可以从总统的高级军事顾问、参谋长联席会议主席拉德福德海军上将那里找到长期敦促对中国采取攻势的证据。在辩论的次日,莫尔斯参议员注意到"过去两到三年里",拉德福德海军上将"一直严重倾向于先发制人战争理论。我们中的一些人相信他认定与中国的战争无法避免"。按照此种逻辑,拉德福德抱有"当前就是开战的时机"的观点。莫尔斯声称,存在的危险是,"总统肯定将所有的砝码都加在了拉德福德一方了"。⁵⁰ 莱曼(Herbert Lehman)参议员关切地指出,始终存在着"从美国军界及政界发出的吵闹声,认为有必要对中国共产党人发动先发制人战争"。他警告道,"在当局内部和国内一些处于影响地位的那么一群人,乐于将事情的发展导向这一方向"。⁵¹ 仅仅数天前,莫尔斯指出,在向参议院联合委员会提供证词时,杜勒斯和拉德福德承认"很可能产生这种情况,在战争行为并未首先向我们袭来时,相信可能需要向中国大陆展开攻击"。另一方面,莫尔斯不断强调这件事的意味:"那些官员承认一旦那种情况发生,就将构成由美国针对红色中国的战争行为。"⁵² "如果那种词句在我们这场辩论的对手听起来很不合意的话,抱歉,"莫尔斯坚持说道:"我很抱歉他们不喜欢听到这些,但那就是它所意味的。"⁵³

这一指控对支持议案和当局的那些人来说确实令人不悦。事实上,据说艾森豪威尔总统被称他有意向,或甚至很想要向中国发动一场先发制人战争的指控"螫痛"了。⁵⁴ 在1月27日上午,也就是莫尔斯参议员用他的先发制人战争指控展开参议院辩论的次日,国务卿杜勒斯告诉总统新闻秘书詹姆士·哈格蒂(James Hagerty),"靠着他的先发制人战争的定论",莫尔斯

"让那些甚至是支持我们立场的人的头脑中,引起了极大的纷乱"。[55] 为反驳这一指控,白宫发表了一份新闻宣言,"表明 [美国][在东亚的] 军队纯粹用于防御目的,而且任何动用美国军队的决定……将是由他 [总统] 做出及负责的,因为这方面他未得到授权"。[56] 莫尔斯参议员和辩论双方的几位同事满意地注意到,按照哈格蒂的表示,"宣言的目的……是要平息一些参议员们的担心,即总统争取台湾议案的通过包含有对共产党发动先发制人战争的授权"。[57] 艾森豪威尔向他的高级顾问们表明,"美国并未寻求战争,而且这种观点应该指引我们所有的行动"。[58] 为确保这一立场为身处东亚的海军指挥官们所理解,海军司令给太平洋部队司令、海军上将费利克斯·斯坦普(Felix Stump)发去电报指令,"总统以 [一种] 严肃的腔调,向国民和军队领导人强调……他的目标是防止战争的发生,而且他公开表明了他个人要保留发动战斗行动控制权的意图……是向我们国人和朋友确保,不会由于战区司令们的冲动造成冲突的发生。"[59] 很快,拉德福德海军上将公开否认他曾赞同对共产党中国开展先发制人战争的政策。[60]

回到国会,只有一位参议员——来自佛蒙特州选区的乔治·艾肯(George Aiken)——似乎是毫不犹豫地支持先发制人战争逻辑。[61] 相反,莫尔斯的论点使得这场辩论中他的绝大多数对手不承认有着追求先发制人战争选项的愿望,而且,基本上承认先发制人战争确实是一种不可接受的侵略形式,那将是违背重要的美国传统的,仅从这个基础上说就应该被否定。可能最令人吃惊的是诺兰德参议员,他曾在前几个月当中与当局严重地对抗,声称美国对于苏联和共产党中国表现得太软弱了,而现在他是总统阵营中辩解音量最大的人,他表示这里不存在"任何人,有一丁点的想法或意图……以对共产党中国发动先发制人战争或展开入侵的目的来通过这项议案。"他宣称,"委员会跟前不存在证据能够让任何一个有推理能力的人相信,议案的目的是要卷入先发制人战争"。为了让同事们明白他的立场,诺兰德宣称,"如果我把议案理解为号召进行先发制人战争,今天我就不会站在这里支持

第四章
艾森豪威尔与苏联及中国的实力增长（1953—1955）

这个议案了"。[62] 来自马萨诸塞州的共和党参议员利弗瑞特·索尔通斯托尔（Leverett Saltonstall），位列捍卫议案最突出人士的第二名，他声明道："我曾经听到总统热诚地表达说，和平就是目标。肯定无疑，他的意图不是要发动战争……我认同艾森豪威尔总统所说的他将永远不会打先发制人战争……他绝不会建议或实施侵略行为。"[63] 当南达科他州的凯斯（Francis Case）参议员向来自新泽西州的共和党参议员霍华德·史密斯（Howard Smith）询问，议案是否会授权一次"防御型攻击"，史密斯回答："肯定不会。不要认为总统有任何先发制人攻击的想法。"[64]

辩论得到的最重要收获，就是议案的批评和支持双方划定了先发制人和抢先攻击之间的严格界限。就敌方采取实际攻势之前，哪种情况下对共产党军队展开攻击是正当的，双方达成了无保留的一致意见。具体地说，就像许多参议员描述的，就是当中国共产党人"显而易见"即将发动攻击的时候。换言之，抢先攻击是符合道德观、合法的，且具有战略合理性，而在缺少明显逼近的攻击行为前提下，先发制人攻击则不具有这些特性。莫尔斯参议员和有着类似想法的参议员们推动先发制人战争的评论越激烈，当局阵营就会更急切地宣称，他们只支持真正的抢先行动模式。在辩论过程中，数位参议员指出由准备进行抢先攻击而产生的典型问题：如何能够断定一个潜在的敌手正在准备一场攻击呢？举个例子，因中国人构建了能够支持军队的基础设施，并且在敏感地区进行了军事单位调动，要达到什么程度，美国才能够确定这些军队是正在准备一场进攻？莫尔斯提醒参议员们："尽管我憎恨共产党人……我身上的每一根纤维都如此……与我们 [以及]……我们的主要盟友相比，红色中国作为一个现实的政府存在着，这个事实是不变的。作为一个现实的政府，它拥有在它认为适宜时在自己土地上调动军队的独立主权。"[65] 莱曼（Herbert Lehman）参议员争辩说，"红色中国的军队在大陆的集中能够被视为是防卫行动"。中国共产党人发出"刺耳的宣言，要攻占台湾，是的，但 [国民党总统] 蒋介石用反攻大陆的宣言同样进行着挑衅"。在这种情况下,共产党人针对台湾部署防御力量是合情合理的。[66] 凯斯参议员支持这一见解,"除非战事爆发,否则他们同我们一样,都有着充足的理由在他们自己的土地上做他们想做的事情"。[67] 而如果发生可能的抢先行动,莫尔斯指出,存在的主要问题是:"倘若我们误判了他国的意图,将会铸下可怕的错误。"[68]

这些争论对议案支持者明显产生了影响,那些支持者们费尽心思描述抢先情形,就是为了不落入那种不确定的灰色区域。印第安纳州的共和党参议员霍默·卡彭哈特(Homer Capehart)坚持认为,中国的任何军事集结都明确意味着要对台湾展开攻击,美国不能"像呆坐的鸭子"般只是等待。实际上,他放言,任何不愿意去攻打正在集结的那些军队的高级军事官员都应该被弹劾。[69] 然而,其他参议员则表明,对于军队的动用,他们有着更高的标准。例如,诺兰德参议员描绘了一种事态,能够断定美国攻击的正当性。如果,当美国正在给从大陈岛屿的撤离提供掩护时,"我们的飞机遭到中国飞机的攻击,而且是中共的飞机首先采取了公然和蓄意的举动,那么如果由他们自己来断定那是或不是战争,如果他们实施了那种侵略举动,而且如果此后我们发现他们在港口集结",目标是针对金门和马祖列岛,"我们就不会让我们的军队像鸭子般坐着"。[70] 次日晚间对美国退伍军人协会发表演说时,诺兰德甚至更加强硬。"这不是一些人称为先发制人战争的宣言。除非遭到袭击,我们是不会展开攻势的。"[71] 在索尔通斯托尔(Leverett Saltonstall)参议员断定总统"绝不会打一场先发制人战争"之后,他阐明了什么时候发动武装冲突会是正当的。"我说的是,如果十分明确一种侵略举动将要实施,以及对我们的飞机或是舰只的攻击已经开始",或者,"有一系列船只受到威胁以及类似情况发生时,我们就应该采取自卫"手段,包括使用武力。[72] 按照新泽西州史密斯(Howard Smith)参议员的说法,"如果存在快速反应喷气飞机的聚集……明显是着眼于突袭……如果"对总统来说,"军队和飞机确实很显然的聚集,以及区域内[针对近海岛屿]的调动和聚集是为了发动攻击……总统就将不得不判断这种聚集是否是一种进攻威胁,在我们被打败前就采取适宜的防御措施,我们就不会受到侵略的指责了"。[73]

先发制人战争诱惑再次出现

1955年1月29日,艾森豪威尔总统从一项无期限的国会决议得到授权,决议以严格的法律条款允许他在"认为必须时"使用军事力量保卫台湾和澎湖。但是参议院的辩论已明确提出,用政治术语说就是当局被迫注意到,绝大多数人反对他用这一决议来为对中国的先发制人战争提供理由。[74]然而,这场辩论,以及白宫拒绝先发制人战争选项的公开立场,并不能灭绝先发制人战争诱惑。实际上,随后的三个月里,国务卿杜勒斯和重要军事领导人逼迫当局再次聚焦于实力转变问题,和他们所看到的不可避免的中国攻势方面。撤离大陈岛并没能够稳定地区局势,他们明白,美国对近海岛屿的最新承诺,并不能威慑住共产党人发动最终的攻击。似乎该问题的军事理由,使得美国在因实力继续转变而丧失优势之前,绝对需要考虑先发制人军事措施。杜勒斯在一月底曾断言,台湾议案将把与中国开战的可能性降至"最少是50%的几率"。[75]然而,到了三月初,杜勒斯"焦虑地发表言论,且充满了预感"。[76]杜勒斯的转折点发生在他对东南亚和台湾地区的两周访问,以及二月下旬和三月初与美国太平洋军事领导人的系列基本情况介绍会之后。正如专栏作家沃尔特·李普曼(Walter Lippman)描述的,在这趟旅行中杜勒斯应该感受到了"严重的震惊"。[77]就是在这趟旅行之前,艾森豪威尔和杜勒斯两人还都在担心共产党人的意图及其军事能力的不断增强。在二月中旬给丘吉尔的一封信中,总统将东亚的均衡形势与第二次世界大战前欧洲的实力转变问题作了一个比较。现在"进一步退却",艾森豪威尔警告道,"将变得比慕尼黑更糟",当共产党人宣示他们收复台湾的决心时,"让我们的思维和计划建立在这仅仅是'言谈'的假设上,将是危险的","中国人是掩饰技艺的行家,而且,韩国的痛苦经历已经给了我们教训,他们能够在你毫无预备的情况下发起武装攻击"。[78]

斯坦普（Felix Stump）海军上将，时任太平洋美国军队的司令官，在夏威夷的一次情况介绍会中给了杜勒斯首次冲击。斯坦普介绍的情况十分严重地震惊了杜勒斯，以致他不仅重复了军方对发展中的实力转变和丢掉台湾含意的悲观评估，甚至走得更远，又主张考虑由国民党军队进行先发制人攻击。他几天前刚刚给总统的电报中提出，而且在泰国曼谷向英国外交大臣安东尼·艾登（Anthony Eden）解释道，"直到数周以前，我们都一直相信中国共产党人并没有用武力夺取台湾的真实意图，我们现在相信他们是想这样做。因此，实际上我们已经处在保护台湾的战斗当中了。斯坦普海军上将在檀香山就这种情况所作的简要介绍让人心神不安，因为介绍显示出中共的集结和准备是相当大的"。有了总统的授意，杜勒斯告诉艾登，美国已经承担起一个"重大的责任"，要"支持中国国民党人，在面临持续集结的情况下，不会遭受到大陆共产党人对台湾的集中攻击"。更重要的，杜勒斯总结说，"我们不能含糊不定地持续这样了"。他在电报中向艾森豪威尔提出，"我们必须考虑，允许国民党人从空中对这种集结进行打击"，以阻止对台湾的潜在威胁。[79] 在努力说服他的这位持怀疑态度的英国同事时，杜勒斯试图让艾登明白，如果当初同盟国坚决反对希特勒攫取捷克斯洛伐克，而不是等到希特勒入侵波兰后才做出反应，就有可能阻止第二次世界大战的发生。在亚洲，现在存在着同样的战略难题。杜勒斯取得了部分成功。[80]

杜勒斯在旅行结束时把这些观点带回了美国，而且在他与国家安全委员会、内阁的会见中，以及私下与总统的见面中，反复强调了同样的主题。正如杜勒斯所看到的，问题的核心是，威慑对已经决定要最终占领台湾的敌手来说是不会起作用的。[81] 3月10日，他向国家安全委员会宣称，"为台湾而战的问题似乎是……一个时间的问题，而不是假设事实的问题"。因为两个原因，时间显得很重要。首先，共产党人进攻台湾的准备还未就绪，[82] 但只要他们做准备，时间就会在他们一边；其次，杜勒斯认为需要时间让公众对战争的看法做好准备，而在针对大陆军事目标动用核武器方面同样如此。最后

第四章
艾森豪威尔与苏联及中国的实力增长（1953—1955）

杜勒斯认为，尽管这将阻碍军事冲突一段时间，但除非美国"用行动而不是言辞"来考验和显示其"立场"，否则共产党的压力将会持续下去。具体地说，就是美国可能不得不"在该地区'放一炮'"，才能消除中国的威胁。[83]

这个阶段当局面临的重大挑战之一，就是确定共产党中国的军事力量构建究竟需要多长时间，以及他们在东南亚的军事活动是否应该被视为实际战争准备。尽管当局内部没有人质疑共产党中国正在发展军事实力的断言，但军事领导人承认，作战情报人员就中国是否正在准备一场攻击的判断是不充分和不确定的。例如，按斯坦普（Felix Stump）海军上将所说，"要确定渔船是否被用作双重目的或仅是用于它正常的用处是十分困难的"。[84]国防部长威尔逊（Charles Wilson）在与国防部和国务院高层官员的一次会议中指出，"他不觉得增建机场能被视为一种战争举动，并强调我们在世界不同地方经常改建并加强机场"。[85]尽管要忍受美国不了解潜在的中国威胁这种不确定性，拉德福德海军上将和国务卿杜勒斯都强调对最糟情形的假定，以推升对先发制人军事行动的支持。在3月24日的一次国家安全委员会会议上，拉德福德提出，"有关中国共产党人攻击近海岛屿的集结方面的作战情报是如此缺乏，这个事实并不意味着集结不会继续下去。例如，大陆的机场能够在很短的日子里准备投入使用……"拉德福德已经认为，中国共产党人正在把航空燃油和其他补给品运进这些基地中，尽管此类举动实际上并没有被照相侦察揭示出来。因此，他得出结论，"我们必须接受中国共产党人正在尽他们所能做好准备的假定"。[86]在与新西兰大使的一次会见中，因美国政府追踪中国发展所依赖的航空摄影照片在分析结果出来之前需要耗时六天，杜勒斯表达了失望，而这种"时间滞后可能造成实际发生的集结要更大的现象"。然而，他强调，一场中国攻击应该"在开始前只会有很少的预先察觉。很可能直到实际攻击前两到三天，迹象都不会很明显"。[87]中央情报局局长艾伦·杜勒斯（Allen Dulles）也支持这一立场，因为他担心，"为了攻击金门和马祖，共产党人一夜间实际集结出空中实力是可能的"。[88]

先发制人战争与美国民主
Preventive War And American Democracy

拉德福德用尤其不祥的政治腔调警告杜勒斯和威尔逊，如果美国允许中国人修建飞机场，就要承受不可避免到来的军事冲突的挫折，这将"立刻导致国会就珍珠港式的失败责任进行质询，因此，对提前于珍珠港式的状况，美国做出可能会受到攻击的预测，并采取每一项预防措施和行动，来确保军队的安全，作好这方面的档案记录是十分重要的。"按照参谋长联席会议主席所称，美国必定会将这些机场的开发视为"战争的有效准备"和"相应的行动"。[89] 两周后，斯坦普海军上将向五角大楼报告，美国"此刻正面临"做出一个关键性的抉择，是允许国民党政府采取先发制人空中打击来摧毁共产党人的机场，还是继续限制住国民党人，并且允许这种军事集结继续下去。"尽管我没有自称懂得共产党人的意图，"斯坦普承认，他注意到当共产党军队完全准备好时，如果他们要进行攻击，"那时他们就将以惊人的力量展开攻击，因此美国需要具备最迅速和最强大的反击能力"。[90] 一周后，国民党政府的美国高级军事顾问威廉·蔡斯（William Chase）上将，向斯坦普报告说，"狂热的敌人在中国东南部的空中集结"，只能意味着"他们很快就将准备就绪，具备发动另一场入侵行动的能力，目标就是台湾"。蔡斯警告道，当前的局势是"极其严重的，因其灾难性的后果而意义重大，这是由于所有的优势战略要素——时间、地点、兵力和主动权——都在我们敌人的手中"。[91]

不针对共产党中国发动先发制人战争

在先发制人战争诱惑面前，艾森豪威尔总统也并非具有免疫力。3月末，总统在日记中写道，在他的管理团队中认为一个月内台湾海峡将爆发军事冲突的看法正在增长。他并未质疑这种观点。"当然，这完全有可能是正确的，因为红色中国似乎十分鲁莽和傲慢，可能还过于自信，而且完全不在乎人员损失。"[92] 在2月初因远东危机感到受挫时，艾森豪威尔向新闻秘书吐露，中国共产党人"肯定正在做他们所能做的一切，来试探我们的耐心。在这种情况下要保持冷静是十分困难的。有时候我想，最好现在所有的人都追随他

第四章
艾森豪威尔与苏联及中国的实力增长（1953—1955）

们，这样就让他们不能够挑选他们正在选择的时间和地点了"。[93] 艾森豪威尔并没有跟随这种冲动情绪，也没有认真考虑或征求有关先发制人选项方面的意见。相反，在与内阁官员和顾问们的私人讨论中，以及新闻发布会上，艾森豪威尔采取了相反的方针，明确地否定了先发制人战争。他也曾明确要求顾问们在与国民党政府、国会成员讨论时，以及公开声明时接受并重复这一决定，将其作为已经确立的当局政策。这个证据足以支持艾森豪威尔并非是因有关军事代价的战略考虑而否决先发制人战争的。在1954年秋天，总统肯定担心一场与中国的武装冲突会升级为同苏联的全球性冲突，这也是金门危机一开始就施加限制的一个原因。然而，到1955年初，总统不断向不同场合的听众断言，如果发生战争，他不相信苏联会为了中国介入进来。实际上，艾森豪威尔政府内没有人曾表达过对风险升级的关切。[95] 此外，只是对共产党中国进行攻击——特别是只涉及空军和海军，因为美国无意在那样一场战斗中在大陆投入地面部队——这样的军事成本预料是很少的。正像拉德福德海军上将向国家安全委员会强烈主张的，"相比我们来说，中国共产党人只具备非常可怜的进攻能力，我们只要使用相对很少的军事力量就足以对付了"。[96]

关于艾森豪威尔否定先发制人战争的原因，我们也可以不加以考虑的另一个解释，就是对中国的攻击可能需要动用核武器。正如尼娜·塔尼沃德（Nina Tannenwald）曾指出的，自从核时代的早期年代开始，假如不是在国家无法幸存的情况下使用核武器，在准则方面就会承载丑恶的污名。[97] 在一年前的印度支那危机时期，"核禁忌"似乎就已经抑制住了总统，当时一些顾问主张动用核武器，来结束越南独立同盟对奠边府法国要塞的进攻。[98] 在这种情况下，总统避免卷入武装冲突，可能不是因为这将违背准则中有关反对在先发制人战争条件下率先开火的内容，而是因为他不接受使用核武器的准则合法性，或是因为反对核武器的国际或国内观念将导致严重的政治影响。这种说法是没有说服力的。很明显，艾森豪威尔总统承认使用核武器的负面政治含意。这主要是一个国际政治问题。当局曾定期讨论过，如果为了保护金门与中国开战，尤其当涉及核武器时，欧洲盟国究竟会有多敏感，以及亚洲国家将对核武器有多么敏感。丘吉尔或许是最惹美国人喜爱的盟国领导人，他都认为防卫金门是毫无价值的，并且认为动用核武器来完成这一目标是残暴的。如果美国真的使用了核武器，当局明白国际舆论将毫无疑问地转为强烈反对美国。艾森豪威尔和杜勒斯知道这点，这就是如果有可能就要避免开战，或如果战争爆发，在冲突中要尽管推迟使用核武器直至最后的原因。[99] 然而，国际观点中有关核禁忌的影响并未损害总统在与中国战争时最终使用核武器的意志，也没能阻止政府公开明确地表示在必要时动用核武器的决心。艾森豪威尔在回忆录中叙述说，在3月16日，一位记者问他是否将"在亚洲发生全面战争时动用战术核武器"，他坚定地回答，在严格针对军事目标时是会动用的。[100] 这一时期大量的书面记载，包括以前保密的国家安全委员会会议纪要、总统与特别顾问和内阁官员之间的会见记录，以及总统班子成员撰写的立场文章中，可以发现没有任何一位美国官员宣称过，因为需要动用核武器美国就不应该立刻参与到战争中去。[101] 在与中国开战的国会辩论有关的大量文字记录中，找不到一位国会成员曾谈及动用核武器所涉及的准则问题。实际上，我们所能够找到的如何使用核弹的唯一论点，总体来说就是倡议提早发动先发制人战争。斯坦普（Felix Stump）海军上将从太平洋司令部主张，支持由国民党军队立即发动一场先发制人攻击，这将提供一个仅靠常规武器就能阻止共产党早期集结的机会。如果战争来得更晚些，那就需要使用核武器来对付大陆了，这就将产生相随的政治难题了。[102]

支持艾森豪威尔总统否定先发制人战争的唯一且最重要的原因，还得专门回到反先发制人战争准则上面。不仅因为可能动用核武器将使得这场战争在准则方面变成有问题的了，而且存在着缺乏即时威胁时美国率先攻击这一情况。一场美国发动的冲突，是已被明确地赋予了侵略的特性，其合法性在当局内部讨论中、在对当局批评的公开回复里、在与参议员们的非公开会见

第四章
艾森豪威尔与苏联及中国的实力增长（1953—1955）

时，以及在与中国国民党领导人的会谈中都曾反复而明确地被否定过。在3月底至4月初，当局面临着日益上升的公开评论浪潮，这是因为在执行部门之外的人们越来越明白，执行机构中的一些人正在鼓动与中国共产党人摊牌。大多数的评论都来源于海军作战主任罗伯特·卡奈（Robert Carney）的议论，在3月24日与一帮记者的私人宴会上，他大胆地预测中国人将在4月15日前入侵马祖岛，接下来一个月内入侵金门。一些记者写道，总统"正在考虑以全力以赴的态势展开军事行动，'摧毁红色中国的军事潜力并因此终结其扩张主义倾向'"。[103] 几天后，在卡奈故事被媒体曝光后的首场参议院会议期间，参议院多数党领袖林登·约翰逊（Lyndon Johnson）警告在美国政府内部存在有"战争派"。[104] 柯福弗（Estes Kefauver）参议员超出这一指控，宣称参议院里一伙战争派正在"密谋和策划"与中国的武装冲突。两天后，参议员莫尔斯（Wayne Morse）向参议院外交委员会提交一份议案，反对"在对外事务方面使用侵略或侵略威胁手段"。[105] 陆军参谋长马修斯·里奇微（Matthew Ridgway）将军在回忆录中就这一时期的危机进行反思时，直接得出结论，政府中想针对中国大陆动用军队保护金门和马祖的那些人正在行动，"朝着接受'先发制人战争'信条的方向危险地前行"。从有关中国人在东南部行动的情报中，里奇微没有发现任何线索能够"得出他们正在策划攻打台湾的结论"。当月辩论中的数位参议员和这时期的国防部长威尔逊（Charles Wilson）一样，他断言"他们的各种举动实际上可以看成是防御性的，也可视为进攻性的。他们正在修建机场，以及铁路线，以便如果发生来自台湾的入侵能够立刻将军队输送至海岸。但并没有迹象表明他们正在那里集结地面部队，或组织他们自己的入侵兵力"。因此，里奇微上将得出结论，一场先发制人攻击将会是"十分令人厌恶的……对我而言，没有什么比我们蓄意发动一场'先发制人战争'更能可悲地显示出我们彻底的和十足的道德丧失"。[106]

当总统新闻秘书介绍了由卡奈海军上将的评论引发的轰动后，艾森豪威尔"爆发"了,并且表明,"老天作证,这必须停止……我们一直试图维护和平。我们并未寻求战争,而且我认为像他们从卡奈那里得到的那种描述……是对美国的一种巨大损害"。[107] 两天后的新闻发布会上,当被问及卡奈的预言时,他排除了美国能够获得足够准确的情报来确知一场攻击正在来临的可能性。但是,他强调,尽管美国将继续"准备好保护[自己]的权利",但在这个过程中他"不会诉诸侵略手段"。艾森豪威尔认为,美国必须是有忍耐力和强大的,但必须抛弃先发制人战争的逻辑,这种逻辑是这样说的:"他们今天将要攻击我;因此,昨天我就攻打了他们,这样,我就不会陷入麻烦境地了。"[108] 随后数天里,高级行政官员在多个场合的公开演讲中,否认了先发制人战争指控。副总统尼克松针对"战争派"标签为政府辩护,称这是一个"大谎言",而且"在当前世界局势紧张阶段",这里"不存在政府的'好战'决策。尼克松确定,不存在着大战,"除非是由共产主义国家挑起"。[109] 数日后,拉德福德海军上将宣布:"美国将为道义而战,但绝不会挑起战争或打一场先发制人战争。"[110]

在国内纷争期间,区域军事指挥官们请求先发制人攻击的压力的确在加剧。具体来说,斯坦普海军上将和蔡斯上将一直要求,允许国民党人攻击共产党中国福建省的飞机场。4月11日,艾森豪威尔告知杜勒斯,他已经通过拉德福德海军上将拒绝了这种请求。接着,总统用一种直到危机解决、每次提及先发制人战争选项时都处于中心位置的看法,就核心问题说明了他的态度,以及为什么他不会接受先发制人攻击。简言之,艾森豪威尔相信,不违背反先发制人战争准则所带来的政治优势,要比允许中国继续集结所承担的军事风险重要得多。"从纯粹军事立场出发,常常需要承担沉重的责任",艾森豪威尔向杜勒斯解释说,"为了避免陷入成为一个侵略者和处于发动战争的位置。这是一个必须去支付的代价,而且在这种状态下,可能是不得不付出的代价"。[111] 在总统接到来自斯坦普海军上将亲自递交的有关军队集结新情况的次日,艾森豪威尔指示杜勒斯让蒋介石政府弄清楚,"我们不愿意在

第四章　艾森豪威尔与苏联及中国的实力增长（1953—1955）

台湾和大陆之间由我方打出第一拳重击"。¹¹² 然后，总统和国务卿同意在一份立场文件中明确表明这一点，不过，文件的开头如实地指出了实力转变所带来的战略风险。"从一月份以来，[中国共产党]在台湾对面的福建地区内部和周边，投入巨大力量建设了一圈喷气飞机机场，这种增强的态势，除非经过[国民党人]用高密度、持续和高昂的空中攻击加以证实，否则很快（或许到六月份）就会形成一种局面，[共产党人]十之八九将会占据马祖和金门的空中优势。"但文件最重要的部分是有关美国将不会去做和为什么不能去做的陈述。

> 美国的观点是，这种增强态势形成的军事不利条件在这个时候是能够接受的，是强于美国目前要为发起敌对行动并很快蔓延为全面战争所承担的责任。相信这种对战斗主动权的回避所带来的道德和政治优势能够抵消军事方面的不利。一个主要原因是确信发起那种敌对行动，将可能在相当大的程度上对美国支持蒋的公开决心造成相反的影响。¹¹³

根据这种观点，艾森豪威尔总统终于认识到，危机中要减少与共产主义中国发生战争的可能和随之产生的预料中的政治余波的最佳办法，就是从他早期保卫金门和马祖的誓言退回来。在1月总统接受了这种观点，劝导蒋介石放弃无法防守的大陈岛屿，并且支持国民党政府及其在台湾军队的战斗士气。到4月1日，总统认识到当时的局势已经在国内和国外把他推到了一种守不住的境地了。¹¹⁴ 在给杜勒斯国务卿的长篇便笺中，艾森豪威尔解释了对这个问题的解决方法，就是说服蒋，让他自愿从近海岛屿把军队的大部分都撤回去，不要等到彻底撤退时丢脸的时刻，只把这些岛屿作为防卫台湾的前哨基地而不是军事根基。这些岛屿可以由一小部分军队防卫，而在共产党人攻击下应该是守不住的，这样的损失不至于被视为是对国民党统治的致命打击。这就允许美国将其防卫力量集中在台湾及其邻近的澎湖。这不仅会获得

先发制人战争与美国民主
Preventive War And American Democracy

美国公众和欧洲人的政治支持，也将大大降低先发制人战争的诱惑力。因为共产党人实际威胁台湾的能力是如此有限，支持采取这种特别措施来保护国民党人是不会遭受到很大压力的。这回轮到杜勒斯相信总统了，总统最初是不情愿让美国在中国海岸施加封锁，将其作为一种先期自我防卫措施，来扰乱"大陆的物资流动，这种物资流动是提升他们构建入侵能力所必需的"。[116]

目前的挑战是要劝说蒋总统撤出金门和马祖。负责远东事务的助理国务卿沃尔特·罗伯逊（Walter Robertson）和拉德福德海军上将，是因强力支持国民党政府而深受蒋介石信任的两名美国官员，他们带着这个任务被派往台湾。出发前，总统指示两位公使，要让蒋明白"强大而良好的美国公众观点对他的继续存在是必须的"，以及美国是不能允许在与大陆的任何一场战争中率先开第一枪的。[117] 罗伯逊在与蒋总统的谈话中坚持了这一观点。同罗伯逊给杜勒斯的电报中所报告的一样，在他的公开声明中，他强调"如果战争来临，美国必须要分担一部分责任，尽最大程度的可能争取美国公众观点和世界观点的全力支持，从而进入战争"。要获得这种支持，艾森豪威尔总统相信"绝对必要的是……美国和[国民党]政府不能首先发起攻击……如果[国民党人]和美国一起进攻大陆以先发制人阻止集结，这样的进攻将让我们低头接受我们因发动战争成为侵略者的指控"。罗伯逊重申了一周前艾森豪威尔与杜勒斯一致赞同的意见。"艾森豪威尔总统艰难地下了决定，宁愿此时接受未经核定的集结所造成的军事不利，也不愿承担发起主动战斗行动的责任……[在]战斗中避免首先发起的道德和政治优势会足以补偿军事方面的不利。"[118] 听了罗伯逊的声明后，蒋拒绝了建议，说他宁可面对"全面的猛攻"，也不愿做出放弃金门和马祖那种不爱国的决定。蒋承认，他明白艾森豪威尔在美国国内政坛上所面临的困难，也不能忽视这种困难。[119] 然而，如有需要，他将独自坚守在近海岛屿上面。在一次充满怒气的回复中，杜勒斯好像不相信如果蒋明白了美国关于金门和马祖的立场已经改变，他仍会坚守，并且有一点担心蒋可能会自己行动对付共产党人。"[蒋]是否理解和接受了总统不同意发动先发制人攻击来干涉大陆机场建设的决定？"[120] 第二天，杜勒斯国务卿向参议院外交委员会的重要成员解释了当局改变了的立场，就是基于数周前他和总统根据同一个反先发制人战争论点得出的立场。杜勒斯清楚地解释道："总统很不愿意授权中国国民党人利用基地设在台湾的美国飞机，在飞机场的建设阶段去袭击这些机场。这好像会被视为是'先发制人战争'，而且会使我们要为将要发生的战争行动负责。"[121]

在4月的最后一周里，笼罩在近海岛屿上空的危机突然终结了，这是由于艾森豪威尔总统努力让蒋顺于他的计划，使得美国摆脱了在东亚面临的政治和战略困境。4月23日在印度尼西亚万隆举办的一个地区性会议上，中国总理周恩来宣布中国无意使用武力攻占近海岛屿，并为解决这个争议愿同美国开展直接对话。几天内艾森豪威尔政府原则上接受协商。历时一年、唤醒了先发制人战争诱惑的这一事件造成的紧张局势从而得以缓解。

注　释

1. Paper Prepared by the Director of Central Intelligence, November 18, 1954, *Foreign Relations of the United States 1952—1954,* vol. II（Washington, DC: U.S. Government Printing Office, 1984）, 776. [Hereafter, *FRUS*]

2. Draft Statement Prepared by the National Security Council Planning Board, December 14, 1954, *FRUS 1952—1954,* 808.

3. Memorandum of Discussion in the NSC, November 24, 1954, in ibid., 791—792, 794. See also Memorandum by the JCS to the Secretary of Defense, June 23, 1954, ibid., 681; Memorandum by the Secretary of Defense to the Executive Secretary of the NSC, November 22, 1954, ibid., 785—786.

4. Memorandum of Discussion in the NSC, November 24, 1954, in ibid., 789-790. 会议中国务卿查尔斯·威尔逊（Charles Wilson）表达了同样的观点。Ibid., 795. NSC 5440, 文件进行了长期回顾，并且阐述了当局的基本国家安全方针，承认美国"不存在阻止苏联核能力增长及削减苏联武装力量的前景……除非与苏联达成双边协议或通过大规模军事行动达到目的"。NSC 5440, Basic National Security Policy, December 14, 1954, *FRUS 1952—1954*, 813. 参见总统国家安全事务助理罗伯特·喀特勒（Robert Cutler）的评论。Memorandum of Discussion in the NSC, October 7, 1953, ibid., 529.

5. 有关这一问题的首次权威宣言是在 NSC 153 中出现的，是直接从 NSC 68 中借用的遏制逻辑，同时"否定了先发制人战争和隔离政策"。NSC 153/1, June 10, 1953, *FRUS 1952—1954,* 379—380. 同样地，艾森豪威尔总统曾建立日晷计划用于考虑冷战主要政策选项，三个小组之一的特遣任务小组 B 提交的报告中指明了应对苏联核力量的两个选择："虽然美国在核武器方面依靠很多，要么靠先发制人战争，要么采用能确保"长时期和平的"相关政策。在这些政策选项中，特遣任务小组 B 声称，"先发制人战争是被否定了的"。Summaries Prepared by the National Security Council Staff of Project Solarium Presentations and Written Reports, July 22, 1953, in ibid., 413.

6. 据多数新闻报道称，对先发制人战争的这种号召遭遇国会议员们冷峻而尴尬的沉默。"Rhee Urges U.S. Attack Red China," *Los Angeles Time,* July 29, 1954; Chalmers Roberts, "Rhee Calls for War on Reds Aided by U.S.," *Washington Post,* July 29, 1954; William Stringer, "The Rhee Mission," *Christian Science Monitor,* August 2, 1954.

7. President's News Conference, August 11, 1954, *Public Papers of the Presidents:Dwight D. Eisenhower 1954*（Washington, DC: U.S. Government Printing Office, 1960）, 697—698.

8. Memorandum of Discussion in the NSC, December 3, 1954, *FRUS 1952—1 954,* 806. Emphasis in original. NSC 5440, 815. See also Memorandum by the Secretary of Defense to the Executive Secretary of the NSC, November 22, 1954, ibid., 786. 在国家安全委员会（NSC）对 NSC 5440 的后续讨论中，国务卿杜勒斯指出"我们当然已经排除了先发制人战争"，而财政部长乔治·汉弗莱（George Humphrey）肯定地称"先发制人战争……显然已经出局"。Memorandum of Discussion in the NSC, December 21, 1954, ibid., 833, 836—837.

9. Robert H. Ferrell, ed., *The Diary of James C. Hagerty*（Bloomington: Indiana University Press, 1983）, 133.

10. George Gallup, "Majority Strongly Opposes Concept of Preventive War," *Washington Post,* September 29, 1954. 盖洛普指出"实际上党派之间不存在观点分歧"。

11. President's News Conference of March 2, 1955, *Public Papers of the Presidents,* 47; Address at the American Jewish Tercentenary Dinner, October 20, 1954, ibid., 927.

12. Walter Waggoner, "Dulles Rules Out Preventive War," *New York Times,* November 10, 1954; "Davies Data Kept Secret by Dulles," *Washington Post,* November 10, 1954.

13. President's News Conference of August 11, 1954, 697—698, 700—701. 强调后加。他曾在多个场合主张因宪法因素民主国家不可能得到国会授权秘密计划并发动突袭，也不可能为美国民众所接受。其例可见 the President's News Conference of February 9, 1955, *Public Papers of the Presidents of the United States: Dwight D. Eisenhower 1955*（Washington, DC: U.S. Government Printing Office, 1959）, 257.

14. NSC 166/1 U.S. Policy Towards Communist China, November 6, 1953, *FRUS 1952—1954,* vol. XIV（Washington, DC: U.S. Government Printing Office, 1985）, 279, 283—284.

15. Ibid., 280, 303—304.

16. Ibid., 281.

17. Ibid., 280, 304—305.

18. Ibid., 279—281, 302—303.

19. NSC 5429, Statement of Policy Proposed by the National Security Council on Review of U.S. Policy in the Far East, August 4, 1954, *FRUS 1952-1954,* vol. XII（Washington, DC: U.S. Government Printing Office, 1984）, 698.

20. J. H. Kalicki, *The Pattern of Sino-American Crises: Political-Military Interactions in the 1950s*（New York: Cambridge University Press, 1975）, 128—130, 141; Appu K. Soman, *Double-Edged Sword: Nuclear Diplomacy in Unequal Conflicts, The United States and China, 1950—1958*（Westport, CT: Praeger, 2000）, 122.

21. Memorandum of Discussion in the NSC, September 9, 1954, *FRUS 1952—1954,* vol. XIV, 584.

22. Kalicki, *The Pattern of Sino-American Crises,* 141.

23. National Intelligence Estimate, June 3, 1954, *FRUS 1952—1954,* vol. XIV, 461.

24. National Intelligence Estimate, November 23, 1954, *FRUS 1952—1954,* vol. XIV, 931—934.

25. Gordon H. Chang, *Friends and Enemies: 'The United States, China, and the Soviet Union,* 1948—1972（Palo Alto, CA: Stanford University Press, 1990）, 149—150.

26. Dwight D. Eisenhower, *The White House Years* (Garden City, NY: Doubleday, 1963), 470.

27. Memorandum of Discussion in the NSC, August 18, 1954, *FRUS 1952—1954,* vol. XII, 750.

28. Drew Pearson, "Dulles on Defense of Quemoy," *Washington Post,* September 17, 1954; Holmes Alexander, "War Hawk Talk," *Los Angeles Times,* September 17, 1954; " Kefauver Assails GOP 'War-Seekers,'" *Washington Post,* September 24, 1954; "Text of Stevenson's Speech Assailing GOP on Foreign Policy," *New York Times,* October 17, 1954; "Knowland Expects New Red Aggression in Asia," *New York Times,* November 22, 1954; Drew Pearson, "GOP is Divided on China Policy," *Washington Post,* December 6, 1954.

29. Ferrell, *The Diary of James C. Hagerty,* 117—118, 120, 129, 131, 165. 整个 1954 年和 1955 年，在中国问题上国内给艾森豪威尔政府压力的最尖锐声音的出处是共和党右翼，所谓的国会"中国集团"，以及美国的"中国游说团体"。这些个人和组织发出具煽动性的言论，用艾森豪威尔的话说，他们是"拼命想让我们采取更强硬，甚至是寻衅的立场"。相比之下，艾森豪威尔承认，"愿意看见我们净身撤离福摩萨的人几乎没有"。Eisenhower, *The White House Years,* 470; Foster Rhea Dulles, *American Policy Toward Communist China, 1949—1969* (New York: Thomas Y. Crowell Co., 1972), 71—75, 85, 135—136; Chang, *Friends and Enemies,* 102—103.

30. Memorandum of Discussion in the NSC, October 6, 1954, *FRUS 1952-1954,* vol. XIV, 697. 汉弗莱部长在四月曾问及先发制人战争同样的问题。Memorandum of Discussion in the NSC, April 13, 1954, *FRUS 1952-1 954,* vol. XIV, 410—412.

31. Memorandum of Discussion in the NSC, November 2, 1954, *FRUS 1952-1954,* vol. XIV 837. 美国用抢先攻击阻挠共产主义中国"迫在眉睫的 [公开武装] 进犯"的合法性也被作为美国远东总体政策的一部分编入 NSC 5429/5。*FRUS 1952—1954.* vol. XII, 1066.

32. Ferrell, *The Diary of James C. Hagerty,* 174.

33. Memorandum Prepared by the Secretary of State, September 12, 1954, *FRUS 1952-1954,* vol. XIV, 611, 613; Memorandum of Discussion in the NSC, September 17, 1954, 619, 620—621; Memorandum of Discussion in the NSC, November 2, 1954, 835.

34. Memorandum of Discussion in the NSC, September 12, 1954, 618—619. 有关艾森豪

第四章
艾森豪威尔与苏联及中国的实力增长（1953—1955）

威尔拒绝在没有国会授权的情况下对中国采取行动的更多内容，见 Memorandum Prepared in the Department of State, October 9, 1934, *FRUS 1952—1954,* vol. XIV, 722; The President's News Conference, December 2, 1954, *Public Papers of the Presidents,* 1076; Memorandum of Discussion in the NSC, September 17, 1954, *FRUS 1952-1954,* vol. XIV, 621; Memorandum of Discussion in the NSC, November 2, 1954, 834, 837; Memorandum of Conversation by the Director of the Office of Chinese Affairs, October 13, 1954, *FRUS 1952—1954,* vol. XIV, 729; Memorandum of Conversation by the Acting Director of the Office of Chinese Affairs, September 17, 1954, *FRUS 1952—1954,* vol. XIV, 646; Memorandum of Discussion in the NSC, September 12, 1954, 620, 622.

35. Views of the Chief of Staff, United States Army, September 11, 1954, *FRUS 1952—1954,* vol. XIV, 608.

36. Special Message to the Congress Regarding United States Policy for the Defense of Formosa, January 24, 1955, *Public Papers of the Presidents,* 209.

37. Gordon H. Chang and He Di, "The Absence of War in the U.S.-China Confrontation over Quemoy and Matsu in 1954—1955: Contingency, Luck, Deterrence?" *American Historical Review* (December 1993): 1513—1514; Bennett C. Rushkoff, "Eisenhower, Dulles and the Quemoy-Matsu Crisis, 1954—1955," *Political Science Quarterly* 96 (Autumn 1981): 469—472; Soman, *Double-Edged Sword,* 129—130.

38. Memorandum of Discussion in the NSC, January 20, 1955, *FRUS 1955—1957,* vol. II (Washington, DC: U. S. Government Printing Office, 1986), 75—77, 80.

39. Eisenhower, *'I/ic White House Years,* 472.

40. Letter from the President to the Supreme Allied Commander, Europe, February 1, 1955, *FRUS 1955—1957,* 190—191.

41. 艾森豪威尔乐意公开承认美国为有效防卫金门的军事行动可能扩大范围，他发誓绝不接受任何能让中国军队免遭美国攻击的鸭绿江类型非军事区，就像中国在朝鲜战争期间得到的那样。然而，总统的确多次表明他认为对那些岛屿更加公开的防卫保证对中国的侵略会起到一种威慑的作用，并减少战争发生的可能。Memorandum of Discussion in the National Security Council, January 20, 1955, in ibid., 75—77, 79—80; Memorandum of Discussion in the NSC, January 21, 1955, in ibid., 91.

42. Memorandum of Discussion in the National Security Council, January 20, 1955, 79; Letter from the President to the Supreme Allied Commander. Europe.

43. Memorandum of Discussion in the National Security Council, January 21, 1955, 91.

44. Ibid., 94.

45. Joint Resolution by the Congress, January 29, 1955, *FRUS 1955-1957,* 163. 澎湖列岛位于台湾与大陆间的台湾海峡中央。

46. Drew Pearson, "Barkley's Question is Stunner," *Washington Post,* January 29, 1955; Robert C. Albright, Legislators Vote 85 to 3 After Three Attempts to Curb Authority, *Washington Post,* January 29, 1955.

47. 参议员韦恩·莫尔斯（Wayne Morse）公开讲话的全文，见 *Congressional Record* 84th Congress, 1st Session（Washington, DC: U.S. Government Printing Office, 1955）, January 26, 1955, 736—747.

48. Ibid., 759, 761, 764, 826, 940, 947, 979, 991, 994.

49. Ibid., 988. 莱曼参议员在辩论结束前宣布他接到来自当时国际关系方面最优秀的两位学者的电报，这两位学者是汉斯·摩根索（Hans Morgenthau）和昆西·赖特（Quincy Wright），电报中他们鼓励他"投票反对授权发动先发制人战争，将对福摩萨及澎湖的防卫扩展到沿岸岛屿"。Ibid., 987.

50. Ibid., 845. Also see 746, 958.

51. Ibid., 927.

52. Ibid., 764.

53. Ibid., 843.

54. Chalmers M. Roberts, "Ike to Scan All Orders on Action Off China," *Washington Post,* January 28, 1955.

55. From the diary of James C. Hagerty, January 27, 1955, *FRUS 1955—1957,* 141. 反先发制人战争的辩论及白宫的回应吸引了大量的新闻报道。见 William S. White, "2 Senate Committees Back Formosa Policy, Bar Curb," *New York Times,* January 27, 1955; "No Preventive War," *Washington Post,* January 28, 1955; William Moore, "I'll Decide on Strike at China: Ike," *Chicago Tribune,* January 28, 1955; Edward T. Folliard, "White House Says President to Control Use of US Forces in China Areas," *Washington Post,* January 28, 1955;

Arthur Krock, "The 'Old Man' Lays it on the Line," *New York Times,* January 28, 1955; "President Says He Alone Will Make Decision on Formosa Strait Action," *New York Times,* January 28, 1955; Drew Pearson, "Some Senators Worry Over Radford," *Washington Post,* January 31, 1955.

56. January 27, 1955, *Public Papers of the Presidents,* 215. See also Eisenhower's press conference of February 2, 1955 in ibid., 226.

57. *Congressional Record,* January 27, 1955, 828. 这一同样的引证曾在参议院被参议院外交关系委员会主席、佐治亚州民主党参议员华尔特·乔治（Walter George）提及，他坚定地与艾森豪威尔总统站在一起，尽力要通过提案，并猛烈阻击，反对摩尔斯（Wayne Morse）及其同盟。Ibid., 819. 参见参议员威廉·诺兰德（William Knowland）、赫伯特·莱曼（Herbert Lehman）和休伯特·汉弗莱（Hubert Humphrey）承认总统宣言中反先发制人战争含意的有关评论。Ibid., 828, 926, 931.

58. Memorandum of Conversation, the White House, January 27, 1955, *FRUS 1955—1957,* 141.

59. Telegram from the Chief of Naval Operations to the Commander-in-Chief, Pacific, January 28, 1955, *FRUS 1955—1957,* 151.

60. "Never Sought 'Preventive War,' Radford," *Washington Post,* February 22, 1955.

61. *Congressional Record,* January 28, 1955, 947.

62. Ibid., January 26, 1955, 751—753. See also his comments of January 28, 1955 in ibid., 957.

63. Ibid., 757—758, 761—762.

64. Ibid., 823—824. 类似态度，见以下参议员们的声明：Edward Thye（R-MN）, Franks Carlson（R-KS）, Walter George（D-GA）, Strom Thurmond（D-SC）, Arthur Watkins（R-UT）, James Duff（R-PA）, William Jenner（R-IN）, and Richard Neuberger（D-OR）.

65. Ibid., 766.

66. Ibid., 926.

67. Ibid., 94.

68. Ibid., 842.

69. Ibid., 978—979.

70. Ibid., 761, 826.

71. Robert Young, "Head of legion Indorses Ike's Position on Formosa," *Chicago Tribune*, January 28, 1955.

72. *Congressional Record,* 761—762.

73. Ibid., 823—824.

74. 就在投票前，其他数位参议员公开表态解释，他们投票赞成提案并不意味着支持先发制人战争。这些人包括 Carlson、Duff、Welker、Jenner 和 Neuberger。Ibid., 815, 949, 951—952, 994.

75. Memorandum of Discussion in the National Security Council, January 20, 1955, 80.

76. Walter Lippmann, "Unquiet Spirit," *IVashington Post,* April 14, 1955.

77. Ibid.

78. Telegram from the Secretary of State to the Embassy in the United Kingdom, February 18, 1955, *FRUS 1955—1957,* 294—295. 这种立场被仅仅数天前发布的一份特别国家情报评估报告所支持，报告得出结论，中国人夸口有义务解放台湾准确反映了他们的意图，而且中国人"很可能采取一系列重大军事行动来测试美国容忍度的上限"。Special National Intelligence Estimate, February 15, 1955, in ibid., 274.

79. Telegram from the Secretary of State to the Department of State, February 21, 1955, *FRUS 1955—1957,* 300, 302; Telegram Dulte 8 from the Secretary of State to the Department of State, February 25, 1955, ibid., 308; Telegram Dulte 9 from the Secretary of State to the Department of State, February 25, 1955, ibid., 310—311.

80. Telegram Dulte 10 from the Secretary of State to the Department of State, February, 25, 1955, 312.

81. Minutes of a Cabinet Meeting, March 11, 1955, in ibid., 352, fn. 2. 那月晚些时候，杜勒斯对印度外长讲，"红色中国比苏联对世界和平构成了更大的威胁，他们"沉醉于在朝鲜、印度支那和沿海岛屿取得的胜利，似乎更愿意扩充自身实力"。Memorandum of a Conversation, Department of State, March 24, 1955, in ibid., 393. 在三月底他对一些国会领导人宣称，"中国共产党人是自大的……因他们最近在世界上的胜利而沉湎于武力"。Memorandum of a Conversation, March 30, 1955, ibid., 425. 当杜勒斯从旅程返回时，他的悲观看法和迫切感已经通过全国性广播散播出去了。"Text of Broadcast by Dulles of His Report to the Nation on His Trip to Far East," *New York Times,* March 9, 1955.

82. 太平洋司令的这种看法由安德鲁·古德帕斯特（Andrew Goodpaster）上校证实，他是总统特别助理，曾被派往夏威夷研究第一手军事形势。Memorandum from the President's Staff Secretary to the President, March 15, 1955, *FRUS 1955—1 957,* 367. 参见 Ferrell, *The Diary of James C. Hagerty,* 209—210. 3月16日发布的一份国家情报评估报告得出结论，当前共产党人的实力不能攻占台湾，但"如果金门与马祖只是让国民党人自己守卫的话，依靠中国东部已安置就位或随时待发的军队，会很容易攻占这些岛屿的"。National Intelligence Estimate, March 16, 1966, *FRUS 1955—1957,* 377.

83. Memorandum of Discussion in the National Security Council, March 10, 1955, *FRUS 1955—1957,* 346—349. See also Memorandum of Conversation Between the President and the Secretary of State, March 11, 1955 in ibid., 354—355; Memorandum for the President by the President's Special Assistant for National Security Affairs, March 11, 1955, in ibid., 357—359,

84. Memorandum from the President's Staff Secretary to the President, 367.

85. Memorandum of Conversation, Department of State, March 26, 1955, *FRUS 1955-1957,* 403.

86. Memorandum of Discussion in the NSC, March 24, 1955, ibid., 391.

87. Memorandum of Conversation, Department of State, March 25, 1955, ibid., 398—399.

88. Ferrell, *The Diary of James C. Hagerty,* March 29, 1955, 220. 正如蒋和何指出的，当前从中国的资料来源显示，官员们"的确高估了人民解放军攻占金门的实力，更不用说台湾了"。Chang and He, "The Absence of War in the U.S.-China Confrontation," 1517—1518.

89. Memorandum of Conversation, Department of State, March 26, 1955, 403.

90. Telegram from the Commander-in-Chief, Pacific to the Chief of Naval Operations, April 8, 1955, *FRUS 1955-1957,* 471—472.

91. Telegram from the Chief of the Military Assistance Advisory Group, Formosa, to the Commander-in-Chief, Pacific, April 17, 1955, *FRUS 1955—1957,* 490. 在对情报非正统解释迹象中，第七舰队司令、普莱德中将对共产党人机场的能力并不担心，但认为轰炸它们是个"蠢主意"。Memorandum from Acting Assistant Secretary of State for Far Eastern Affairs to the

Acting Secretary of State, April 21, 1955, *FRUS 1955—1957*, 500.

92. Diary Entry of the President, March 26, 1955, *FRUS 1955—1957*, 405.

93. Ferrell, *'ihe Diary of James C. Hagerty*, February 3, 1955, 186.

94. Memorandum of Discussion in the NSC, January 27, 1955, *FRUS 1955—1957*, 139: Letter from the President to the Supreme Allied Commander, Europe, 192; Ferrell, *The Diary of James C. Hagerty*, April 1, 1955, 223; Eisenhower, *Mandate for Change*, 471.

95. 情报人员支持这一态度。Special National Intelligence Estimate, January 25, 1955, *FRUS 1955—1957*, 128; Special National Intelligence Estimate, February 15, 1955, 275—276; National Intelligence Estimate, March 16, 1955, 378—379.

96. Memorandum of Discussion in the NSC, January 27, 1955, 137—138.

97. Nina Tannenwald, "The Nuclear Taboo: The United States and the Normative Basis of Nuclear Non-Use," *International Organization* (summer 1999) : 433— 468; Nina Tannenwald, "Stigmatizing the Bomb: Origins of the Nuclear Taboo," *International Security* (Spring 2005) : 5—49.

98. 塔尼沃德（Nina Tannenwald）和约翰·刘易斯·加迪斯（John Lewis Gaddis）指出，艾森豪威尔自己并没有被在有限冲突中动用核武器这个可能引发的准则性难题所困扰。然而，塔尼沃德认为美国盟友持有的"核禁忌"确实妨碍他动用核武器的想法。Tannenwald, "The Nuclear Taboo," 450; John Lewis Gaddis, *Strategies of Containment* (New York: Oxford University Press, 1982) , 169.

99. Memorandum from the Director of the Policy Planning Staff to the Secretary of State, February 7, 1955, *FRUS 1955—1957*, 238; Message from Prime Minister Churchill to President Eisenhower, February 15, 1955, ibid., 270; Memorandum for the Record by the President's Special Assistant for National Security Affairs, March 11, 1955, 358—360; National Intelligence Estimate, March 16, 1955, 379; Memorandum of Discussion in the NSC, March 31, 1955, 432—433; Memorandum from the Undersecretary of State to the Secretary of State, April 1, 1955, *FRUS 1955—1957*, 440; Memorandum from the President to the Secretary of State, April 5, 1955, ibid., 445, 447; Memorandum of Conversation by the Secretary of State, April 27, 1955, ibid., 526—527.

100. Eisenhower, *Mandate for Change*, 477. 总统也曾指示杜勒斯进行公开讲话，以

第四章
艾森豪威尔与苏联及中国的实力增长（1953—1955）

"培养我们自己及世界的舆论适应必须运用核武器的战略需要"。Memorandum of Discussion in the NSC, March 10, 1955, 347.

101. 在三月十日的国家安全委员会会议上，杜勒斯国务卿的确主张美国公众必须做好可能动用核武器的准备，但这并不是对战争的一种阻碍，只是通往战争道路上必有的一个政治步骤。Memorandum of Discussion in the NSC, March 10, 1955, 347. 三月初的一次盖洛普调查表明，有63%的大多数相信在台海冲突中会使用核弹，而54%同意应该使用核弹。Gallup poll #544, March 1, 1955, at http://institution.gallup.com.

102. Telegram from the Commander-in-Chief, Pacific to the Chief of Naval Operations, April 8, 1955, 472—473.

103. Stephen Ambrose, *Eisenhower*（New York: Simon & Schuster, 1984）, 240. 当时的新闻报道，见William S. White, "Democrats Want President to Put Stop to War Talk," *New York Times,* March 30, 1955; "News of the Week," *New York Times,* April 3, 1955; "Carney Disavows War Prediction," *New York Times,* April 6, 1955; James Reston, "Quemoy-Matsu Trend," *New York Times,* April 7, 1955.

104. O. Edmund Clubb, "Formosa and the Offshore Islands in American Policy, 1950—1955," *Political Science Quarterly* 74（December 1959）: 527.

105. *Congressional Record,* 4043—4044, 4218.

106. Matthew B. Ridgway, *Soldier: The Memoirs of Matthew B. Ridgway*（New York: Harper, 1956）, 278—280. 原文强调，李奇微将军在1954年12月的一次公开讲话中就先发制人战争的"道德沦丧"发表了这种严格的评论。他称"我们的原则是严禁故意借助侵略战争"，而且告诫美国必须抗拒"战争无法回避这种被动的顺从态度"。"Ridgway Decries 'Preventive War.'"

107. Ferrell, *The Diary of James C. Hagery,* March 28, 1955, 218.

108. President's News Conference of March 30, 1955, *Public Paper.s of the Presidents,* 369, 374.

109. "Nixon Declares 'War Party' Term is Reds' 'Big Lie,'" *New York Times,* April 4, 1955.

110. "Peace Seen in Strength by Radford," *Washington Post,* April 7, 1955. 数月后，拉德福德仍在为针对他的先发制人战争指责进行辩解，坚称"无论是他还是参谋长联席会议的任

161

何一人，都没有针对共产主义分子持一种战争态度或倾向先发制人战争"。"Radford Denies He is a Jingoist," *New York Times,* June 5, 1955.

111. Memorandum of Conversation Between the President and the Secretary of State, April, 11, 1955, *FRUS 1955—1957,* 475—476. Emphasis added.

112. Memorandum of Conversation Between the President and the Secretary of State, April 17, 1955, ibid., 491—492.

113. Annex E in ibid., 493—494. Emphasis added.

114. Memorandum from the Undersecretary of State to the Secretary of State, April 1, 1955, 440—441.

115. Memorandum from the President to the Secretary of State, April 5, 1955, 445—449.

116. Memorandum of Conversation Between the President and the Secretary of State, April 17, 1955, 492, 494—495. 为了回避作为战争行为"封锁"的法定含意，当局决定回避"封锁"字眼。取而代之的是被称为海上"防卫区域"，"纯粹是用来应对针对武装侵略福摩萨而宣称的威胁"所实施的"一种防御措施"。Memorandum of Conversation with the President, April 22, 1955, *FRUS 1955—1957,* 503; Message from the Deputy Secretary of Defense to the Joint Chiefs of Staff, April 22, 1955, ibid., 505—506.

117. Memorandum from the Acting Secretary of State to the Assistant Secretary of State for Far Eastern Affairs and the Chairman of the Joint Chiefs of Staff, April 22, 1955, *FRUS 1955—1957,* 501—502; Memorandum of Conversation with the President, April 22, 1955.

118. Message from the Assistant Secretary of State for Far Eastern Affairs to the Secretary of State, April 25, 1955, *FRUS 1955—1957,* 510—511, 516; Message from the Assistant Secretary of State for Far Eastern Affairs to the Secretary of State, April 26, 1955, ibid., 521.

119. Message from the Assistant Secretary of State for Far Eastern Affairs to the Secretary of State, April 22, 1955, ibid., 513—514.

120. Message from the Secretary of State to Assistant Secretary of State for Far Eastern Affairs, April 26, 1955, ibid., 522.

121. Memorandum of Conversation, April 27, 1955, ibid., 526.

122. 关于中国提议的解释，见 Chang and He, "The Absence of War in the U.S-China Confrontation," 1520—1522.

第五章

1962年的古巴危机

古巴导弹危机可能是美国外交政策领域最仔细研究的事例了。这个事件的发展历程具有高度戏剧性，有着军事对峙导致毁灭性升级的可能，又似乎撞大运般得以成功解决。无数学者在冷战的这个最危险事件中寻找细节，试图识透冲突决策、威逼和威慑，危机中讨价还价，以及战略互动中核武器的作用等方面的真相。考虑到其危险程度和结果，古巴导弹危机在美国外交政策史册中已经获得了标志性地位。对本书来说最重要的是，在1962年10月16日发现核导弹基地前后，苏联力量在古巴的增长，造成了一种适于应用先发制人逻辑的战略困境。对卷入这个问题辩论的许多人来说，使用军事力量阻止古巴实力转变的诱惑是呈压倒之势的。最终约翰·肯尼迪（John Kennedy）总统避开了不得不做出对古巴进行先发制人攻击的决定，这是因为苏联服软了，移除了从一开始就造成先发制人战争诱惑的那些武器。这样，古巴危机有别于早期的两种情况，一种是在苏联核武库处于早期发展阶段时，杜鲁门总统所面临的困境。另一情况是在20世纪50年代中期，增长中的中国实力威胁到美国主导的亚洲安全局势时，艾森豪威尔总统所面对的问题。在这两个早期事件中，杜鲁门和艾森豪威尔都决定接受并容忍威胁的增长，而不去违背坚定持有的反对先发制人战争的准则。如果苏联不接受美国解决危机的条件，无法确切断定肯尼迪总统是否会下令发动先发制人攻击。然而，我们所能说明的是，美国国会和肯尼迪政府都在某种程度上接受了杜鲁门和艾森豪威尔从未接受过的先发制人行动逻辑。沿着这个方向，我们发现高层政府官员们为反先发制人战争准则与这个问题的含意进行了争斗，而最重要的，我们发现他们正在离开准则的纯粹版本，去界定能够在特定条件下使先发制人行动合法化的例外情形。

在本书对所有事例都审视以后，就不会奇怪在2002年伊拉克危机加剧之后，古巴导弹危机被直接拖进与伊拉克有关的先发制人战争争辩中来。布什政府高级官员，包括国家安全顾问康多莉扎·赖斯（Condoleezza Rice）、国防部长康纳德·拉姆斯菲尔德（Donald Rumsfeld），以及总统发言人阿里·弗莱彻（Ari Fleischer）都指出，与伊拉克的战争不是美国历史上兵力的首次先发制人使用。1962年10月对古巴的海上封锁就是为了阻止武器集结的一种"抢先"举动。[1]2002年10月7日，布什总统在一场重要的演讲中明确地表达了他的观点，他自己提出古巴事件中的先发制人逻辑应该也能适用于伊拉克。布什总统甚至引用了肯尼迪总统就古巴核导弹发表的电视讲话："仅仅是武器的实际开火才代表着对一个国家安全的十足挑战，才会构成最大的危险。现在我们不再生活在这样的世界里了。"[2]数月后，在佛罗里达州杰克逊维尔对水兵们演讲时，布什宣称肯尼迪"明白自由所面临的危险必须要提早和果断地应对"。[3]但是，肯尼迪遗产的当代守护者坚决反对布什政府把古巴导弹危机增补为使伊拉克战争合法化的先例。据肯尼迪当时的助手们和家庭成员所说，"肯尼迪明确地排除了抢先攻击的可能性"。[4]肯尼迪总统的亲密朋友和特别顾问特德·索伦森（Ted Sorenson）在给《纽约时报》的一封信中，表明"是的，肯尼迪'想到过'抢先攻击，但他严词拒绝了，就像任何一个有思想的总统或公民都会做的一样"。肯尼迪总统受到一些想法的限制，这包括"未经预警，无辜的民众被杀死；因触发核战争遭受历史的

第五章
1962年的古巴危机

严厉审判；丧失曾长期贡献于美国外交的道德高地；对国际法背叛"。[5] 肯尼迪的顾问、历史学家小阿瑟·施莱辛格（Arthur Schlesinger, Jr.）认为，"单方面的先发制人战争既不合法也不符合道德，那是非法和不道德的行为。200多年来我们就不是那类国家"。[6] 参议院在对伊拉克动用武力的授权议案进行辩论时，约翰·肯尼迪的兄弟，来自马萨诸塞州的爱德华·肯尼迪（Edward Kennedy）参议员注意到："在缺乏即刻攻击时，美国采取先发制人军事行动的主张，是在1962年重新升至表面的，当时我们得知苏联很快就将具备从古巴向我们国家发射导弹的能力。"但是，那种观点被否定了，因为"这类率先攻击是与美国的价值观不相一致的"。[7]

正如布什政府的这些主张及其批评者反对的声音所显示的一样，古巴危机的意义以一种混乱方式被政治化了，它所能告诉我们的是，在1962年，有关古巴问题的战略观点和准则观点实际上是如何相互作用并塑造了美国行为的。本章对这些对立的观点并不逐一评价，而只想弄清楚在古巴危机期间，反先发制人战争准则在美国战略行动中起到了哪些作用。为达到这一目标，不像大多数研究这个危机所使用的方法，本章从更广阔的角度来研究这个事件。我们不是只把焦点放在导弹危机的13天时间内，而是将危机划分为两个独立的阶段，然后把每个阶段都作为一个独立事件来对待。先发制人战争诱惑并不是随着10月16日发现导弹而首次兴起的。从8月末到10月22日，肯尼迪总统公开宣布导弹基地被发现之日，国会内部因古巴的苏联常规军事力量的增长而产生的焦虑，把这个问题推上了美国外交政策的议坛。有关这个问题有多么严重，以及应该做些什么，产生了激烈的争辩，两个阵营针锋相对。一个阵营主要由众议院的共和党和一些民主党支持者组成，他们把古巴视作一种纯粹的战略实力转变问题，并要求美国采取先发制人行动，在其初始阶段就破坏其发展。尽管承认苏联目前在古巴的兵力基本上不构成威胁，但他们强调苏联军事实力的增长含有一种长期进攻的趋势，美国必须加以阻止，而现在阻止的代价仍是很低的。另一阵营，包括肯尼迪政府和国会主要同盟,则反对这样做,他们认为在缺少现时威胁时,美国的先发制人攻击将会是一个非正义的侵略行为。他们坚持认为,对古巴的苏联实力最糟的远期情形预测也不能成为美国发动战争的理由——包括实施封锁——用一种防御性力量来针对他们所描述的。因为存在着来自肯尼迪及其国会支持者们的这种准则抗拒作用,同时就美国依托先发制人政策究竟应该走多远,国会内部存在着分歧,国会中倡导先发制人行动所能取得的最好结果就是在一个含糊的联合议案中争取到了一段话,表明美国有决心防止在古巴的军事力量"危及"美国安全。然而,这并不是说在任何情况下,反先发制人战争准则都会抑制住美国实力的运用。总统及其国会支持者们所赞同的是一种完全"进攻性"的军事能力,具体地说,如装备了核弹头的弹道导弹就是不能容忍的。尽管肯尼迪从没有明确表示过他将做些什么来应对那种急剧的实力转变,但他暗示过,对美国来说,先发制人军事行动可能是一种适宜的回应方式。根据这种线索,我们发现在美国历史上,在政府高层首次存在着一种给先发制人战争准则界定例外的冲动。

当然,古巴危机的第二阶段开始于核导弹基地被发现之时。假如肯尼迪总统对古巴发动一场军事攻击作为回应,古巴导弹危机就会演变为美国历史上首次先发制人战争,虽然在危机最黑暗的最后几日存在着朝这个方向发展的动向,但在十足的先发制人战争逻辑面前,准则的限制作用并未被完全放弃。正如我们将看到的,先发制人攻击模式被限制为不得进行突然袭击,即能够使人想起日本攻击珍珠港的那种袭击。甚至是在导弹危机期间,肯尼迪政府正经历着极端意义下的威胁时,与珍珠港类似的道德含意,正迫使并以重要方式决定了当局在这一事件中如何处理先发制人选项。

苏联在古巴的常规军备:1962年7月—10月22日

1959年,艾森豪威尔政府欢迎古巴新的革命政府领导人菲德尔·卡斯特罗(Fidel Castro)到美国来与理查德·尼克松(Richard Nixon)副总统和联合国官员进行会谈。然而,之后三年里,美国与古巴之间的关系严重恶化。美国最担心的事是到了1962年,古巴政府已与苏联政府铸成了紧密关系,苏联提供给古巴大量军事和经济援助,包括慷慨的贸易信贷、原油、古巴蔗糖购买协议,以及主要由捷克斯洛伐克提供的、完全是资助的武器。[8]1962年7月底,运往古巴的苏联军事设备急剧增长,这种情况立刻被美国情报人员注意到。[9]虽然直到10月中旬之前,美国并未发现核导弹发射场,仅仅是已宣布的常规集结的明显证据就足以在美国政坛内部引发强烈的危机增长感。副国务卿乔治·波尔(George Ball)在10月初就这种集结获得的最详细证据向国会进行了介绍:"自7月份以来,苏联向古巴船运军用物资量大量增长,共有85船的各类军用物资、补给品和人员已经运达。更多的船只正在途中。"这些物资包括坦克、自行火炮、地对空导弹、反舰导弹、战斗机、装备短程反舰制导导弹的导弹巡逻艇、大量的电子通信及雷达设备,以及4500名苏联军事人员,估计主要是技术人员和顾问。[10]在9月末,苏联宣布将在古巴建设一处渔港,以方便支持其在大西洋拖网渔船的供给,这使得美国对苏联集结的担心更加升级。对国会许多人来说,这个渔港只是苏联潜艇基地的伪装,将会对美国船舶和巴拿马运河构成巨大威胁。[11]

危机的这个阶段,从头至尾肯尼迪政府施加最强烈和持续压力的是美国国会,它要求对古巴采取新的、勇敢的手段。尽管这一过程是共和党人带头,总统自己党派中的精英成员也加入他们中间,指责美国现行的古巴政策显然是不足以应对日益增长的苏联威胁的,而这个政策似乎仅仅比单方面贸易禁运严厉不到哪儿去。最重要的是,先发制人军事行动逻辑正驱使共和党人和民主党人敦促采取行动解决古巴问题。国会中没有人断言苏联军队支持古巴对美国构成了紧迫的或近期威胁。相反,这个问题带来的是随着时间的流逝,苏联实力将随之增长,而且在未来与苏联的武装冲突中,美国将承受更高昂的代价。仅是苏联用这种潜在实力做些什么的不确定性,就已被许多国会观察家们牢牢地掌握了。

要终结这种发展中的实力转变，许多国会成员得出结论，除了现在就依靠军事力量采取行动外，美国别无选择，要么直接入侵古巴、实施海上封锁严禁苏联军事设备和人员进入，要么全力支持古巴反叛力量推翻卡斯特罗统治集团。在古巴问题的国会辩论期间，犹他州共和党人华莱士·贝内特（Wallace Bennett）参议员发言说："继续当前这种漂移和胆怯的政策是致命的……总统说采取行动之前我们必须等待，直到共产党人能够给我们造成现实损害。这期间无法做任何事来防止威胁的增长……立刻采取行动是非常重要的，继续拖延将是极其危险的。"[12]爱荷华州共和党人杰克·米勒（Jack Miller）参议员发出警告，如果美国"允许防御性武器的集结，一旦进攻性武器都安置好的那一天到来，美国在军人生命方面将付出更高昂的代价"。[13]康涅狄格州共和党人普雷斯科特·布什（Prescott Bush）参议员则担心，"随着时间流逝而我们没有做任何举动来阻止正在古巴展开的这种不断的集结，情况将逐渐恶化，因此，到我们必须做点什么来保护自己的那时，就要比现在就做点什么更加困难了"。[14]亚利桑那州共和党人约翰·罗德斯（John Rhodes）众议员引用有着明显战略和道德反响的相似历史，争辩说"如果在三十年代德国军队的复兴被制止了"，就不会发生第二次世界大战了。"一旦变得太晚了，不作为的代价[将付出的]是无数美国公民的生命。"[15]这种先发制人逻辑不仅局限在共和党内，也是参加辩论的民主党精英人士不断重复的内容。密西西比州参议员约翰·斯滕尼斯（John Stennis）发出警告说："一月又一月，一年复一年，这种危险越变越大。它还在增强。美国想要战胜它将变得越来越困难和沉重。"[16]南卡罗莱纳州众议员卢修斯·里弗斯（Lucius Rivers）问道："我们是愿意机会还在我们这边的现在就接受这个挑战，还是……[我们]应该等待，直到机会不再青睐我们？"[17]康涅狄格州民主党参议员托马斯·多德（Thomas Dodd）认为，"局势比总统表明的要严重得多"。然而他承认，"古巴不可能入侵美国"。

第五章
1962年的古巴危机

[苏联的]集结对我们仍然是一种威胁……在我们国内有一种日益增强的看法，一种超越党派界限和政治标志的看法，就是到了勇敢正视这些事实的时候了。这种看法认为我们不能承担任何更长时间的耽误了，因为我们拖延得越久，处理这个问题会变得越艰难……所以，推翻卡斯特罗政权的代价无疑比两到三年后我们将要付出的代价小得多。[18]

多德实际上担忧，美国对"好战"传统的抗拒，会对强力回应古巴问题产生阻碍作用。多德参议员声称，美国在世界舞台上是"业余"的，天真地决定"避免激怒"苏联，尽管"有数以万计的专业人士投身于彻底毁灭自由世界"，美国人"还是在按照十九世纪外交界的昆士伯雷规则来指导[他们自己]"。面临这种致命的威胁，多德呼吁在美国行动中要"终结无知"。[19]

对美国古巴政策的批评自然地转成对肯尼迪总统的指责，亚利桑那州共和党参议员巴里·戈德华特（Barry Goldwater）称，在处理问题上他"什么都没做"。据戈德华特所说："今天在我们面前的是这样一幅羞辱画面：苏联正在我们南门槛外进行一次巨大的军事集结，赫鲁晓夫警告美国不要干涉。而肯尼迪总统举办了一个新闻发布会，并说美国军事介入既没必要，也不公正。"[20]首位鼓动先发制人行动的国会成员，是印第安纳州共和党人霍默·凯普哈特（Homer Capehart）参议员，他走得更远，要求美国发动入侵。"要多久总统才会审视局势？就像他在新闻发布会上告诉大家他正在做的。难道要等到数百计的苏联军队增加到数十万时？难道要等到小小古巴的军事实力增长成为庞大的苏联力量以后？"[21]靠着古巴威胁和军事回应措施的可选择议案的扩大辩论，整个九月，国会都维持着这一议题的势头。肯尼迪政府出于低调处理那类议案的需要，宣称总统已经做好在局势需要时授权动用军事力量的充足准备。[22]共和党人拒绝接受这种立场。纽约州共和党参议员雅各布·贾维兹（Jacob Javits）表达了他所在党的主导意见，他抱怨肯尼迪"正在降低……对苏联军队来到古巴的担忧"，要求总统"就古巴局势的严重性向全国发出警告"。²³ 两位共和党议院领袖，伊利诺斯州的埃弗里特·德克森（Everett Dirksen）参议员和印第安纳州的查尔斯·哈勒克（Charles Halleck）众议员，宣布共和党"将不赞同'不作为'的当局政策"。²⁴ 对共和党和民主党来说，由古巴危机引发的国内紧张，都同样给计划于 11 月 6 日进行的中期选举增添了政治变数。实际上，共和党相信由于肯尼迪政府未能对古巴采取强硬手段，民主党变得脆弱了，以至于在共和党全国大会上宣布把古巴作为"1962 年选举活动的重要主题"。²⁵ 利用这一主题，共和党全国大会主席威廉·米勒（William Miller）指责国会民主党人与肯尼迪一同不愿"承认危险正在增长并采取果断行动来对付它"。²⁶

共和党人是否能够把找到的这一机会转化为实际收获，当然要依赖于公众如何回应共和党的指责，以及如何要求更有力的行动。古巴事件上的煽动在 1962 年秋天对公众观点产生一个明显效果就是：它在认为古巴"是今天国家面临的最大问题"的美国人中间掀起一阵高潮。我们发现在 1962 年 9 月之前，公众对古巴的关注在多个时刻是温和增加的，在猪湾入侵后的 1961 年 5 月达到最大程度，当时 9% 的美国人把古巴列为首要问题。在 1962 年 9 月末古巴问题国会辩论的高峰，把古巴列为最大问题的美国国民比例跃升至 24%。这只比导弹危机时低 7 个百分点（导弹危机时 31% 的美国人把古巴选为首要问题）。同一调查报告显示，有多达 94% 的被调查者声称他们曾经"听到或读过我们与古巴之间的麻烦"。²⁷ 在全美不同城市进行的国家调查和民众采访显示，尽管国会的要求和共和党竞选活动形成的普遍印象是美国在制止苏联集结方面做得不够充分，²⁸ 但究竟应该做些什么，并没有形成一致的公众意见。特别重要的是，9 月和 10 月初的调查发现，只有四分之一的美国人想要先发制人军事选项。当一个开放性问题问道："如果有可能，此时关于古巴你认为美国应该采取哪种行动？"只有 10% 的人回答美国应该发动类似"入侵"、"轰炸"，或"从地图上抹去"等直接军事行动，而另有 13% 的人回答美国应该实施海上封锁，阻止共产主义集团的物资运抵古巴。有趣的

第五章
1962 年的古巴危机

是，我们把对这个问题的回答进行基本类型分析后发现，美国人的观点可以大致分为四类。23% 的回答者建议美国采取某种形式的先发制人军事行动；另有 26% 表明他们支持除了不用军事力量外的其他美国行动（如外交手段孤立古巴或扶持一个流亡政府）；另外大约四分之一（23%）回答美国应该"什么都不做"、"置身事外"、"坐观其变"，或"不要碰古巴"；最后四分之一（25%）回答他们不知道美国应该做些什么。当直接问到美国是否应该"派军队进入古巴，帮助推翻卡斯特罗"，占 63% 的绝大多数不同意，而只有 24% 同意。[29]

尽管肯尼迪总统的反对者们没能把古巴引发的强烈公众兴趣转化为对先发制人军事行动的实际支持，但可以肯定的是，肯尼迪政府感到了压力，被迫表明决心要以某种形式应对苏联的挑战。在 9 月 13 日给总统的一份备忘录中，国家安全顾问麦克乔治·邦迪（McGeorge Bundy）反映了当局感受到的政治压力："在这个问题上国会作为蒸汽机头，是我们见过的最非同小可的事了。"他担心，其结果是政府"可能显得软弱和优柔寡断"。[30] 作为回应，肯尼迪政府开始引入数项政策措施。在外交阵线，美国在美洲国家组织内部推行一项决定，宣示一种集体意图，要阻止古巴向其他西半球国家输出政治或军事颠覆行动。[31] 为了破坏苏联为古巴提供经济援助的基本生命线，当局颁布禁令，不允许运载货物到古巴的任何船只在返程欧洲时到美国港口装载货物。与美国签有合同负责运送美国剩余商品到接受援助补贴的国家、又同时与古巴进行贸易的任何公司，都将因美国的这一计划丢掉合同。此外，所有美国人拥有的船只，不管是不是在美国注册的，都禁止涉足古巴贸易。[32]

最后一项措施确实涉及武装力量。在 9 月初，总统要求国会授权启动激活 15 万预备役军人，以便在必要时能够应对国际紧张局势。根据政府的说法，这是因为必须让美国准备好，以迎接未来一场超过柏林的危机，而不是准备入侵古巴。政府官员们私下里承认，他们希望预备役动员授权的要求能够消除共和党人想发起针对古巴动用武力辩论的想法。[33] 尽管国会在 9 月 24

日通过了总统这项动员授权，评论家和中立观察家们都把这视为一种政治举措，意在移除古巴问题给总统带来的压力。[34] 在9月末和10月初国会压力达到顶峰时，指向古巴的最具体的军事措施才真正到来。肯尼迪总统和国防部长罗伯特·麦克纳马拉（Robert McNamara）给参谋长联席会议下达了明确指令，要强化攻击古巴的紧急策划。实际上，在10月1日，太平洋舰队和陆军指挥官们被命令达到"最佳备战状态"，到10月20日前准备执行开展空中袭击和陆地侵入古巴的现有作战计划。10月3日，太平洋舰队罗伯特·邓尼生（Robert Dennison）海军上将"采取第一项措施，让他的部队做好准备，并命令下属指挥官们准备采取封锁阵形"。[35] 但是，没有证据表明肯尼迪总统在危机的这个阶段想要下令采取军事举动。[36]

事实是，最后当国会要求美国要么实施封锁选项，要么开展军事攻击时，总统和他的国会盟友们艰难地回绝了。最重要的是，这种抗拒主要源于有关断定那种先发制人反应正当与否的条件是否符合准则要求，以及为什么在当前情况下美国行动从道德和法律角度都是错的。他们不断争论的关键一点，就是在古巴的防御性兵力和进攻性兵力存在着重大的不同。主张必须采取先发制人行动的那些人现在嘲笑这种区分。正如一位国会评论者指出的："这些军队是防御性还是进攻性的都是无关紧要的。"[37] 苏联的这种增强态势很可能某天就转变为一种进攻性威胁，仅是这种趋势就足以让许多国会成员认为，在那种情况发生之前必须采取某种形式的军事手段。肯尼迪政府立即否定了这种观点。总统在9月13日的新闻发布会上直接指出："美国单方面军事干涉目前既不是必须的，也不是公正的，而且令人遗憾的是，在这个国家随意谈及那类行动可能正好给了共产党人一个披有合法外衣的借口，托词说那种威胁确实存在。"他提醒听众，美国将保持警惕防止在这一地区发生共产党的侵略，同时指出，对美国来说，同样的举动也是不允许涉足的。"在这个半球我们既不发动也不允许侵略发生"。[38] 在这之前，总统公开宣布不可能发动入侵，说"那将是一个错误"，而且猛烈批评了号召动用武力的国会成员。³⁹ 遏制手段的拥护者们一致认定被运进古巴的军用设备和人员只适用于防御。总统首次阐明这点，是在 8 月 29 日的一次新闻发布会上。当被问到如何回应卡彭哈特（Homer Capehart）参议员指责在古巴的苏联人员大部分是战斗军人时，总统坚持说："我们没有得到军队已经来到古巴的情报。"根据总统的看法，在那里的苏联人员是要帮助古巴人重新振兴管理失当的经济。⁴⁰ 白宫在 9 月 4 日发表的一项声明表明："没有证据显示在古巴有来自苏联集团国家有组织的战斗部队……或其他由古巴掌握的，或在苏联管理和指导下的重要进攻能力。"⁴¹ 在 9 月 13 日的新闻发布会上，总统再次试图要消除美国公众和国会在这方面的恐惧。他首次承认"[苏联军队的]活动在增长"的事实。但是，他继续说："这都处在我们最严密的监视中……我重复上周我宣布过的结论：新出现的这些船载运输不会对这个半球的任何部分构成严重威胁。"⁴²

对当局来说，考虑到被普遍接受的军事行动所具有的防御性质，旨在阻止苏联在古巴集结的美国军事行动的底线，将被视为是明确无误的侵略行径，甚至封锁选项作为一种战争行为也被副总统林登·约翰逊（Lyndon Johnson）和国务卿迪恩·腊斯克（Dean Rusk）排斥掉，然后被当局定为是不可接受的行为。⁴³ 切斯特·鲍尔斯（Chester Bowles）是总统在非洲、拉丁美洲和亚洲事务的特别顾问，出于动用武力的准则含意，他从政府内发出了最强声明，反对动用武力。9 月 16 日在匹兹堡的一次演讲中，以及随后在 9 月 23 日给《华盛顿星报》的一封信中，鲍尔斯谴责了"激动和急躁的极端主义者"号召美国对古巴采取军事行动。他认为：

> 在当前情形下，如果我们循着极端主义者的敦促去攻打古巴，我们将对自由事业造成不可弥补的伤害，我们将从根基上动摇我们对世界事务的影响，给我们在联合国的名声抹黑，以及丧失我们作为道德先锋的传统标榜权力。而同时在这个过程中要毁掉数千个年轻的生命……在面

对"严峻的美国挑衅"时,苏联驻联合国发言人就将假模假式地提出伪善的抗议,指控我们发动侵略的无耻行径。[44]

在当时情形下,反对先发制人战争最明确和最坚决的捍卫准则声音是来自政府之外,是来自承担着为政府反对使用武力进行辩护任务的那些国会成员们。尽管严格地讲,这些观点来源于执行部门之外,但我们仍能够把它们视为是肯尼迪政府所共享准则观念的有效表现。出于尊崇反先发制人准则,肯尼迪的国会支持者们提供了三大种类的论证理由。第一类理由是把先发制人战争行为标上固有的"侵略性"或"好战"标签,完全是美国不能接受的行为模式。这一反先发制人战争特定论据的首次出现,是在辩论中由参议院多数党领袖、蒙大纳州的迈克尔·曼斯菲尔德(Michael Mansfield)提出的,他在9月7日的一次演讲中沉静地发表了这种主张。[45] 宾夕法尼亚州民主党参议员约瑟夫·克拉克(Joseph Clark)认为,"鹰派分子"所要求的是美国应该拒绝的"交战"形式。同时,俄勒冈州的韦恩·莫尔斯(Wayne Morse)参议员——就是他在1955年的台湾危机中发挥了决定性的作用,迫使艾森豪威尔政府和国会大多数鹰派成员承认了反先发制人战争准则——认为,在古巴的防御性集结"是不能判定战争具有道德合法性的"。[46] 犹他州弗兰克·莫斯参议员更进一步地指出:"我们不能回到野蛮人的方式上去……给我们自己加上冷酷恐怖分子的污名。"[47] 按照俄亥俄州杰弗里·柯黑兰(Jeffrey Cohelan)众议员的观点,如果美国没能对寻求先发制人军事行动加以制约,就是在"模仿共产党人的方式"行事,那是美国无法接受的。[48] 反对先发制人战争的第二类理由,是它违反了明尼苏达州休伯特·汉弗莱(Hubert Humphrey)参议员援引独立宣言所说的,美国"对人类观念的体面尊重"。[49] 换句话说,它将违背反对无缘无故动用武力的全球准则。"在古巴之外没有实际或计划侵略的证据,现在就行动",将被"世界看成是赤裸裸的侵略,而且会让美国付出丧失世界道德和理性领导地位的代价"。[50] 最特

第五章
1962年的古巴危机

别的是，俄亥俄州的斯蒂芬·杨（Stephen Young）参议员担心："如果美国现在就攻打，我们将失掉与墨西哥和拉丁美洲许多国家的友谊，这也就证实了赫鲁晓夫称美国是帝国主义者和侵略者的指控。"[51]对莫尔斯参议员来说，如果美国进入战争，美国"就将孤立，就是这么回事"。[52]最后一类理由集中在因为苏联的举动，美国特意违反了先发制人战争准则的含意上面。根据汉弗莱参议员的观点，在先发制人战争是与"我们的军事观念"，尤其是与我们的"外部盟友"意见相悖时，美国"不先建立先发制人战争是合法的规则，是不能够对卡斯特罗发动先发制人战争的"。[53]杨参议员同意这种说法，"美国接受先发制人战争法则，就是向苏联发出了一封可以来轰炸我们火箭基地的邀请信"。[54]

如果国会内部不存在有关苏联增强向古巴军事援助问题的鼓动，在1962年初秋，古巴问题就未必会成为一个明显的政治议题。在10月中旬导弹基地被发现之前，肯尼迪政策的主要反对方共和党所施加的持续不断的压力，是造成笼罩古巴上空危机气氛的主要因素。在先发制人战争问题上要采取什么样的立场，肯尼迪总统自己并没有表明独立的偏向。在9月初，他就古巴引入进攻性武器的严重性向苏联发出公开警告。这还是因一些国会成员宣称苏联已经在发展一支进攻性常规军队，甚至正在安装核导弹的指控而引出的。国会内的鼓动并不只是局限于简单的辩论和政治姿态。在参议院，共和党领导人提出了具有直接政策含意的三个可选议案。雅各布·贾维兹（Jacob Javits）参议员和宾夕法尼亚州共和党参议员休·斯科特（Hugh Scott）分别提交的联合议案，都授权总统在他认为必要时可以采取任何行动，包括用武装力量来阻止在古巴发生的军事集结。普雷斯科特·布什（Prescott Bush）参议员和纽约州共和党人肯尼思·基廷（Kenneth Keating）参议员联合发起了一系列参议院议案，宣称按照门罗主义以及联合国宪章第51款保障的自卫权，美国有权使用所有必要手段来终结苏联对古巴的支配和控制。在众议院，德克萨斯州民主党的詹姆斯·赖特（James Wright）众议员提出了一份修正案，声称对古巴任何苏联武器的供应都是一种敌对及侵略行为，接着又敦促总统采取单方面或多边的任何行动，来"阻止武器和军队进一步被运往"古巴。密执根州共和党参议员威廉·布鲁姆菲尔德（William Broomfield）试图修正最终通过的议案，加上"必须贯彻和强化门罗主义"，可以使用任何政治、经济或军事行动的特定授权，修正案中应坚持认为苏联在古巴现有的力量已经产生了侵犯。[55]

最终，肯尼迪总统和他的立法同盟者们阻止并挫败了国会中要将美国政策推向先发制人战争的所有努力。表面上看，强硬路线者们的失败似乎与国会辩论的大方向是不相一致的，这个大方向是实力转变问题使先发制人军事行动逻辑占据主导。大致上只有19%的众议院成员加入到辩论中，反对强硬的先发制人行动，与之相对的，有81%主张倾向于某种更加有力的回应形式，包括扶持一支古巴流亡军队，以及由美洲国家组织进一步孤立古巴、进行经济封锁或立即入侵古巴。参议院辩论的参与者中，支持某种形式先发制人行动的一方（67%）比倾向维持现状的一方（33%）多达一倍。[56]然而，对先发制人行动的倡导并没有明确集中在某个单一的立场上，要求美国应该采取某种确切的先发制人行动。鼓吹先发制人行动的人当中，只有6%明确倾向于入侵古巴，而31%支持海上封锁。在参议院辩论时，只有13%要求发动入侵，而36%建议海上封锁。国会两院的其他先发制人行动拥护者们根本就没有选择具体的政策措施。

联合议案的文本以巨大的优势得以通过（S.J.Res.230），9月20日在参议院以88对1通过，9月26日在众议院以384对7通过。议案的通过是因为它仅授权使用武力阻止由古巴统治集团发动的直接"侵略或颠覆性行动"。[57]换句话说，美国国会和肯尼迪总统只有在实际发生古巴入侵时，才能一致同意采取一种纯粹防御性的回应措施。另一方面，授权先发制人军事行动在政治上是站不住脚的，也无法获得足够支持。国会议员布鲁姆菲尔德（William Broomfield）的修正案甚至要授权可以采取所有必要的行动以支持门罗主义,这样避免把总统限定在任何特定的政策措施上。这项修正案在众议院投票结果是140对251,未获通过。S.J.Res 230中的第二项操作条款确实明确宣示,美国有决心"阻止在古巴创建或使用一种外国支持的军事能力,以免危及美国的安全"。不像其他议案所呈现的,这个议案远未达到实际授权总统采取任何形式的行动来实现这一目标。在这个最终议案中,没有极力主张或授权一种先发制人军事回应措施,用来应对发生在古巴的实力转变难题。

这项议案中设定的限制,反映出了约束而不是对主动性政策的鼓励,这能够从国会对立的两大阵营就先发制人行动问题的争辩中看得很清楚。俄亥俄州民主党参议员弗兰克·劳希(Frank Lausche)承认他会支持议案,而且无论总统采取什么行动他都会是后援,但他坚持认为美国不能保持"不行动,哪怕议案中的条件被违背时",这指的是古巴实际上发动了侵略行动。印第安纳州民主党众议员雷·马登(Ray Madden)在向众议院介绍S.J.Res 230时,宣称美国"必须勇敢面对侵略",这是所有国会成员共同持有的立场,也是议案授权的。但他警告道,在古巴没有发动入侵时,美国自己不得使用军事力量,否则这种举动将给美国"在全世界的声誉""抹黑"。[58] 由于对先发制人行动的这些限制,许许多多的国会评论家赞同爱荷华州共和党众议员查尔斯·霍伊文(Charles Hoeven)的观点,他很高兴议案对古巴的军事集结进行了谴责,但对议案"没有就这件事要做些什么"感到失望。[59] 许多评论家要求议案多些"骨气",就是要"强硬些",更"果断些",就是要在早期阶段,在威胁演变成进攻性之前,授权使用武力阻止在古巴发生的集结。投票反对古巴议案的国会成员,参议院仅有一人,众议院只有七人,原因只是议案没有授权动用先发制人军事力量。[60] 但是提交议案的一方是失败了;肯尼迪总统和美国遏制政策的国会拥护者们在政治上获胜了。

来自当局以及持相同想法的国会成员对反先发制人战争的强烈反应并不代表早期时代那种纯粹准则观点,指明这一点是十分重要的。在杜鲁门和艾森豪威尔总统任期内，无论敌方在发展哪种军事力量，先发制人战争都被标上非正义侵略行为的标签。然而，对西半球外国势力的地理和美国传统政治两方面的敏感性，迫使遏制政策的鼓吹者承认古巴可能最终会实施某种美国不能忽视的军事挑战。正像在10月上旬《纽约时报》专栏作者詹姆斯·雷斯顿（James Reston）指出的，古巴对美国来说是一个"噩梦"："在我们炽热的眼中，似乎从加勒比阴森逼近的威胁更甚于从其他大陆逼近的威胁，而且占据在美国人脑海里的，不仅仅是因为共产党基地临近身边，而是这是一种能够引起珍珠港回忆的可怕能力。"[61] 其结果是，尽管肯尼迪政府能够向国会评论家们证明，它的遏制政策是适合的，在古巴的军事力量是防御性的，但它必须证实这些条件是不能违背的。具体地说，当局同意如果美国发现苏联正在打造一种确切的进攻能力——仅仅是能力，而不是必须的进攻意图——那么就可以接受为对反先发制人战争准则的一种例外事例。

这给我们带来了一种现象，也是学者们研究不同层面社会组织行为准则时曾经指出的一种现象，有着许多事例表明，在不完全丢弃那些准则的情况下，社会角色有着界定与某些特定准则相例外的情况。[62] 这并不是出于战略目的，或者要用个人优势操着准则性雄辩言辞的一种非坦率尝试，在那些事例中作为行为的制约，准则仍在发挥作用，然而角色们有意识地努力通过各种方式来维持准则，通过将准则禁止的范围加以局限，来展示某种特定行为模式，以应对特殊情形的需求。在古巴事件中，决策者们严肃对待了反先发制人战争准则，也试图限制准则的适用范围，以消除在可怕的特定情况下对军事行动的阻碍。肯尼迪和他的国会盟友们相信，在并不存在进攻能力的情况下就进攻古巴是错误的，尽管存在着一种战略逻辑要推行先发制人攻击，试图合情合理地完全消除那种长期恐惧。而似乎这种进攻性能力，形成了对先发制人战争准则的一种例外情况，并导致一致认可其合法性。

总统在9月13日的新闻发布会上向苏联政府发出了警告："让我把这点再次说清楚：一旦在古巴的共产主义集结……会变成苏联显著实力的一种进

第五章
1962年的古巴危机

攻性军事基地,那么这个国家就会做出所能做的一切来保护自己及其盟友的安全。"更具体地,他指出,"我曾经指出,如果古巴具备对美国实行进攻性行动的能力,美国就会行动。"[63] 在9月4日发布的一项声明中,总统对能在美国政治体系中引发巨大关注的进攻能力进行了界定,假如美国发现"存在进攻性地对地导弹",具备运载核弹头的特殊能力,"将产生严重问题"。[64] 在10月2日的高层备忘录中记载的、紧随这一公开立场的重大意图是被从国防部长麦克纳马拉(Robert McNamara)到参谋长联席会议主席马克斯威尔·泰勒(Maxwell Taylor)上将都支持的。在备忘录中,麦克纳马拉指出:"在1962年10月1日我与参谋长联席会议的会见中,偶然就哪种针对古巴的军事行动可能是必须的,以及我们的军事策划应该朝向哪个方向产生了疑问。"其次,仅仅指苏联针对柏林的西方势力的行动,麦克纳马拉举出"证据,指出卡斯特罗统治集团允许在古巴土地上或在古巴港口布置大量进攻性武器系统"。[65] 尽管肯尼迪政府内没人会公开指出要用武力来摧毁核导弹,但国会中总统的一些坚定支持者们明确地表达,他们赞同在这种条件下对反先发制人战争准则破例。加利福尼亚州民主党参议员克莱尔·英吉尔(Clair Engle)为肯尼迪当时对古巴的"观望等待"政策进行辩护,直言不讳地宣称,如果发现携带核弹的地对地导弹已被部署在古巴,"我们必须立即采取行动……我们的目标是要清除掉〔它们〕"。[66] 曾反对"极端主义者"的汉弗莱(Hubert Humphrey)参议员呼吁,现在就采取军事行动,同意如果这种特种威胁显现,"我们就得去除它"。[67]

就进攻性兵力而言,尽管总统公开持有坚定的腔调,但十分明显的是,总统仍没有轻易接受这样的观点:先发制人军事行动的战略逻辑在那种行动中应该作为王牌打出,而不受准则的约束。研究这一议题的法律小组和对9月4日总统发言进行审慎考虑的白宫提供了可分辨的证据,表明因进攻性武器而接受对准则破例的先发制人战争时,曾经反复迟疑过。在1962年8月中旬,法律顾问办公室的助理大法官诺伯特·施莱(Norbert Schlei),被司

179

法部长罗伯特·肯尼迪（Robert Kennedy）指定准备一份对美国针对古巴行动选项的法律分析。正如施莱描述的：

> 尽管所有的报告都证实 [在古巴] 是防御性的短程导弹，估计是总统可能考虑应该对苏联发表某种形式的警示宣言，以便让他们提前知道我们是不会容忍安置远程弹道导弹的。罗伯特·肯尼迪称，在那样做之前，最好是我们应该做一项认真的研究工作，弄清楚按照国际法，美国是否能够采取行动阻止在古巴安置远程导弹，以及可能采取哪种形式的行动。[68]

施莱对使先发制人战争合法化的研究给出了两个有力的结论。第一个结论是："十分清楚的是，在缺少他们正在发动即刻入侵攻击行为的证明时，先发制人行动通常不会使阻止导弹基地以及其他军火的存在变成合法的。"第二个结论是：尽管联合国宪章和美洲国家组织章程都没有表示，"禁止在发生武装冲突之前采用单方面的先发制人行动用以自卫……忠于那类组织的规定，无疑伴随着承诺在采取单边行动前要尽可能遵从组织的程序来解决问题……在任何情况下，美国更是承诺将集体安全程序作为一项政策"。[69]那么，备忘录做出了大胆的努力，要超越反对单方面先发制人行动的那些法律和准则限制，认为1823年的门罗主义实际上已经为西半球确立了"更少的限制条件"。按照施莱的描述，"门罗主义是这样确定的，为了隔绝来自非美洲国家的冲突，不使美国面临和平及安全的危险，由一种非美洲实力对美洲区域实施占领和控制都将被视为构成了足够的危险，能够使美国实施……自卫的权利"。[70]

在9月和10月的辩论中，这种对门罗主义的呼吁，的确被支持针对古巴动用先发制人力量的许多国会成员当作正当的辩护理由。[71]实际上，施莱试图明确表达核导弹事件是反先发制人准则的例外。尽管反对无缘无故入侵

第五章
1962年的古巴危机

的全球准则和法律束缚可能会禁止这样做，施莱争辩道，在西半球美国已经授予自身放弃反先发制人战争准则的权利，以便在这一地区促进所有国家的和平与稳定。然而，肯尼迪总统立即否定了门罗主义的松散准则基础。9月4日，在白宫讨论那天稍后将要发布的总统信息的会上，施莱因提及门罗主义而遭到肯尼迪总统唐突的挑战。"'门罗主义，'他厉声向我说道，'到底是个什么东西？'"[72]肯尼迪总统要求从宣言中去掉所有门罗主义的内容。"肯尼迪总统不是在寻找一种准则性或法律方面的证据，要为针对在古巴的军事集结而发动先发制人攻击提供理由。然而国会中的鼓动、即将来临的国会选举，以及他在1960年总统选举时发出的对古巴早期强硬路线的态度，都迫使他在这个问题上阐明一种公开态度。在没有这种外来政治压力时，肯尼迪一点儿都没有显示出在先发制人战争问题方面存在着倾向性。很显然，美国人有着认为古巴是苏联一个进攻基地的看法，这种看法的敏感性使得肯尼迪在政治上很难做到在所有情形下都不青睐先发制人战争，就像杜鲁门那时一样。因而这反映出是对他前任们所表达的纯粹反先发制人战争准则的一种重大背离。反过来，在最坏的情形下，实力转变的推测变为现实时，对反先发制人战争准则的这种异议为发现导弹基地后肯尼迪政府的回应提前做好了准备。

古巴的苏联核导弹：1962年10月16日—10月28日

1962年10月16日清晨，肯尼迪总统被告知，由于古巴正在建设能够到达美国大部分地域的导弹发射场，苏联在古巴的军事集结已经达到了一个可怕的转折点。在得知这一发现时，总统真的很震惊。他不仅相信，对位于古巴的苏联核导弹的严重性，他所发出的警告能够吓唬住赫鲁晓夫采取那种行动，他还相信，赫鲁晓夫不会愚蠢到无论美国人警告与否都要首先采用那样一种冒险举动。[73]尽管有记录表明如果那种局势发生，总统会支持某种形式的行动，但认为他对这种场景的清楚表态主要是想要结束国内对他的批评，这样的看法是十分公正的。那时候，他也不相信他会真的面临这种时刻，要做出动用军队进行先发制人行动的决定。

假如在这个问题上存在着国内的期盼和国际上对政府的看法,就很容易理解肯尼迪和他的顾问们为什么很快决定导弹是不可容忍的,以及无论采取什么方式都必须移除。在对这个问题进行审议的头一天,总统回顾了这种期盼:"上个月我说过,我们将不能[允许这样]。上个月我说过,我们不应该担心。但是当我们说我们不能允许时,他们却先行一步这样做了,而之后我们什么也不做,那我会认为我们所能承受的风险增加了。"[74] 对肯尼迪总统来说,最终目标是明确的:"我们是要除掉那些导弹的。"[75] 当然,最重要的问题是肯尼迪政府如何去实现这一目标。在10月16日星期二至10月21日星期日期间,国家安全会议的执行委员会,一个专门策划行动计划和管理危机的特别组织,对一系列选项进行了研究,这包括外交手段、海上封锁以及对导弹基地的空中打击,直至全面入侵古巴废黜卡斯特罗政权,就是因为肯尼迪总统已决意要看到导弹移出古巴。在整个危机阶段,美国是否会实际发动某种形式的先发制人军事攻击,这是遗留下来没有弄清的。赫鲁晓夫主席在10月28日达成协议移除导弹,这一举动拯救了总统,使他不必做出最终决定。

尽管危机得以和平解决,整个对抗过程中先发制人战争作为一个选项被严肃考虑,这个事实是不变的。肯尼迪总统似乎最终放弃了如果苏联不移走导弹,美国就将不得不动用武力来摧毁它们的主张。事实上,在10月22日,肯尼迪总统向他的助手们承认,"闪电袭击的主意是很有吸引力的,而直到昨天早上,实际上我也没有放弃那个主意"。[76] 同一天他也向国会领导人承诺,如果封锁和外交手段无法达到美国目标,他就将诉诸武力。[77] 在10月27日这个"黑色星期六",空袭和入侵再次看起来是不可避免了,那一天白宫收到来自苏联的一个信息,彻底击破了达成妥协解决方案的希望。在那时,如果苏联不同意移除导弹,三至四天内美国就要开始进行空袭。[78]

一场可能发生的先发制人攻击明显是投机行为,对总统的那些顾问们及学者们来说也是争论的起因。特德·索伦森(Ted Sorenson)是肯尼迪总

第五章
1962 年的古巴危机

统最亲密的助手之一,并自他死后是肯尼迪荣誉的踏实捍卫者,他在自传中认为,肯尼迪总统"受到在接下来的星期二(1962 年 10 月 30 日)采取[空袭]行动的压力,这种压力迅速而无法抗拒地增长,使得局势必定恶化下去"。[79] 然而,数年后,索伦森与肯尼迪的其他顾问们一道,排除了对古巴攻击会升级的可能性。对这个问题,索伦森持矛盾看法:"我完全相信总统已下定决心不会踏上冲突升级的台阶。但我无法确切知晓,如果我们不能立刻[从苏联]得到回答,究竟会发生什么。对我们来说,坐在这里称我们有一个不要战争的意志坚强的总统,以及那里不会发生战争,这是非常容易的;但这里有着巨大的压力要求我们做些什么。"[80] 前国防部长麦克纳马拉(Robert McNamara)指出:"如果肯尼迪总统将在星期一或星期二发动攻击,那么他会提前告诉我,以便我们能做必要的准备工作。他没有告诉我,因此我不认为他会发动攻击。"[81] 但财政部长道格拉斯·狄龙(Douglas Dillon)——危机中公认的"鹰派"——反对这种说法:

　　一旦我们准备好了,我想我们应该行动……我很惊讶有那么多的宣言……那些接近总统的人声称我们绝不会做任何举动,而且我们会陷入泥潭。我想他们这样说主要是要维护肯尼迪总统的形象,那是他们认为他应该表现出的形象。你想,他们认为他应该作为绝不会发动战争的和平人士来被人们缅怀……我认为肯尼迪是一个坚强的人,尽管他不会喜欢轰炸和入侵古巴,但我完全相信,如果我们没得到苏联的回答……那么,在下周的某个时刻我们将会发动攻击。[82]

不管肯尼迪总统是否将授权向古巴发动攻击,在他的行政当局内部正在对先发制人战争战略选项进行角力,这是一个明确的事实。尽管在当局内部有着一致观点,认为古巴核导弹将形成一种苏联进攻能力,但并不存在确切的恐惧,认为苏联会实际动用这些导弹对美国进行迫在眉睫的攻击。那么,动用任何军事力量消灭这些苏联导弹的行动就不能被认作是一种抢先攻击。相反,关注点是这些导弹将促成一种看法的形成,即美国和苏联之间相对实力的转变是苏联随着时间的发展从政治上操纵而产生的。[83] 假如美国发动攻击来扭转这种实力转变,那就肯定是被先发制人战略逻辑激发出来的。但结果不是选择对导弹基地及其军事支持设施发动闪电空袭,或发动入侵干掉卡斯特罗政府,美国采取了施加海上封锁的政策。尽管封锁也是一种先发制人军事行动形式,但它不足以构成事实形式的先发制人攻击。

当然,关键问题是,为什么当局拒绝用先发制人攻击来摧毁核武器基地?是不是有什么证据支撑住了反先发制人战争准则,从而形成了国家安全会议执行委员会(ExComm)追求的审议和行动程序?据罗伯特·肯尼迪(Robert Kennedy)对危机的回忆录记载,在危机最初几天,当肯尼迪和他的顾问就美国应该采取的公开行动进行争辩时,道德议题是他们首要考虑的。罗伯特·肯尼迪断言美国的"传统和历史"将不允许进行突然袭击,这种袭击把"炸弹下雨般扔到古巴,杀死数百万的民众……我根本看不出为了我们的国家,我们怎么能够接受那种行动方式"。肯尼迪承认,其结果是,"最初几天里,我们在这个道德问题上比其它任何一个问题花费的时间都要多"。[84] 在导弹危机解除后,最早的新闻报道立刻引用匿名政府官员的话,解释制约美国人的"压倒性因素"是"普遍性的看法,认为一场突然袭击是与国家的传统、历史和志向相抵触的,将是与挑衅不相称的一种回应,而且这将永久损坏总统在国际关系中倡导负责任行动的能力"。[85] 有关道德关键性作用议题的这种宣称是否是正确的,马克·特拉奇滕伯格(Marc Trachtenberg)挑战了罗伯特·肯尼迪的说法,他认为"从回忆录文献得出的图像必定是失真的……有关20世纪60年代初期的回忆应该经过了多层情感滤网的过滤"。通过重温1984年解密及公布的10月6日首次国家安全会议执行委员会的会议录音带,特拉奇滕伯格发现罗伯特·肯尼迪在多个场合的主张是偏向入侵的,并且认为看起来美国与苏联之间因导弹问题发生武装冲突是不可避免的，甚至是必然要发生的。[86]从1984年起，整个危机阶段的执行委员会文件得以公开，包括大量原始的、之前保密的文件和危机审议过程中参与者之间会见的详细文本材料。这些附加的材料资源为评价危机中罗伯特·肯尼迪有关准则抗拒中心作用宣称的有效性，提供了一种完整的明证。

下面的内容支持了反先发制人战争准则确实在危机中制约了美国最初的举动。这并不是说肯尼迪的顾问们"在道德问题上……比其他任何一个问题花费了更多时间"。这明显是关于罗伯特·肯尼迪角色的一种夸大。对10月16日至10月21日间文本材料进行的详细回顾，揭示出执行委员会（ExComm）成员们确实花费了他们大部分的时间，用来讨论可能选项的战略价值以及空袭和海上封锁准备工作的技术要点。认为罗伯特·肯尼迪他自己有时在问题的准则观和战略观方面深深地陷入矛盾，这也是公正的。尽管对罗伯特·肯尼迪想法的某些方面产生怀疑，对现有记录材料的回顾表明，在古巴导弹危机阶段，反先发制人战争准则采用了一种"不要闪电攻击"的形式。正如执行委员会成员们就突然空袭选项对公开海上封锁选项产生争执一样，对突袭的准则性排斥，尤其是在与日本对珍珠港的先发制人攻击进行比较后，发生了转向并损害了倾向空袭的战略理由，并使重要顾问们及总统本人倾向于把封锁作为公开手段。在危机的稍后阶段，我们发现那些顾问们，如罗伯特·肯尼迪、麦克纳马拉和腊斯克，都相信发动封锁后再实施空袭就不再具有同样的负面含意了。只是"突然"攻击在准则上是成问题的。如果军事攻击最终是必须的，那么公开进行封锁就将释放对当局的道德约束，不再是具有模仿1941年日本举动的含意了。

国务卿迪安·腊斯克（Dean Rusk）在情报官员10月16日完成向总统的情况汇报后，立即向执行委员会介绍了"闪电、非通告攻击"选项以供审议。[87]在第一天展开的讨论中，支持对古巴进行先发制人军事进攻的战略逻辑具体化了，伴随着对这一基本选项的强烈支持，显现出拥护这一最佳选项的倾向，要把它作为确保苏联导弹绝不会变成可操作的手段。尽管承认会带来军事风险，尤其是战争升级，以及很有可能空袭后将不得不随之进行入侵以彻底根除这种进攻能力，军事攻击的支持者们只是认为成功的前景远大于单独采取外交行动，或对苏联进攻性物资的输入渠道进行封锁。[88]参谋长联席会议（JCS）正好先于执行委员会（ExComm）10月16日的首次会议之前召开会议，一致同意"威胁是很严重的，必须要求美国通过军事手段去除导弹"的观点。据这次会议的记录，"参谋长联席会议同意最可取的结果应该是：获取更多的情报；对导弹、机场、鱼雷快艇、萨姆导弹［地对空导弹］和坦克发动突袭……准备开展入侵行动"。[89]在总统决定明确的行动方式之前，在审议阶段关键性的整个第一周内，参谋长联席会议的这一立场都保持着一致。10月18日的一次参谋长联席会议期间，执行参谋们反对与苏联进行"前奏性的政治接触"，以便保持突然性所具有的战略优势。他们觉得可接受的最低行动方式是"全面封锁以及对所有重要目标进行空袭"。[90]第二天上午，参谋长联席会议主席泰勒（Maxwell Taylor）上将向执行参谋们通报了前一天白宫辩论的情况，并告诉他们他的印象是"朝向政治行动外加封锁的趋势是越来越明显了"，他相信这也是肯尼迪总统所倾向的。联席参谋长们再次确定，他们推荐的将是"对广泛目标的突然攻击"，加上一场"全面封锁"。[91]

从纯粹战略角度来说，支持者和反对者似乎都一样同意前总统艾森豪威尔的观点，当他在听取中央情报局（CIA）主任对危机的简要汇报时，曾指出，"从军事角度讲，突然攻击是最佳的"。[92]一场不引起注意的军事攻击被视为是确保能消除古巴苏联导弹的最佳途径，并且特别重要的是，能够防止在美国发出警告或最后通牒后"苏联人会藏匿他们的导弹"。正如10月19日空军参谋长柯蒂斯·利迈（Curtis LeMay）上将向总统解释的，"除了军事行动外我们别无选择。如果我们采用建议封锁的这种政治行动，首先将要发生的事情是你的那些导弹将会消失在树林中，特别是你的那些机动导弹。那么，不论我们做什么，我们都找不到它们了，而随后如果我们试图做些什么，我们就得承受一些损伤了"。⁹³肯尼迪总统同意这点，他指出，"你总不能宣布现在起四天以内你就要去除那些导弹。他们也可能在三天内宣布他们要在导弹上装上弹头"。⁹⁴在10月17日给总统的备忘录中，狄龙（Douglas Dillon）断言，外交目标方面的拖延"将导致古巴对美国使用核武器这样无法接受的[攻击]风险，我倾向于早些发动像空袭行动的攻击"。⁹⁵泰勒上将在10月18日指出，定期飞行侦察揭示苏联正在"迅速取得进展，让他们的武器达到可操作状态"。⁹⁶美国这边的耽误会让导弹变成可操作状态，如果美国不"现在就行动，导弹就将以那种方式隐藏起来，以致我们无法找到它们"。总统同意泰勒上将的说法："每一天，导弹威胁都变得更加恶化，回头来看，我们可能希望我们早就做了我们现在正准备做的那些事情。"⁹⁷

与其它选项相比较，闪电攻击更具有吸引力。当麦克纳马拉首次审视三种基本行动类型时，他专门排除了外交手段，因为外交手段"很可能得不到满意结果"。⁹⁸泰勒上将指出，根本不"可能通过封锁阻止苏联人将弹头部署到古巴，因为建立一种有效的空中封锁存在着巨大困难"。⁹⁹他特别提到，苏联人也能够用无法被美国船只监测到的潜艇来运送弹头。此外，现在进行封锁对已经运到古巴等待安装的导弹不起任何作用。财政部长狄龙，当时正领导着执行委员会（ExComm）的一个小组为空袭构筑理由，他准备的备忘录声称，只有空袭这一选项能够"把古巴领土上对美国的军事威胁去除掉"。¹⁰⁰有趣的是，在问题的准则观念方面罗伯特·肯尼迪（Robert Kennedy）作为执行委员会最具影响力的成员当时正深受赞誉，他直接基于先发制人战争的战略逻辑为袭击古巴提供了最清晰的正当理由。在10月20日他声称，"着眼未来，如果我们决定面对苏联威胁，坚持住，并且现在就消灭它，对我们的子孙将是最好的选择。将来某个时刻再这样做，那时的状况就必定更加不利于我们，风险将会更大，成功的机会更渺茫"。¹⁰¹

尽管罗伯特·肯尼迪高声调清楚表达的这种先发制人战争逻辑以及一场突袭的军事优势已经被执行委员会大部分成员们反复及更详细地论述过，总统做出的重大决定却是否决了这一选项，采用了海上"隔离"或封锁。这个决定更大程度上肯定是出于战略考虑而推出的，即它避免了发生直接武装冲突以及从一开始就升级的危险。然而这个决定绝不是单纯由战略因素决定的；在促使执行委员会远离突然袭击选项以及选择把封锁作为一项更具吸引力的公开行动方面，反先发制人战争准则发挥了决定性作用。这并不意味着先发制人战争已被彻底否定。正如前面提到的，如果苏联不接受美国人提出撤除导弹的要求，肯尼迪政府是准备袭击及入侵古巴的。我们并未发现曾表达过一种纯粹的反先发制人战争准则，将动用武力置于战略选项之外。对执行委员会的数位重要成员以及最顶层的总统来说，用准则性条件判断，一场美国的闪电袭击是被视为与1941年珍珠港的日本人闪电袭击没有差别的。对承认这种让人失去信心的相似性的那些人来说，空袭选项不仅会形成巨大的军事风险以及其最终效果存在不确定性，一场突袭也将迫使美国去承担实施奸诈侵略行径的道德重负。而且只有在承认是由于担忧实力转变而引发出先发制人行动，以及用来阻止迫在眉睫攻击的行动不是一种合法的防御行动时，其侵略特性才能被理解。从准则角度看，这在两个层面上不可接受：(1) 美国自己都无法接受的、对美国品质显而易见的违背；(2) 美国将承受国际上谴责其侵略行为的道德重负，因而削弱全世界对美国的支持，并给将来的苏联举动创设了范例。这些同样也是初秋国会里先发制人攻击反对者们的理由。

尽管其他的执行委员会（ExComm）成员们把罗伯特·肯尼迪（Robert Kennedy）作为古巴导弹危机期间发出最具影响力道德立场呼声的人物来回忆，但是首先从准则角度明确表达反对闪电袭击理由以及提出具有类似珍珠港负面作用的人物是副国务卿波尔（George Ball）。在10月16日晚上，国防部长麦克纳马拉（Robert McNamara）阐述可用于解决难题的基本选项时，波尔力推封锁选项，认为应该将其作为一种能够避免空袭缺点的美国强力回应措施加以考虑。对后一种选项，波尔宣称："这里又来了一个珍珠港，真的是让我见了鬼了，好像躲不过去似的。"[102] 他随后的评论表达了对这种重大行动军事后果的忧虑。然而，第二天，波尔从这一点上更进一步，转到一种准则方面的理由上来了，这对总统的想法、对司法部长和国务卿产生了直接影响。波尔断言："一种强权绝不应该以违反其自身传统来行事，否则就将失去其在世界上的权威。"[103] 他在 10 月 18 日给总统的一份备忘录中更明确地表达了这一立场。在备忘录中，他认为闪电空袭，

> 远不能建立我们的道德优势……实际上，采用完全与我们传统相矛盾的行为方式，追求一种行动形式，会直接阻扰我们在历史过程中所一直争取的一切，将造成文明世界之间的疏远，而且以世界的观念会宣判我们是伪善者。我们把日本人审判为战争罪犯，是因为他们对珍珠港发动了偷袭……我们曾经在联合国和其他世界会议中设定了一条牢固的界线，坚决反对用核武器进行突袭的危险行为。我坚定持有的观点是，我们不能对古巴发动闪电袭击，不能毁掉我们的道德立场，不能疏远我们的朋友和盟友。[104]

波尔在 10 月 18 日的执行委员会（ExComm）会议上坚持这种立场，进一步宣称一场珍珠港式的突袭是"人们可能希望由苏联发动的那类行为，而不是人们希望由美国发动的行为"。[105]

波尔在他的回忆录中指出，在同一天，国务卿腊斯克（Dean Rusk）的闪电袭击选项立场发生了戏剧性转变，那是因为他现在明白，"如果我们事先没有征求美洲国家组织（OSA）和联合国的同意，就率先去对付苏联人了，我们将招来广泛的非难之声"。[106] 在那天上午的执行委员会会议上，这种观点由腊斯克的评论表达出来，当时他正在讨论在涉足军事行动之前要做到"问心无愧"的重要性。他主张美国不仅要避免第一次世界大战前无意中致使战争升级的悲痛教训，也要采取能够维持住公众支持的行动方式。"在第二次世界大战中我们问心无愧；珍珠港攻击激发出对希特勒行为的全面反

击。在朝鲜事件中,我们遭受到朝鲜有组织的大规模侵略,而我们是在得到联合国准许的情况下开始反击的。"他得出结论,升级风险和良心上的收获,这两方面都"将在使赫鲁晓夫倾向协商的过程中发挥作用"。[107] 同他之前 NSC 68 的作者们一样,腊斯克相信,在这种情形下为发动战争负责的有害效果,将会削弱人们应对军事困境的决心,在这次冲突中,这种情况会不可避免地展现出来。

有显著的证据表明在 10 月 18 日的会议中,肯尼迪总统和罗伯特·肯尼迪(Robert Kennedy)很快就接受了波尔(George Ball)引用的珍珠港事例。在美国应该如何在政治上为攻击做好准备的一场讨论中,总统采用了必须首先宣布的建议。"明天下午我将就导弹事件发表宣言,并要说我们将把国会召唤回来……以便让大家都明白这点。这不会是那种意义上的珍珠港。我们曾告诉过大家。"[108] 罗伯特·肯尼迪接过总统的观点并宣称:"我想乔治·波尔那家伙确有好点子。"被要求说明后,波尔和肯尼迪一同指出一场突袭会给美国带来的道德负担。波尔称之为"你的余生都将在额头上带着该隐(Cain)的标记"。司法部长同意道:"我们已经同苏联斗争了 15 年之久,要防止他们对我们发动率先一击。现在,从利益出发,我们对一个小国家那样做。我认为那样的话确是要承受这种负担。"[109] 在 10 月 19 日有关政策选项的一份备忘录中,总统顾问特德·索伦森(Ted Sorensen)总结出坚持美国在攻击前应提前告知的那些人的理由:"在政治方面存在一种强大看法……美国[不能]被标上鲁莽侵略者的标志,而且因为用武力打开了通往可以用任何可能方法的暴力世界的那扇门,这个政府会永远被诅咒。"[110]

接下来数日,罗伯特·肯尼迪一再强调这一主题,使他自己成为执行委员会所有成员中对这一难题的准则性观念发出主导声音的重要人物。在 10 月 19 日,总统离开了白宫,而他的顾问们因空袭或封锁分裂为两大对立派别时,罗伯特·肯尼迪担当起主张封锁一派的领导,反对空袭,"因为所有有关珍珠港的记忆以及过后世界会变成什么样子对我们意味着的情形。175 年来我们都不是那类国家。一场偷袭不是我们的传统。在未获警告的情况下,数以千计的古巴人会被杀死,而且也会有许多苏联人"。[111]10 月 20 日总统再次参与了执行委员会(ExComm)的讨论,司法部长主张封锁选项,如有需要再跟随空袭。他发现这样结合很有吸引力,因为这样"能够从空袭途径具有的珍珠港闪电袭击观点脱离出去"。[112] 最终,于 10 月 21 日,总统做出决定的那一天,他询问了罗伯特·肯尼迪(Robert Kennedy)和中央情报局(CIA)主任约翰·麦科恩(John McCone)两人的最终选择。根据与会国防部长所作的纪要,罗伯特·肯尼迪再次表明他对空袭的反对立场,因那会是"一种珍珠港式的袭击"。[113]

尽管对罗伯特·肯尼迪在这一战略难题上的立场没有什么疑问,在总统顾问们的审议中及总统最终决定同意进行封锁时,这种立场是否确实发挥了影响作用?危机中参与者的回忆录以及当时的记录明确显示,罗伯特·肯尼迪反对"突然"先发制人战争的准则性理由,在引发对空袭选项的怀疑过程中确实起了决定性的作用,并且致使大多数执行委员会成员最终支持将封锁作为公开措施。这肯定不是降低空袭吸引力的唯一因素;存在军事升级的危险以及承认空袭不可能保证摧毁所有的核导弹基地及设备,这两点也是很重要的。[114] 但当我们回顾执行委员会成员在讨论罗伯特·肯尼迪的作用和立场时所发出的那么多各样的声音,以及在危机第一周的最后几天里高层官员们使用的言语时,发现其中反复出现了准则角度的反先发制人战争立场。例如,在 10 月 20 日与总统的会议中,麦克纳马拉不再讨论两种选项,只是指出封锁的有利及不利之处,封锁也是他所倾向的。他的四项有利点中,前三项反映出了罗伯特·肯尼迪曾用过的言辞:"1. 将不会使我们与盟友间产生大麻烦。2. 避免了向古巴发动闪电袭击,那是与我们传统相抵触的。3. 这是与我们作为自由世界领袖地位相称的、唯一的一种军事行动形式。"他在最后一项中指出了不采用会促使冲突升级的突然袭击举动在军事方面的有利之处。[115] 稍后,也是在那场会议中,国务卿腊斯克(Dean Rusk)响应了麦克纳马拉的主张，他支持反对空袭："一场突然空袭在法律或道德上都得不到支持，那么因此，必须被排除掉。"[116]

表明对罗伯特·肯尼迪的确产生了影响、非常说明问题的证据，是数位空袭的忠实拥护者发现他的道德理由致使他们视为问题核心的现实战略议题，令人沮丧地发生了偏移。据当时任助理国务卿的保罗·尼采（Paul Nitze）说，"我们在一个大国攻击一个小国的道德方面无休无止地争辩……难道攻击导弹基地能成了类似珍珠港的行动了吗？等等"。[117]前任国务卿迪安·艾奇逊（Dean Acheson）是被总统请来参加执行委员会会议的，在10月19日不再参加会议了，因为他对罗伯特·肯尼迪"思想上的困扰"以及他在执行委员会的工作成效感到十分失望。[118]把自己称为"自始至终双倍鹰派"的泰勒（Maxwell Taylor）上将指出："鲍勃·肯尼迪的珍珠港理由不会对我有多大影响，因为肯尼迪总统在上周已经明确警告了苏联人和卡斯特罗，在古巴着手建立一种进攻性导弹基地的严重后果。"对泰勒而言，美国的一场突然攻击根本就不是令人意外的；因此，它不会因具有珍珠港相似性而受到玷污。泰勒虽然不同意罗伯特·肯尼迪的观点，但他也注意到道德理由被司法部长"有说服力地"论及到了，以及在这种立场后面重要的执行委员会成员们已形成了一种结盟。[119]受肯尼迪理由影响最大的执行委员会强硬路线者是财政部长狄龙（Douglas Dillon），他一开始就领导着赞同空袭的工作小组。狄龙承认到危机的第四天，"我最终同意了鲍勃·肯尼迪，那个时刻对古巴的一场突然攻击是不可接受的，因为它太像日本人对珍珠港的袭击了。如果我们像那样攻击，我们就要放弃我们从第二次世界大战以来一直在争取的理想"。[120]狄龙对这种理想的进一步遵从，表明作为领导人的个人在审议阶段阐明和推进准则性理由方面所发挥的显著作用是十分重要的。狄龙指出：

一开始，我并未想到珍珠港的相似。根本没有这种联想。我想我注意的焦点都在苏联人的挑衅……以及将[导弹]尽可能迅速去除的强烈要求上……头一天或两天后,鲍勃·肯尼迪非常激动地开始谈及这种相似性。我明白这种相似性会被苏联人利用,用来作为一种宣传武器……我得出结论,放弃立即空袭的军事利益可能是值得的。[121]

从泰勒上将的视角看,10月20日的白宫会议"不是我们的好日子",因为在这天,执行委员会决定实施封锁选项。那天晚上在他给其他执行参谋们召开的情况通报会上,他解释说:"[封锁]的合理性是,我们不想在美国记录上留下'珍珠港',以及我们想保护毫无准备的盟友们不会受到报复。"[122]10月21日,在早上的执行委员会会议后,泰勒上将重复了这种结论:"珍珠港情结已经对白宫的好人产生影响了……不会再有空袭了。"[123]

当置于判断封锁决定的位置时,总统亲自使用了有关珍珠港耻辱的准则性语言,来支持这种战略理由。总统对空袭考虑最多的,就如他在10月22日向他的顾问们所解释的,是美国将会面临"所有珍珠港的困难",而实际上无法摧毁所有的重要目标。前一天,战略空军司令部负责人斯威尔上将承认,即便是大规模攻击,空军也无法保证能将所有的导弹都有效地消灭。尽管总统承认,"从一开始,闪电攻击的主意就非常有吸引力",但是军事上的不足和珍珠港类似性两者结合起来,使得总统采纳了封锁行动。[124]在稍后的讨论中,总统回到了罗伯特·肯尼迪的准则性理由。"现在,鲍勃提到了珍珠港。难道这种举动能证明我们现在的作为是有理的吗?这就是将会在我们与盟友们的讨论中引起大麻烦的问题之一。"[125]在10月22日得出结论的清晨会议上,肯尼迪总统向他的顾问们强调指出,绝不能承认空袭选项曾被认真考虑过。"我不能说得很明显。这是本周我们考虑过的选项之一,我不想让这个情况存在……它会变成一个宣传方面的话题,是美国政府曾认真考虑的事情。"然后罗伯特·肯尼迪建议,如果最终问题被提及,"为什么你不攻击,或为什么你不用空袭,就说不考虑是因为基于这样的事实基础,我们不能采用珍珠港类型的举动"。总统同意这样对美国人能讲得通:"好吧……我想那是最清楚不过了。"[126] 那天总统再次提及了珍珠港类似性,那是在他面临来自国会主要成员们的强烈反对的时候,那些人认为封锁是一种太软弱的回应措施。总统就发现核导弹基地发表电视讲话前,在给一个国会选举小组通报情况时,乔治亚州民主党参议员理查德·罗素(Richard Russell)认为战争是不可避免的,而当前的局势给发动攻击提供了最好时机。在回应罗素时,肯尼迪总统重申了军事——道德立场,解释空袭易犯的错误:"那么你将进行珍珠港式的攻击,而你只能摧毁一半[导弹]。"[127]

从宣布封锁次日的10月23日,到10月28日苏联同意撤除导弹,这期间的执行委员会(ExComm)会议记录揭示出,在后来有关海上封锁引发冲突升级可能性的所有讨论中,根本没有任何记录提及美国可能的军事行动所牵扯到的准则方面含意。最后一次提到珍珠港类似性和关于美国人行为准则约束的重要性是在10月22日总统与国会成员的会谈中。把发起封锁以及与苏联进行外交交涉作为公开举动,解决了突然攻击的窘境。假如最终美国实施了空袭并入侵古巴来去除导弹,这明摆着会成为一场先发制人战争事例。但当肯尼迪政府官员们对升级选项进行角斗抉择时,没有人,包括罗伯特·肯尼迪,提出对那种攻击先发制人特性的准则角度反对意见。总之,并不是先发制人战争导致在危机第一周的反复思虑,而是因为这种突然的先发制人攻击导致了这种思虑。一旦苏联人曾提供了和平解决危机的机会,很明显先发制人攻击就不再被视为准则上存在问题了。其结果是,在危机的其余阶段,总统和他的顾问们从一种战略角度来考虑升级选项时,出于关注升级至全面战争和一场武装冲突可能造成的巨大代价,会显露出不愿选择及施加限制。

由国务院政策策划委员会主席沃尔特·罗斯托(Walt Rostow)在危机后起草的一份备忘录中,在标题为"道德因素"的一节里,对从一开始如何避免空袭进行了仔细回顾。其中罗斯托注意到:

第五章
1962年的古巴危机

美国因涉足孤立行动而打破了法律的严格限制，但国家很快就认识到，它的政府正在极大的限制下采取行动来护卫极为重要的国家利益。这增强了公众支持的力度。更加重要的是，当有时间深思并讨论其道德性时，行动不太可能产生很恶劣的副作用。因盟国政府提供的全力支持，在国外得到的相同认可同样也扩大了基础。[128]

由核危机引起的、有趣且与事实相反的问题之一，是如果对位于古巴的苏联导弹设施实施了突然袭击，肯尼迪政府是否会受到来自公众、国会或国外政府的反先发制人战争强烈反应。在国际层面上，在美国的强力回应之前先期采用"政治路径"，对在国外形成合法性氛围是至关重要的。在这一层面上，不采用突然袭击必然不会造成反先发制人战争的强烈反应，这种主张是很有保证的。在核导弹基地的发现被公开时，这也允许肯尼迪总统在危机的早期能够与重要欧洲盟友进行商议，让他们感到自己也是采取应对转变中苏联威胁的协同反应角色之一，并承担起在能够直接影响他们利益的那些区域内危机将如何升级的责任。政治路径允许美国在联合国安全理事会的重要会议中展示那些证据，从而树立起美国人在这个问题上的公开态度，使得苏联一开始的否认和规避显示出欺骗性和危险性。[129]从政治和法律角度看，可能最重要的是政治路径让美国得出与美洲国家组织（OAS）10月23日确定的决议完全相同的结论。这个决议不仅支持美国对输送到古巴的苏联武器进行封锁，甚至走得更远，授权成员国"采取各种措施……包括动用武力……阻止古巴具备进攻能力的导弹对本大陆的和平和安全构成实际威胁"。[130]在通过决议的数日后，美洲国家组织大使们认可决议"赋予美国和其他美洲国家组织成员权利，在必要时通过武力去除导弹基地"。[131]

但是，在国内层面，对古巴进行突然袭击的有关反应可能是什么呢？因珍珠港类似性，肯尼迪政府会不会在大多数美国人心中失去光芒？那是否会被视为与美国品质和其传统相矛盾？发动那种攻击会不会背上一种道德重负或刻上"该隐的标志"？这个事件中的证据表明这些是未必可能发生的。尽管存在着执行委员会（ExComm）重要成员们关注的声音，对这一选项的准则反对意见绝大部分是来自围绕着国会旗帜的群体和公众，这种看法是公正的。有趣的是，反对封锁选项的两类团队只有忠诚的保守派以及和平主义者。保守派和时事评论家反对肯尼迪政府的作为，他们将之视为持续的软弱；如果美国从一开始就实施了空袭或入侵，他们会为之鼓舞。[132] 和平主义者团队，主要由教会和学生及妇女组织组成，他们反对美国试图使用武力，包括封锁，作为解决古巴问题的方式。[133] 然而，总的来说，从人群中我们发现，存在对冲突可能升级以及强烈支持美国对苏联采取强硬立场这两种混合的焦虑。在总统电视讲话后仅数小时进行的盖洛普调查显示，有84%支持封锁决定，仅4%反对。[134] 虽然缺少科学性，但对评估公众情绪仍然有用的是由《纽约时报》记者发表的系列报道，这些记者在全国范围进行了采访。不论地区，最普遍的反应是对古巴的行动"拖延得太久了"。[135] 从全国所有地区包括城市和乡村区域收集的一份编者观点大样本中，显示对肯尼迪对抗苏联行动的一致赞同。而且，与公众观点相同，许多社论都断言美国行动将很快到来。[136]

尽管这个证据表明在总统的先发制人封锁行动后面有着强大的支持力量，但如果总统宣布美国将对古巴开展空袭，又会是怎样一种反应呢？虽然是推测，对这个问题要得到最清楚的反应答案，回到1962年8月末至10月初古巴问题的政治含义是十分重要的。在9月末达成的一致意见是，美国不能容忍古巴存在苏联进攻性军事能力，尤其是如果里面包括有核导弹。这一阶段的辩论不是关于哪种类型的军事措施适合回应这种进攻能力，而是关于美国是否应该等待，在发动强力回应措施之前，让这种能力从防御性演变为进攻性。假如美国把对古巴实施突然袭击作为公开手段，当局就会向外界出示正在建设中的弹道核导弹发射场的摄影证据，把同样的战略和政治理由提交给国会和执行委员会，让他们来判断这种选择是否站得住脚。由于已经从

第五章
1962 年的古巴危机

现有国会决议议案获得了采取军事行动的授权,肯尼迪总统是可以将导弹描绘为一种美国必须行动的、不可容忍的威胁行为。尽管传统上突然袭击不能反映美国品质,肯尼迪政府可能会认为在当时情形下,美国不得不在导弹达到可操作状态或被隐藏之前立即采取行动,如果在以后的日子必须用武力除掉导弹,就会极大地增加对美国民众及其武装力量的风险。当局就会认为这不是一个大国攻击一个小国、弱国的事件。这是美国与"国际共产主义"之间的对峙,而苏联是想通过在如此靠近美国领土的地方安置导弹,从根本上改变冷战威胁格局。此外,另一个理由是在这之前美国与苏联对质时,苏联人在这个问题上采取了欺骗行动。援引泰勒(Maxwell Taylor)上将的主张,当局无疑会认定苏联已经被警告过了,但就是这样也不应该选择这种轻率的行动。

在 1962 年秋天的政治气氛中,总统如果发动空袭,反对党是不会发起挑战的。这正是共和党人曾经一直要求采取的那类行动,更何况是在导弹威胁的情形下。在国家危机的严峻时刻,共和党人不会有别的选择,会坚定地支持总统。由于反对党实际上没有反对意见,总统不会遭遇有组织的大规模反对,不会形成反对先发制人战争的准则性理由。毫无疑问,对先发制人攻击的大规模准则性反对意见是在总统自己党内形成的。尽管 1962 年秋先发制人军事行动的准则性反对意见是集中在民主党内的,但在辩论中毫无保留地说出反对意见的那些人都投票支持阻止事态发展的美国决定。阿肯色州民主党参议员威廉·富布赖特(William Fulbright)时任参议院外交关系委员会主席,他是一个非常有说服力的例子。导弹发现之前,富布赖特带头主张美国对古巴政策要慎重,并全力支持政府的立场,只要导弹仅是具有防御性质的军事能力,美国就无权攻击古巴。而在 10 月 22 日总统通报发现核导弹后,他加入组织私下会议的国会成员行列,坚决不同意封锁,因为封锁不够强硬有力。从严格战略视角出发,富布赖特参议员率直地指出:"我倾向……入侵,并且是一场全面入侵,而且要尽可能快。"[137] 像富布赖特类型的民主党人的那种反应,以及共和党人长期持有的立场,很难设想政治领袖会出来声明反对先发制人战争的态度,以及对突然袭击选项设立一种准则性抗拒力。然而,正如事件的发展结果,反先发制人战争准则确实在1962年的古巴危机中发挥了关键性政治作用。在相信古巴只不过是给自己装备了普遍视为合法的自我防御手段时,肯尼迪政府及其国会盟友们产生了很大的反对使用武力的力量,限制美国对古巴发动先发制人战争。在核(导弹发现后的)阶段,给苏联人施加最小限度的高压,这又有助于创造外交解决问题的机会。

古巴事件确实标志着是对肯尼迪前任们纯粹反先发制人战争准则的一种突破。但它也显示了在国家回应令人不安的相对实力转变时,战略动机与准则信念是如何交互作用的。重要的是,事件说明没有任何理由期望政治领袖们在面临那种局势时,排斥性地单单从战略角度或准则角度来考虑问题。战略难题首先形成了先发制人战争诱惑,而在10月16日前后,有关先发制人战争的代价和利益思量重压在决策者们的心中。但正如我们看到的,对严格基于战略思量的先发制人攻击问题,是没有轻松答案的。就美国是否应该实施那种袭击,肯尼迪政府成员分成了两派,分别得出了不同的结论。尽管从战略角度进行制止有着充足的理由,参谋长联席会议(JCS)、前国务卿艾奇逊(Dean Acheson)以及财政部长狄龙(Douglas Dillon)都相信适宜的战略理由是倾向攻击的。这种明显的分裂给乔治·波尔(George Ball)和罗伯特·肯尼迪(Robert Kennedy)开辟了一条通道,能够把不同意实施突然袭击的准则性理由突然插进来,甚至使得自称强硬分子的狄龙都承认他发现是有说服力的。虽然没有人想造成纯粹的反先发制人战争事件,但肯尼迪政府的重要成员都相信,只有在苏联人给机会自愿合作,和平解决危机后,他们才能免于承受先发制人攻击的准则重负。总之,当局回想起40年代末至50年代初一些人倡导的"最后通牒式选项"。根据这种选项的准则性原则,只要你的对手在动用军事力量来保障国际和平及安全之前,有机会去遵从维护国际和平及安全的合法要求(包括接受对核武器的国际控制、不向西半球引进毁灭性武器），而你的对手却选择继续挑衅的道路，那么他就得承担随后的先发制人军事行动形成的道德重负。按照这种观点，如果你不给对手提供这种选择机会就实施突然袭击，那么你就犯下了赤裸侵略的罪行。划出禁止先发制人突然袭击的准则界线，并不是想玩世不恭地要给纯粹从战略基础做出的决策涂上准则性光辉色彩。执行委员会（ExComm）成员们确实相信美国对无正当理由攻击、尤其是突然袭击的传统抗拒态度是要严肃对待的。同时，古巴苏联核导弹所蕴含的意味使得古巴实力转变问题尤其成为了难题，而这时先发制人逻辑特别具有诱惑力。美国领导人并没有漫不经心地放弃准则传统，他们卷入了一场公开辩论，就在一个危险世界里这个准则的恰当作用进行了争论。这场辩论最终限制了准则适用的范围，同时并未完全舍弃在美国政治体系中有着真实含意的有关侵略行为的信念。

注　释

1. David E. Sanger, "Bush to Formalize a Defense Policy of Hitting First," *New York Times,* June 17, 2002; Jefferson Morley, "A Precedent that Proves Neither Side's Point," *Washington Post,* October 13, 2002; White House press conferences, January 13, 2003 and March 19, 2003, at http://www.whitehouse.gov.

2. "President Outlines Iraqi Threat," October 7, 2002, at http://www.whjtehouse.gov. See similar references by Deputy Secretary of Defense Paul Wolfowitz in "Transcript: Wolfowitz on Iraq, War on Terrorism, and Turkey's Role in Europe," December 4, 2002, at http://usemhassv.state.gov.

3. Mike Allen, "Bush Rallies Sailors, Warns Allies," *Washington Post,* February 14, 2003; "Study Cuba Crisis, Bush Urged," *Seattle Times,* October 12, 2002.

4. Kevin Sullivan, "JFK Aides Say Bush Is Wrong on Crisis," *Washington Post,* October 11, 2002.

5. Ted Sorensen, "JFK: No to First Strike," *New York Times,* July 1, 2002.

6. Arthur Schlesinger, Jr., "Unilateral Preventive War: Illegitimate and Immoral," *Los*

Angeles Times, August 21, 2002.

7. Senator Edward Kennedy, *Congressional Record* 107th Congress, 2nd Session, October 7, 2002; 148 Congr Rec S 10001.

8. Thomas Paterson, *Contesting Castro: The United States and the Triumph of the Cuban Revolution*（New York: Oxford University Press, 1994）. 有关苏联援助的详细讨论，见 Aleksandr Fursenko and Timothy Naftali, *One Hell of a Gamble: Khrushchev, Castro and Kennedy, 1958—1964*（New York: W. W. Norton, 1997）, 20—55.

9. Roger Hilsman, *To Move a Nation: The Politics of Foreign Policy in the Administration of John F. Kennedy*（New York: Doubleday, 1967）, 165.

10. Memorandum from the Director of Intelligence and Research to the Under Secretary of State, October 2, 1962. *Foreign Relations of the United States 1961—1963,* vol. XI, at http://www.state.gov/www/about_state/history/frusXI/index. html. [Hereafter, *FRUS 1961—1963*] 参见希尔斯曼（Hilsman）回忆录的描述。*To Move a Nation,* 165—181. 关于常规武器构筑方面的公开报道，见 "Capehart Charges Soviet Has Sent Troops to Cuba," *New York Times,* August 29, 1962; Tad Szulc, "Russian Advisors Are Reported With Cuban Unit Near U.S. Base," *New York Times,* September 9, 1962; Tad Szulc, "New Cuban Crisis Confounds U.S.," *New York Times,* September 9, 1962; "Red Bloc is Sending Ship a Day to Cuba," *New York Times,* October 20, 1962. 国会里，俄亥俄州的弗兰克·劳希（Frank Lausch）众议员、纽约的肯尼思·基廷（Kenneth Keating）参议员和伊利诺斯州的埃弗里特·德克森（Everett Dirksen）参议员辩论时出示了有关苏联常规力量构建方面的详细报告。见 *Congressional Record,* vol. 108, August 28, 1962, 17830—17831; vol. 108, August 31, 1962, 18359—18361; vol. 108, September 20, 1962, 20052—20054.

11. Jack Raymond, "U.S. Anger at Deal Rises—House Backs Move to Use Force if Needed," *New York Times,* September 27, 1962. See remarks by Representative William Harsha of Ohio, *Congressional Record,* September 26, 1962, 20858; Representative Leslie Arends of Illinois, ibid., 20868—20870; and Representative Melvin Laird of Wisconsin, ibid., 20870—20871.

12. *Congressional Record,* September 20, 1962, 20002—20004.

13. Ibid., 20033—20045.

14. Ibid., October 8, 1962, 22902—22903.

15. Ibid., September 26, 1962, 20872—20873.

16. Ibid., October 10, 1962, 22966.

17. Ibid., September 26, 1962, 20875—20876.

18. Ibid., Sept 10, 1962, 18956—18968.

19. Ibid.

20. Jack Raymond, "Goldwater Calls Cuba Policy Weak," *New York Times,* September 15, 1962.

21. "Capehart Charges Soviet Has Sent Troops to Cuba."

22. Raymond, "Goldwater Calls Cuba Policy Weak"; Tad Szulc, "Rusk and Senate Seek Cuba Accord," *New York Times,* September 18, 1962.

23. "Javits Asks Kennedy to Discuss Cuban Threat," *New York Times,* October 2, 1962. 10月10日，贾维斯纽约的同事、参议员肯尼思·基廷（Kenneth Keating）在参议院发言时宣布，苏联构建的实力包括中程弹道核导弹，从而引发新的变数。*Congressional Record,* October 10, 1962, 22957. 政府官员公开否认这种宣称，而美国政府所有情报机构秘密告知国务院，他们没有有关古巴存在核导弹的那类情报。Hilsman, *To Move a Nation,* 177—180. 在10月14日美国间谍飞机发现这一事实后，虽然基廷的指责在政治上给总统及几位助手施加了重压，在关键的九月和十月头一周，基廷的信息对有关古巴的辩论没有产生任何影响。Kenneth P. O'Donnell and David F. Powers, *Johnny, We Hardly Knew Ye*（Boston: Little, Brown, 1972），310.

24. Arthur J. Olsen, "G.O.P. Backs Use of Troops in Cuba," *New York Times,* September 8, 1962; "Texts of Two Republicans' Statements on Using Troops in Cuba," ibid. Max Frankel, "2 Senate Groups Back Force on Cuba if Necessary to Prevent Aggression," *New York Times,* September 20, 1962.

25. "Cuba and Aged Care Lead Poll of Issues," *New York Times,* October 21, 1962. 共和党人在要求强硬先发制人行动方面几乎是完全一致的。在众议院只有一个共和党人声称倾向遏制，而在参议院没有一个共和党人提倡遏制。另一方面，民主党人却在这一关键问题上发生分歧了。涉及辩论的众议院民主党人有65%反对总统，主张倾向强硬的先发制人行动，而有35%反对那种政策。参议院中，涉及辩论的63%民主党人发声反对先发制人行动，33% 支持该种行动。

26. Cabell Phillips, "G.O.P. Keys Race to Foreign Policy," *New York Times,* October 17, 1962; Arthur Krock, "Cuba and Politics," *New York Times,* October 9, 1962; Tom Wicker, "Cuba Emerges as an Issue as Fall Campaign Begins to Roll Throughout U.S.," *New York Times,* October 1, 1962; Tom Wicker, "Eisenhower Calls President Weak on Foreign Policy," *New York Times,* October 16, 1962.

27. Tom W. Smith, "The Polls—Trends: The Cuban Missile Crisis and U.S. Public Opinion," *Public Opinion Quarterly* 67（2003）: 275—276.

28. "Citizens in 3 Areas Talk About Cuba," *New York Times,* October 5, 1962; Wallace Turner, "in Factory City on Coast Castro is Prime Topic of Conversation," *New York Times,* October 5, 1962; Donald Janson, "In Corn Belt Community Only a Few Express isolationist Views," *New York Times,* October 5, 1962; Joseph A. Loftus, "in a West Virginia Town Cuba is Discounted as Not Worth a War," *New York Times,* October 5, 1962; William M. Blair, "Iowa Community Fearful of War—Soviet Issue is Not Campaign Factor," *New York Times,* October 18, 1962; James Reston, "Seattle: The Mood of the Country and President Kennedy," *New York Times,* September 23, 1962; Wallace Turner, "Palo Alto Residents Say They are Confused, but Avoid Partisan Politics," *New York Times,* October 17, 1962.

29. George H. Gallup, *The Gallup Poll: Public Opinion 1935—1971*（New York: Random House, 1972）, 1786—1787.

30. Thomas G. Paterson and William J. Brophy, "The Political Dimension," in *The Cuban Missile Crisis,* ed. Robert A. Devine（New York: Markus Wiener Publishing, 1988）, 292—293.

31. "U.S. Says Latins Will Meet Soon," *New York Times,* September 7, 1962.

32. "The Embargo on Cuba," *New York Times,* October 5, 1962; "The Outlook," *New York Times,* September 9, 1962; Tad Szulc, "U.S. Squeeze on Cuba," *New York Times,* October 14, 1962.

33. Jack Raymond, "Congress Speeds Action on Power to Call Reserves," *New York Times,* September 9, 1962; E. W. Kenworthy, "President Seeks Right to Call Up 150,000 Reservists," *New York Times,* September 8, 1962.

34. 总统早已授权征招一百万预备役军人，他是否应该宣布国家进入紧急状态。"The Reserves Again," *New York Times,* September 8, 1962; Krock, "Cuba and Politics"; Jack Raymond, "Senators Clear Kennedy Request on Call-Up Power," *New York Times,* September 9, 1962; "Kennedy Acts on Cuba Challenge," *New York Times,* September 9, 1962; Jack Raymond, "President Gets Power to Call Up 150,000 Reserves," *New York Times,* September 25, 1962.

35. 有关军方采取进一步措施加强突袭古巴准备的详细回顾，见 James G. Hershberg, "Before the 'Missiles of October': Did Kennedy Plan a Military Strike on Cuba?" in *The Cuban Missile Crisis Revisited,* ed. James A. Nathan (New York: St. Martin's Press, 1992), 254—259.

36. Ibid., 264.

37. Representative William Broomfield, *Congressional Record,* 21945.

38. Transcript of the September 13, 1962 Press Conference, *Public Papers of the Presidents: Kennedy 1962* (Washington, DC: U.S. Government Printing Office, 1963), 674—675. Emphasis added.

39. "Transcript of the President's News Conference," *New York Times,* August 30, 1962; Transcript of September 13, 1962 Press Conference; Joseph A. Loftus, "Kennedy Scores Capehart on Call for Cuba Invasion," *New York Times,* October 14, 1962.

40. "Transcript of the President's News Conference."

41. "Kennedy's Cuba Statement," *New York Times,* September 5, 1962.

42. Transcript of September 13 Press Conference.

43. Abram Chayes, *The Cuban Missile Crisis: International Crises and the Role of Law* (New York: Oxford University Press, 1974), 10.

44. Irving Spiegel, "Bowles Attacks War Talk on Cuba," *New York Times,* September 17, 1962; Chester Bowles, "The Present Policy," *Washington Star,* September 23, 1962, printed in *Congressional Record,* September 26, 1962, 20775—20776.

45. *Congressional Record,* September 7, 1962, 18868—18869.

46. Ibid., September 20, 1962, 19999—20000; October 8, 1962, 22872.

47. Ibid., 20027.

48. Ibid., September 26, 1962, 20892.

49. Ibid., September 20, 1962, 20048—20053.

50. Senator Frank Moss, Ibid., 20027. See also comments by Representative Emanuel Celler of New York, September 26, 1962, 20863—20864; Representative Joseph Evins, September 10, 1962, 18978; and Representative Jeffrey Cohelan, 20892.

51. Ibid., October 8, 1962, 22778.

52. Ibid., 22872.

53. Ibid., Sept 20, 1962, 20048—2005 1. See also September 26, 1962, 20863—20864.

54. Ibid., October 8, 1962, 22778.

55. *Congressional Record,* 19257—19258, 19266, 19356, 19843—19844, 20910.

56. From the *Congressional Record* transcripts of floor speeches by every member of Congress articulating a position on the Cuba problem. 在 1962 年 8 月 30 日至 10 月 13 日之间，众议院的 100 名成员和 36 名参议员参加了正式辩论，以详尽的细节阐明了对古巴的立场，允许有效分类。这些人中有 51 名民主党人和 49 名共和党人参加了众议院的辩论，19 名民主党人和 17 名共和党人参加了参议院辩论。

57. *Congressional Record,* 20058, 20910—20911. 没有投票的 13 名参议员曾在之前表示，如果到场会投票同意提案，得到 99 名参议员的支持。假如更强硬的提案和纯粹防卫提案的条款没能通过，很明显亲先发制人行动的立法者在辩论中占据多数地位。少于四分之一的众议员和仅占三分之一的参议员参加了辩论。

58. Ibid., 20057—20058, 20859—20860.

59. Ibid., 20874.

60. Ibid., 20030—20032, 20910—20911. 辩论中，众议院的三分之一成员及五名参议员是属于抱怨提案软弱性的那些人。

61. James Reston, "On Cuba and Pearl Harbor—the American Nightmare," *New York Times,* October 12, 1962.

62. Robert B. Edgerton, *Rules, Exceptions and Social Order*（Berkeley, CA: University of California Press, 1985）.

63. Transcripts of the September 13, 1962 Press Conference.

64. "Kennedy's Cuba Statement." This position was echoed by columnist Walter Lipp-

mann in the *Washington Post* on September 18. See quote in Louise Fitzsimons, *The Kennedy Doctrine*（New York: Random House, 1972）, 137.

65. Memorandum from Secretary of Defense McNamara to the Chairman of the Joint Chiefs of Staff, October 2, 1962, *FRUS 1961—1963.*

66. *Congressional Record,* 18653.

67. Ibid., 19552—19554.

68. Letter from Norbert Schlei to Abram Chayes, May 22, 1968. Appendix I in Chayes, *The Cuban Missile Crisis,* 132.

69. Memorandum for the Attorney General: The Legality Under International Law of Remedial Action Against Use of Cuba as a Missile Base by the Soviet Union, August 1962. Appendix I in ibid., 108—110.

70. Ibid., 111.

71. For contemporary analysis of the use of the Monroe Doctrine as the basis for U.S. action, see John H. Plank, "Monroe's Doctrine—and Castro's," *New York Tirnes Magazine*（October 7, 1962）.

72. Letter from Schlei to Chayes, 133.

73. Ernest R. May and Philip D. Zelikow, *The Kennedy Tapes: Inside the White House During the Cuban Missile Crisis*（Cambridge, MA: Harvard University Press, 1997）, 54.

74. Ibid., 92.

75. Ibid., 71.

76. Ibid., 230. See also, 71, 91, 94, 140, 146, 197—198, 278—279, 450, 546.

77. Ibid., 264.

78. Ibid., 199—200, 440, 571, 627.

79. Theodore C. Sorensen, *Kennedy*（New York: Harper & Row, 1965）, 715.

80. 在鹰派的沙洲会议上曾被引证，1987年这次会议将肯尼迪的许多前顾问们聚集在一起讨论危机。James G. Blight and David A. Welch, On *the Brink: Americans and Soviets Reexamine the Cuban Missile Crisis*（New York: Hill and Wang, 1989）, 71.

81. Ibid., 67. 在后来的采访中，麦克纳马拉强调指出，国家安全顾问麦克乔治·邦迪（McGeorge Bundy）与他是一致的，"肯尼迪总统在周一是不会授权发动攻击的，而宁愿支持在隔离后再拧紧螺丝"。Interview on May 21, 1987 in ibid., 188—189.

82. Interview on May 15, 1987 in ibid., 158—159. 在这个问题上评论过的学者们倾向不相信美国可能发动攻击，其例见 John Lewis Gaddis, *We Now Know: Rethinking Cold War History*（Oxford: Clarendon Press, 1997），272; Alexander L. George, "The Cuban Missile Crisis, 1962," in *The Limits of Coercive Diplomacy: Laos, Cuba, Vietnam*（Boston: Little, Brown, 1971），126—127. 在鹰派的沙洲会议之前，马克·特拉奇滕伯格（Marc Trachtenberg）相信，美国"在十月末是肯定会入侵古巴的"。Marc Trachtenberg, "The Influence of Nuclear Weapons in the Cuban Missile Crisis," *International Security* 10（Summer 1985）: 144. 在鹰派沙洲会议期间，他变得不太确信美国那时会升级冲突了。See Blight and Welch, *On the Brink,* 109.

83. 对多数重要领导人，包括肯尼迪总统、国防部长麦克纳马拉、国家安全顾问邦迪以及司法部长罗伯特·肯尼迪而言，古巴的导弹不会以任何显著的方式打破与苏联的军事力量平衡。相反，他们相信如果美国允许苏联部署这批导弹，世界上关于美国军事实力的看法与信任度将遭受巨大考验。 见评论 May and Zelikow, *The Kennedy Tapes,* 89, 91—92, 112—113, 175—177, 184, 229—230, 235, 277. 有关导弹的军事意义存在强烈的异议，然而，国务卿腊斯克和参谋长联席会议主席泰勒将军，以及低层的情报分析员们，都相信古巴的导弹的确转变了军事实力平衡，偏向了苏联。但是，最重要的，没有人相信苏联计划以进攻姿态使用这些导弹。Ibid., 90, 236; Central Intelligence Agency, Special National Intelligence Estimate 11-19-62, "Major Consequences of Certain US Courses of Action on Cuba," October 20, 1962, 3—5, at http://www2.gwu.edu/~nsarchiv/nsa/cuha_mis_crj/19621020cia.pdf.

84. Robert F. Kennedy, *Thirteen Days: A Memoir of the Cuban Missile Crisis*（New York: W. W. Norton, 1971），15—17.

85. Max Frankel, "Air Attack on Cuban Bases was Seriously Considered," *New York Times,* October 30, 1962. Emphasis added.

86. Marc Trachtenberg, "White House Tapes and Minutes of the Cuban Missile Crisis," *International Security* 10（Summer 1985）: 166—167.

87. May and Zelikow, *The Kennedy Tapes,* 54.

88. 国防部长麦克纳马拉是10月16日清晨的执行委员会会议上首位提出这三项基本行动形式的人。Ibid., 86.

89. Notes Taken from Transcripts of Meetings of the Joint Chiefs of Staff, October—November 1962, Dealing with the Cuban Missile Crisis, 3—4, at http://www2.gwu.edu/~nsarchiv/nsa/cuba._mis_cri/docs.htm.

90. Ibid., 7—8.

91. Ibid., 10.

92. May and Zelikow, *The Kennedy Tapes,* 93, 215.

93. Ibid., 177. 副总统约翰逊表达了同样的担心。Ibid., 215. 参见 General Taylor's memoirs, Maxwell D. Taylor, *Swords and Plowshares*（New York: W. W. Norton, 1971）, 269. 前一天，在一份国家情报特别评估报告中，中央情报局的分析反映了"任何警告都将必然降低美国攻击突然性"的担心。Central Intelligence Agency, SNIE 11-19-62: Major Consequences of Certain US Courses of Action on Cuba, 6.

94. May and Zelikow, *The Kennedy Tapes,* 62.

95. Secretary of the Treasury Douglas Dillon's opinions favoring an air strike against Cuba, October 17, 1962. In Laurence Chang and Peter Kornbluh, *The Cuban Missile Crisis, 1962: A National Security Archive Documents Reader*（New York: The New Press, 1998）, 128.

96. May and Zelikow, *The Kennedy Tapes,* 134.

97. Minutes of the 505th Meeting of the National Security Council, October 20, 1962, *in* ibid., 194.

98. Ibid., 86.

99. Ibid., 195.

100. "Scenario for air strike against offensive missile bases and bombers in Cuba." Prepared for discussion during meeting of October 25, 1962, at http://www.gwu.edu/~nsarchiv/nsa/cuha_mis_cri/docs.htm. 前任国务卿迪安·艾奇逊（Dean Acheson）曾参加了早期多次执行委员会会议，一直主张"不要试图进行前期谈判就实施空袭"。May and Zelikow, *The Kennedy Tapes,* 120, 168, 171—172.

101. Minutes of the October 19, 1962, Executive Committee Meeting, 11:00 A.M. In Chang and Kornbluh, *The Cuban Missile Crisis,* 136. 关于罗伯特·肯尼迪（Robert Kennedy）相关准则考虑战略理由的其它证据，见 May and Zelikow, *The Kennedy Tapes,* 99—101, 195—196, 427, 520.

102. May and Zelikow, *The Kennedy Tapes,* 114—115.

103. George W. Ball, *The Past Has Another Pattern: Memoirs*（New York: W. W. Norton, 1982）, 291.

104. Position of George W. Ball, October 18, 1962. In Chang and Kornbluh, *The Cuban Missile Crisis,* 131—132.

105. May and Zelikow, *The Kennedy Tapes,* 143.

106. Ball, *The Past Has Another Pattern,* 292.

107. May and Zelikow, *The Kennedy Tapes,* 128—129.

108. Ibid., 148. Emphasis added.

109. Ibid., 149.

110. Theodore Sorensen, "Air Strike Scenario for October 19, 1962." In Chang and Kornbluh, *The Cuban Missile Crisis,* 140. 索伦森在10月20日准备了另一份备忘录，其中列出了"从未被回答过的重要反对意见……空袭意味着美国对小国发动'珍珠港'，历史绝不会理解或忘记"。Theodore Sorensen, "Summary of objections to air strike option and advantages of blockade option," October 20, 1962. In ibid., 143.

111. Minutes of the October 19, 1962, Executive Committee Meeting, 11:00 A.M., 135. 泰勒将军转述了罗伯特·肯尼迪（Robert Kennedy）对参谋长联席会议（JSC）所述理由的相同言论，见 "Notes Taken from Transcripts of Meetings of the Joint Chiefs of Staff," 11.

112. May and Zelikow, *The Kennedy Tapes,* 196.

113. Robert NIcNamara, "Notes on October 21, 1962 Meeting with the President," 2.

114. May and Zelikow, *The Kennedy Tapes,* 206.

115. Ibid., 194.

116. Ibid. 198.

117. 虽然尼采说他"认为它都是胡说"，但他承认"早先那些日子里的多数讨论都是在道德层面之上进行的"。Interview with Paul Nitze, May 6, 1987, in Blight and Welch, *On the Brink,* 141.

118. David S. McLelland and David C. Acheson, eds., *Among Friends: Personal Letters of Dean Acheson*（New York: Dodd, Mead, 1980）, 245. See also White, *The Cuban Missile Crisis,* 139—144; Arthur M. Schlesinger, Jr., *Robert Kennedy and His Times*（Boston: Houghton Muffin, 1978）, 508—

510; Elie Abel, *The Missile Crisis*（Philadelphia: J. B. Lippincott, 1966）, 88—89.

119. Taylor, *Swords and Plowshares,* 267—268. See also Ball, *The Past Has Another Pattern,* 290. 副助理国务卿阿列克西斯·约翰逊（U. Alexis Johnson）认为:"博比·肯尼迪（Bobby Kennedy）的超强判断力和道德品质可能是起决定性作用的……他使得他的理由十分有力, 而我相信这强烈影响了执行委员会在就像封锁曾被称作的'政治路线'前面, 作为一个组织所作出的行动步伐与方向。" U. Alexis Johnson, *The Right Hand of Power*（Englewood Cliffs, NJ: Prentice-Hall, 1984）, 382. 罗杰·希尔西曼（Roger Hilsman）, 国务院情报研究主任, 被称为"无需警告突袭"、"应受道德谴责"以及赞誉罗伯特·肯尼迪用良好的口才推进其论点。Hilsman, *To Move a Nation,* 203—204.

120. Interview with Douglas Dillon, May 15, 1987, in Blight and Welch, *On the Brink,* 152.

121. Ibid., 167. 像迪龙一样, 前总统艾森豪威尔最初是支持对导弹基地采取军事行动的。但当艾森豪威尔认识到, 如果美国在古巴违背了反先发制人战争准则, 这"将许可其它国家不用警示诉诸同样的强暴军事行动", 他自己改变了观点。White, *The Cuban Missile Crisis,* 158.

122. Notes Taken from Transcripts of Meetings of the Joint Chiefs of Staff, 13.

123. Ibid., 14.

124. May and Zelikow, *The Kennedy Tapes,* 230.

125. Ibid., 224.

126. Ibid., 237—238.

127. Ibid., 265.

128. "Some Lessons from Cuba," Memorandum from W. W. Rostow to George Ball, Under Secretary of State, November 15, 1962, 11. In Chang and Kornbluh, *The Cuban Missile Crisis,* 328.

129. Adlai E. Stevenson, *Looking Outward: Years of Crisis at the United Nations*（New York: Harper & Row, 1963）; John Bartlow Martin, *Adlai Stevenson and the World: The Life of Adlai E. Stevenson*（Garden City, NY: Doubleday, 1977）.

130. Resolution of Council of the Organization of American States, October 23, 1962, 47. U.S. Department of State *Bulletin* 722（1962）. See also Dean Rusk, *As I Saw It*（New York:

Penguin Books, 1990), 236.

131. E. W. Kenworthy, "Capital is Stern," *New York Times*, October 27, 1962.

132. Clayton Knowles, "8,000 Conservatives at Rally Jeer Cuba Action as Too Timid," *New York Times* (October 23, 1962); "Conservatives Urge Firmer Cuban Stand," *New York Times*, October 25, 1962; "New National Group Opposes No-Invasion Assurance to Cuba," *New York Times*, October 31, 1962.

133. "Dr. Pauling Terms Speech 'Horrifying," *New York Times*, October 23, 1962; John H. Fenton, "Campuses Voice Some Opposition," *New York Times*, October 24, 1962; "Concern is Voiced by Church Council," *New York Times*, October 24, 1962; "Demonstration Planned," *New York Times*, October 24, 1962; "U.S. and Soviet Criticized by Women's Peace League," *New York Times*, October 24, 1962; "Women March to Demand that Cuban Crisis Be Settled within UN," *New York Times*, October 24, 1962; Austin C. Wehrwein, "Students to March in Blockade Protest," *New York Times*, October 25, 1962; "Upstate Churchmen Protest 'Unilateral Action' by U.S.," *New York Times*, October 26, 1962; "Protestant Leaders Bid U.S. Avoid New Military Steps," *New York Times*, October 29, 1962; Emanuel Perlmutter, "Rally Here Held by 8,000 Pacifists," *New York Times*, October 29, 1962.

134. Smith, "The Poll-Trends," 271; Mark Chesler and Richard Schmuck, "Student Reactions to the Cuban Crisis and Public Dissent," *Public Opinion Quarterly* 28 (Autumn 1964): 467—482.

135. "Cuba Action Gets Public's Backing," *New York Times*, October 23, 1962; Nan Robertson, "Anxiety Coupled with Support Here on U.S. Move," *New York Times*, October 24, 1962; William M. Blair, "Tension Follows Midwest's Relief," *New York Times*, October 25, 1962; Hart Phillips, "Floridians Back Action," *New York Times*, October 26, 1962; William Blair, "A Bellicose Mood Found in Midwest," *New York Times*, October 27, 1962; "The Nation Rallies Solidly Behind the President's Action," *New York Times*, October 28, 1962.

136. "Newspaper Editorials on Decision to Impose Arms Blockade on Cuba," *New York Times*, October, 24, 1962.

137. May and Zelikow, *The Kennedy Tapes*, 271; "Cuba Dominates Arkansas Fight," *New York Times*, November 3, 1962.

第六章

防止核武器扩散的高压态势

——从 1964 年的中国到 1994 年的朝鲜

正如我们已经看到的,从 20 世纪 40 年代末至 60 年代初期,苏联和共产主义中国实力的增长给美国造成了一种战略困境,似乎适于先发制人战争逻辑。尽管存在美国领导人所担忧的相对实力大转变,但作为阻止这种转变的先发制人战争战略选项被明确地否定了。前面几章说明了做出这种决定是因一种根深蒂固及广泛持有的准则观念所驱动的,这种观念认为先发制人战争是完全错误的,是对美国原则和传统的违背,会给美国抹上赤裸裸侵略的污点。就像德怀特·艾森豪威尔(Dwight Eisenhower)总统在 1955 年主张的,宁愿接受由于实力增长所引发的军事危险及其所造成的脆弱,也不愿因采取先发制人军事行动而被指控发动战争。在 1962 年的古巴危机期间,出现了与反先发制人准则相异的情况,放宽了对先发制人攻击的准则限制,但也仅是针对加勒比区域的苏联核导弹,而且只要美国实施先发制人闪电袭击,就会引起对日本人袭击珍珠港往事的回忆。因此,宁可承担增大的风险,发出带有攻击威吓的最后通牒,而允许苏联人自愿撤除导弹,也不实行没有准则合法性的突袭。虽然在 1962 年美国领导人愿意就反先发制人战争准则的异议进行争辩,但他们仍是很严肃地对待准则的。

然而，三十多年后，对反先发制人战争准则而言，意义深远的一些变化发生了。到了20世纪90年代初期，美国遇上了朝鲜核武器情况，当美国领导人全力对付这一新的战略难题时，反先发制人战争准则实际已不再发挥作用了。克林顿政府确实考虑用先发制人攻击措施来摧毁朝鲜的核设施，在这样考虑时没有一丝准则方面踌躇的显示。国会中最直言的成员们和观念领袖们敦促政府采用更严厉的手段，包括动用先发制人军事力量。在政府内部以及在更大范围的美国政治体系内部，没有发出一点突兀的反对声，用四十年前的那种准则性言词挑战动用兵力的可能。在2002年及2003年伊拉克战争的预备阶段，一些国会成员、学者及评论员们确实响亮地说出了反对先发制人战争的声音，是因先发制人战争是对长期持有的美国准则的违背。但由于布什政府朝着战争行动，很显然，在辩论中反先发制人战争准则被排斥掉了，并且在发动美国历史上首次先发制人战争的决策中最终变得毫无价值。在20世纪的最后十年间，反先发制人战争准则究竟发生了什么？在世纪中叶美国外交政策界深刻及真诚持有的那样一个信念，怎么会在世纪末变得无能了？本章试图回答这些问题。

根本原因是反先发制人战争逐渐被一个对立的准则取代了，就是这里所称的"防止核武器扩散规则"。换句话说，反先发制人战争准则不是由于一些美国人出于纯粹的战略思量而被直接推到边上去了。相反，在20世纪60年代初期，产生了一种新型准则性主张，迫使所有国家都加入到阻止核武器扩散的全球趋势中去了。尽管大多数国家接受了防止核武器扩散的基本规则，而在美国，这种准则性信念发展得更深一些，使军事力量的高压使用合法化，包括先发制人军事攻击以及用来阻止将要发生核武器扩散的经济制裁。这并不是说，防止核武器扩散规则同等适用于所有核扩散事件：在大家目睹了对巴基斯坦和以色列核武器的默许后，布什政府又明确接受了印度的核武器状态。防止核武器扩散规则也未能对所有被怀疑核扩散的国家形成一致的回应措施。在具体事件中，甚至在被怀疑具有核野心的国家并未形成即时威胁的情况下，这一新的准则性义务却鼓动并构成了对动用兵力的政治支持。在国际上这造成了很大的争议。然而，在美国内部，这个新兴准则由于其他多个历史性事态的发展而获得支持。在20世纪80年代，我们发现产生了"无赖国家"概念，这是由于与恐怖分子有联系、察觉其有侵略意图或有着修正主义意识形态的原因，而给那些统治集团贴上的一个标签。尤为重要的是，无赖国家概念特别带来了一种看法，由于这些国家将自己置于负责任行为的准则规则之外，他们就丧失了不受他国干涉的传统主权，也就可以成为先发制人军事攻击的目标。有助于阐明及铭刻了防止核武器扩散规则的最具意义的历史事件，就是本章称为的"海湾战争效应"。伊拉克在第一次海湾战争失败后，令人吃惊地被发现存在新型核武器项目，这强化了作为全球准则的防止核武器扩散规则。这一发现得出的许多教训之一，就是由《不扩散核武器条约》（NPT）创立的传统防止核武器扩散机制，尤其是由国际原子能机构（IAEA）进行的核查是有着很大缺陷的，以致需要更强有力的防止核武器扩散措施。由于上述原因，海湾战争使得把军事力量作为纠正现存核不扩散手段的必要措施合法化了，可以用来阻止那些所谓的反叛国家拥有核武器。将防止核武器扩散规则、无赖国家概念及海湾战争效应结合起来，在1994年给克林顿政府奠定了基础，根本没有考虑先发制人战争的准则合法性就要用先发制人军事攻击来对付朝鲜。

毫无疑问，2001年9月11日的恐怖袭击给美国政治体系造成了强烈震撼，甚至在政治上促成了2003年入侵伊拉克。而"9·11"的伤痕并未为美国首次先发制人战争创立一种新型准则环境。因把恐怖分子威胁与拥有核武器无赖国家的幽灵结合，布什政府是应该受到批判的。因夸大超出有限情报所能够支持的伊拉克威胁，以及因臆断先发制人战争选项能够以相对低的代价轻易地消灭无赖国家伊拉克，布什政府也应受到批判。但本章要说明的是，经过近四十年的发展，在2001年基地组织盯准美国之前，防止核武器扩散规则以及海湾战争效应甚至就为实际实施先发制人战争创立了一种新型准则体系，并在后面形成了政治支持。就这种新型准则体系是否很好地代表了美国在其外交政策领域应该尊重的原则，本章持不可知论的态度。在早期美国面临苏联人和中国威胁时，反先发制人战争准则起了很大的作用，这方面有很强有力的论据支持。然而，不论好坏，在实力转变问题方面指导美国行为的准则确实已经发生了改变。我们的目的就是要说明这是如何发生的。

遗失的反先发制人战争准则：1993—1994年的朝鲜

靠着苏联人的帮助，在20世纪50年代，朝鲜就开始了核能源项目，而到1965年就拥有一个运转的小型实验用反应堆。后来的二十年里，核科研设施不断完备，使得朝鲜能够在宁边——它的主要核设施基地，建造并实施一个更大型的核反应堆。在20世纪80年代初，通过卫星影像发现了反应堆，而对美国来说更可怕的是，这个核反应堆能够生产一种副产品——钚。经过再加工，钚可以转化成为制造核武器的可裂变物质。里根政府向苏联寻求帮助，提醒苏联领导层有《不扩散核武器条约》规定的义务去阻止任何国家获得帮助、通过将那种技术转化为武器项目而发展出核实力。由于受到盟友苏联的压力，1985年朝鲜同意作为非核武器国家加入《不扩散核武器条约》。按条约规定，朝鲜应开放其设施、接受国际原子能机构（IAEA）的核查，以证实朝鲜放弃核武器的保证是否真实。然而，到20世纪90年代初，作为阻止这个统治集团把其核反应堆项目转化为武器项目的承诺行动开始失效，并恶化成为一场危机，尽管朝鲜在1992年4月终于与国际原子能机构（IAEA）签署了核查协议，此时，美国和国际原子能机构已经有证据表明朝鲜正在向核武器项目迈进。最重大的发现是在1989年，朝鲜正在反应堆附近建造专门用于钚加工的设施，可能是用于核武器。此外，美国情报人员发现了实施爆破试验的场所（是用于评价弹头设计效果）。在1992年至1994年间，国际原子能机构的核查要求以及对朝鲜欺骗行动的怀疑，是与朝鲜坚持称自己是完全遵守其新的国际义务不相一致的。1995年3月朝鲜

第六章
防止核武器扩散的高压态势

宣布退出《不扩散核武器条约》。[1]

正像克林顿政府看见的问题，朝鲜的"退出将给世界安全构成严重威胁，并削弱《不扩散核武器条约》阻止核武器扩散的堡垒作用"。[2] 在 1993 年 11 月末，一份国家级情报评估报告得出结论，朝鲜可能已经拥有一至二枚核武器，并断定朝鲜决不会自愿放弃其核武器项目。中央情报局（CIA）主任詹姆斯·伍尔西（James Woolsey）及国防部长莱斯·亚斯平（Les Aspin）在公开评论时，两人分别证实了当局认为朝鲜"很可能有"一枚或二枚核弹的结论。[3] 最重要的，正如美国与朝鲜政府的主谈者罗伯特·格鲁奇（Robert Gallucci）大使在 1993 年 6 月向他的朝鲜谈判对手所解释的，"美国任何一个现任总统都不会允许朝鲜获得核武器"。[4] 美国高层官员在公开场合也持同样的不妥协立场。1993 年 7 月，克林顿总统在访问东亚时宣称："朝鲜只是众多叛逆国家中的一个，很可能有核武器了，又是对核武器使用不负责任的国家，我们不会让这种情况发生。"[5] 接下来在 11 月的一次会见中，他重申这种立场："是不能允许朝鲜发展核弹的。"[6] 正如之前具有威胁性的每一个实力转变事例一样，重大的战略难题是美国准备做些什么来阻止这种发展。

使朝鲜事件成为美国外交政策领域分水岭的并不是动用先发制人军事袭击的诱惑。相反，朝鲜危机标志着美国领导人在根本没有考虑先发制人战争准则合法性的情况下，第一次摆弄起了先发制人战争选项。从可以找到的 20 世纪 90 年代初期有关危机的文献中可以发现，根本没有 40 年代及 50 年代无所不在的反先发制人战争准则的一点迹象。克林顿在回忆录中对他的决定十分自豪，并十分淡然地承认在 1994 年 3 月底，"我已决定即便是冒着战争的风险，也要阻止朝鲜发展核武器。为了确定朝鲜已了解我们是认真的，[国防部长威廉·]佩里将艰难的对话持续"到了四月初，"甚至称我们将不排除发动抢先军事攻击"。[7] 在一年前危机刚开始时，就是朝鲜首次宣布要退出《不扩散核武器条约》时，助理部长阿什顿·卡特（Ashton Carter）领导的国防部工作组给国家安全委员会（NSC）起草了一份文件，建议对宁边发动军事袭击。虽然这个建议没有流传到国防部之外，[8]但在1993年11月1日的一次国家安全委员会负责人会议上，提出了先发制人军事攻击选项。[9] 当1994年上半年危机加剧时，新任国防部长威廉·佩里在公开场合及政府内部带头鼓吹先发制人选项。在佩里看来，当时的局势是最适于推行先发制人战争逻辑了。在1994年3月接受《华盛顿邮报》采访时，国防部长推出了"两种非常无情的选择"，给难题的解决设定了框架。如果美国什么也不做，"朝鲜能够在数年里积累下可观的核弹头，置于够得着相邻国家的弹道导弹顶上"。可是，一场冲突"会引起灾难性的战争"。更重要的，佩里认为，虽然存在危险，美国也不会被吓唬住而"不采取必要的行动阻止朝鲜继续其核机会"。 佩里为这一立场辩护，宣称："我宁愿面临那种风险，也不愿面对从现在起的两年或三年后更大的灾难，到那时，朝鲜已经打造好他的核武库，形成强大的地区威胁。"[10]几天后，他用同样的先发制人逻辑解释为什么"他不排除在未来某个时刻使用抢先军事攻击"。按佩里的说法，"不管现在要经受什么样的危险，从现在起的两三年后，那些危险会恶化……他们正以一年一打的速度在生产核弹"。[11]

在对克林顿政府朝鲜政策的批评者中，包括国会议员、前任布什和里根政府的官员，以及社论版作者们，没有人认为克林顿总统会因打算对朝鲜进行先发制人袭击，而陷入准则方面成问题的麻烦圈里。相反，在这个议题方面最大的声音是给当局施压，要求采取更强硬的行动，包括动用武力。在这个政策选项方面没有一点准则方面的思量。里昂·西格尔（Leon Sigal）准确地注意到"美国外交政策的当权派……条件反射性地偏爱强力的——经济制裁和空袭——这会把美国带至战争边缘"。[12]虽然只有极少数国会议员公开鼓吹军事攻击，[13]针对克林顿政府制止朝鲜核武器项目行动谨慎，有着嘈杂的批评声音。亚利桑那州共和党参议员约翰·麦坎恩（John McCain）认为，尽管国会两院领袖以及两党领导人都支持把经济制裁作为美国先发制人政策的一步，[14]在整个危机阶段迫使朝鲜接受核查要求时，美国都必须面

第六章
防止核武器扩散的高压态势

临战争的风险。在政治上受到较少约束的那些人，就是布什当局的前任政府官员和社论版的作者们，都坚决倾向对朝鲜核基地发动先发制人军事袭击。1994年6月，危机最危险的时刻，前国家安全顾问布伦特·斯考克罗夫特（Brent Scowcroft）和国务院官员阿诺德·坎特（Arnold Kanter）声称，"采取更果断行动的时机到来了"，具体地说，就是"及时摧毁再加工设施"，因为这些设施能够让朝鲜生产出核武器所需的材料。依据传统先发制人逻辑，斯考克罗夫特和坎特解释说："我宁愿尽早战争而不是更晚，否则朝鲜可能就拥有相当大的核武库了。"[15] 他们与许多前同事们一道呼吁先发制人军事行动，这些人包括国务卿劳伦斯·伊格尔伯格（Lawrence Eagleberger）、中央情报局（CIA）主任罗伯特·盖茨（Robert Gates）、国务院政策策划小组主任邓尼斯·卢斯（Dennis Ross），以及国家安全委员会（NSC）职员理查德·哈斯（Richard Haass）和菲利普·泽利科（Philip Zelikow）。[16] 在主要的新闻报道媒介中，为《华盛顿邮报》撰稿的专栏作家们，包括拉里·魏茂斯（Lally Weymouth）、查尔斯·克劳萨默（Charles Krauthammer）和乔治·威尔（George Will），他们都一贯主张动用武力。[17] 在反对先发制人攻击选项的那些人当中，反先发制人战争准则从未被提起。相反，因担心代价巨大、风险升级以及军事袭击的低成功率，倒是有要求谨慎和克制的呼声。[18] 总之，反先发制人战争准则似乎从未进入到朝鲜实力转变问题的大辩论中去。

虽然克林顿政府专门衡量了先发制人攻击选项，这并不是说这个选项被急切地接受了。另一方面，尽管先发制人战争在政府内部被认真研究过了，移除富有威胁的实力转变的希望最终寄托在通过与朝鲜当局谈判达成协议，或者在最糟情形下指望用国际经济制裁来迫使朝鲜接受《不扩散核武器条约》的条款，更重要的是，当局的迟疑并不是由于先发制人战争的准则信念，而是对与朝鲜发生冲突会产生巨大物资成本的直接权衡。从1993年秋至1994年初夏，是这场危机最危险的月份，驻朝鲜美军指挥官加里·勒克（Gary Luck）上将，坚持不懈地劝说克林顿政府官员们，即使美国和韩国在军事冲突中最终能够取胜，也将付出近百万军人和平民的伤亡以及万亿美元的代价。[19]

在专门审视制止朝鲜核计划美国选择方案的两次重要会议上——一次是在1994年5月19日给克林顿总统和戈尔副总统的军情汇报会，另一次是1994年6月14日国家安全委员会（NSC）首脑会议——专门讨论了应该被称为的"奥西拉克（Osirak）方式"。按国防部官员的说法，这是得名于1981年以色列对伊拉克核设施的空袭方式，以这种方式美国能够摧毁朝鲜宁边的核中心。然而，每次会议的主题都是尽管先发制人突袭可能会延迟朝鲜的核追求数年，但不能保证可以摧毁朝鲜的整个核项目。尤为不利的是，美国官员强调美国的攻击有着极大可能会引发朝鲜半岛大规模的武装冲突，造成巨大的人员和经济损失。正像克林顿总统描绘的，军情汇报会给出了"一个使人猛醒的预计，如果战争爆发，双方都将遭受难以置信的损失"。[20] 美国领导人从不担心奥西拉克方式的准则合法性；他们反而是聚焦在战略风险上，最终否定了先发制人攻击，取而代之的是提前行动，努力促成国际上支持对朝鲜实施经济封锁。[21] 最后，通过前任总统杰米·卡特（Jimmy Carter）的非官方外交调停，与朝鲜商订出后来成为美国与朝鲜政府官方协商方案的基本框架，危机得以解决。数月后，国防部长佩里在参议院外交委员会听证时回顾了先发制人攻击选项，他说"当局曾考虑'攻击并除掉核反应堆'"。可是，这个方案被否定了，是因为"他们担心空袭"会引发"朝鲜的110万军队……踏平首尔"。[22] 虽然危机得以和平解决，核心问题仍然存在：在20世纪60年代初至90年代期间究竟发生了什么，使得反先发制人战争准则没能进入到可能对朝鲜先发制人攻击的讨论中去？

防止核武器扩散、"无赖"国家以及海湾战争效应

不扩散核武器准则的兴起

要回答这个问题，得回到20世纪60年代初期，这是有关核武器扩散问

第六章
防止核武器扩散的高压态势

题方面一种新型准则体系兴起的时期。对大多数人而言，尤其是在美国国内，这使为避免最危险实力转变的先发制人战争选项合法化提供了一条新途径。在1960年至1968年间，就一场不加克制核军备竞赛的危险性，全球达成了充分一致的意见，这种核竞赛不仅限于两个超级大国之间，而且军备竞赛也可能将在亚洲、中东、拉丁美洲的其他国家间造成核武器扩散的连锁反应。仅八年时间，这种对核武器扩散的普遍担心就转化成了专门一套行为准则，被编成了《不扩散核武器条约》(NPT)，这种准则要求核国家及非核国家同样要加强合作，阻止这种危险的军事技术蔓延。《不扩散核武器条约》是旨在形成不扩散核武器全球准则的三个同时提出的倡议引人注目地结合起来后的产物。这是20世纪50年代末期在联合国内部国际层面上发生的。

到1961年，由爱尔兰坚持倡议的一项提案在联合国大会以压倒性多数获得通过，确立了不扩散核武器准则标准，这将在后来的许多年里指引条约签署方。与此同时，在美国国内，约翰·肯尼迪（John Kennedy）总统呈现出强烈赞同不扩散核武器准则的表现。肯尼迪非常担忧共产主义中国有可能很快将爆破自己的核设施，并可能产生促使许多其他国家去追随中国榜样的效应。肯尼迪越过美国政府内部森严的官僚纷争，将不扩散核武器列为美国的主要目标。肯尼迪的继任者林登·约翰逊（Lyndon Johnson），在他整个任期内都维持着这种想法，并在他总统任期结束前，与苏联及重要不结盟国家成功签订了《不扩散核武器条约》。苏联领导人独立于美国，也承认全球不扩散核武器准则的价值观念，尤其想把它作为阻止西德变为核国家的工具。在把早期对不扩散核武器准则的全球支持转化为禁止核武器蔓延的专门条约方面，那时候美苏间的合作起到了关键性作用。很难找到有其他一项全球准则能够如此迅速地在世界政坛上产生，而同时又受到强国和弱国的全力支持。不扩散核武器准则是如何取得如此显著的国际形势？以及更重要的，它又是如何奠定了一种新型准则体系的基础，可以在数年后的朝鲜和伊拉克事件中鼓动起对先发制人军事选项的支持？这是本章的关注点。

由美国和苏联双方承担的不扩散核武器准则承诺,给20世纪60年代的这一问题提供了不可缺少的全球领导作用。然而,在20世纪50年代中期至50年代末期,没有一个超级大国,尤其是美国,会把不扩散核武器作为一项明确原则加以接受,并列为是值得考虑的行动。[23] 而这个时期缺少强权的领导并没能阻止国际上不扩散核武器准则的产生。事实上,虽然存在着美国和苏联创建的真空状态,从1958年到1961年间,作为十年后《不扩散核武器条约》基础的不扩散核武器基本原则是在联合国内首次明确提出的,并获得联合国绝大多数成员国的支持而取得合法地位。人们甚至认为,1958年超级大国间加剧的军备竞赛也是这个事件的催化剂,那年由三个核大国进行的核试验次数超过了自1946年以来所有的核试验总数,[24] 使得全球,不仅包括超级大国,也包括其他所有国家,在不扩散核武器的重要性方面迅速取得了一致意见。这个准则尽管是建立在核武器扩散具有重大危险性的普遍国际共识之上,但仍需要每个领导人逐一阐明准则并经过联合国大会的程序性步骤才能得以通过。这种领导作用的功劳归功于爱尔兰外交部长弗兰克·艾肯(Frank Aiken),他被派往联合国的使命是从1958年到1961年间的每届联合国大会都提出有关核武器扩散的提案。[25] 最重要的是,艾肯在1958年发起的提案首次声明"核武器的进一步散播将形成相伴随的危险"。提案强调,随着核国家的增多,国际紧张局势将更加严重,而因小国在地区争端中使用他们的核武器,核战争爆发的机会大增。[26] 这种因果信念的简单表白——核武器向更多国家的传播会增加核战的可能,而不是稳固的威胁局面将带来固有的危险性——这种坚定的主张,最终穿越了官僚纷争以及官员们对不扩散核武器的怀疑观点,深深影响了肯尼迪及约翰逊政府。

1959年的决议不仅重申了核扩散对世界和平的固有危险,也形成了构成《不扩散核武器条约》基础的具体准则条款。具体地说,它呼吁"达成国际协议,采用核查和控制手段,从而使核武器制造国不得向无核国家转让对那种武器的控制,而同时无核国家也不得制造核武器"。[27] 这个决议以67

第六章
防止核武器扩散的高压态势

对 0 通过，仅有 12 张弃权票是来自苏联、东欧和法国。在 1961 年，"爱尔兰提案"的最新版本得以一致通过。作为全球原则的一项宣言，爱尔兰提案因其明确及无异议的主张而卓越非凡。正如默罕默德·谢克（Mohamed Shaker）注意到的，"核武器扩散的危险正以几何级数增长……这在四年的论辩期间从未被质疑过"。这四年是 1958 年到 1961 年。"存在着接受核扩散危险统计数据化的一种大趋势，例如，随着核国家数量的增加，核战争可能性在增长。对这种危险确实不存在深刻的分析……无需概念化，核武器扩散的危险似乎会以交战中核武器具有更大的破坏力及可怕后果而被接受。"[28]

很显然，到 1961 年，反对核武器扩散的国际性准则已经形成。这是因对迅速变化的威胁环境以及世界许多区域同时发生核武器蔓延的可能性都感到焦虑的一种反应。艾肯外交部长和爱尔兰外交官在联合国的作为表明了这种担忧，并对两大类国家——核军备国家及非核军备国家——提出了直接的行为指导建议，来制约这种危险。为强化这一准则，爱尔兰提案给核武器国家添加了义务，要加入强制性国际条约，赋予不扩散核武器准则在国际法律体系中最高的地位。对美国领导人而言，虽然联合国是支持爱尔兰提案，把不扩散核武器列为美国外交政策的一项重要目标，但要在他们自己的政府内部形成一致意见仍然要面临挑战。随后七年里，经过肯尼迪和约翰逊的努力，在这方面总统的领导变得更坚定了。就正如艾森豪威尔所处的 20 世纪 50 年代，美国政府的重要官员们不相信不扩散核武器确是有利于美国利益的，也不相信由于之前选择了扩散核武器，就足以证明在面对苏联挑战时会降低美国的灵活性。如果没有肯尼迪和约翰逊对不扩散核武器准则核心主张的认可，《不扩散核武器条约》是不可能成为国际政治中的一个重要构架的。

对肯尼迪总统来说，一个超越所有其他的担心决定了他要认可不扩散核武器准则——很可能近期共产主义中国就将成为一个核武器国家。1963 年的一份国家情报预测报告准确地预言中国可能在 1964 年底进行首次核试验。[29] 正像肯尼迪所看到的，中国核试验"可能是历史上最有影响力的事件以及是六十年代最糟的事件。"³⁰ 一方面，美国领导人把中国拥有核弹视为是吓住自己的事情。总统担忧中国由于有核实力的支撑，会向整个亚洲展示一种新的自信，从而危及该地区美国实力的地位以及在未来的亚洲危机中威慑美国实力的运用。这种威胁将迫使中国的邻国们顺从其要求，是因为毛看起来有着随意的核战争态度以及他具有认准了的意愿，会接受冲突中大量伤亡的事实，这都使得核中国似乎是不可阻挡的。³¹

另一方面，共产主义中国在 1964 年 10 月 16 日实施了核试验，对美国政策和全球不扩散核武器准则产生了长期和重大的影响。对肯尼迪总统及约翰逊总统两人而言，中国的这一成就不只是给这个小小的核俱乐部增添了一个核实力国家那么简单，它将给整个国际体系中的其它国家造成广泛的波动影响效应，像日本、印度、以色列、瑞典、瑞士、意大利、巴西、加拿大、阿联酋以及西德这些国家，就会仿效中国去发展核弹。对 20 世纪 60 年代的大多数美国官员来说，核武器扩散的近期预测前景——"第 N 个国家难题"——是十分可怕的。肯尼迪总统、国防部长罗伯特·麦克纳马拉（Robert McNamara）以及负责国际安全政策的助理国防部长保罗·尼采（Paul Nitze）预测到了 70 年代初期将会有 20 个核国家。³² 肯尼迪在 1963 年把未来的这种核武器扩散场景描述为一种真正的全球难题："我要你去思考在那么多人的手上都拿着武器意味着什么，在那么多国家的手上，有大国及小国，有沉稳国家及反复无常国家，有负责任国家和不负责任国家，散布全世界。因而人们没有可以依靠的东西，没有稳定感，没有真正的安全，而且，不存在有效的裁军。"³³ 对肯尼迪来说，要解决第 N 个国家的难题就是要阻止中国人追求核弹。为达到这个目的，当时考虑了完全不同的两个方式，一个是通过谈判达成协议，终止或限制核试验，而另一个是用先发制人军事行动来攻击位于中国西部沙漠中的核设施。虽然这两者在先发制人政策选项中分别是从极端对立的角度来处理实力转变难题的，但都有着一个重要的共同点：不扩散核武器准则的兴起是两种方式的基础，在国内及国外都给

第六章
防止核武器扩散的高压态势

每一方式提供了政治支持。在我们回忆1963年美国和苏联之间达成的部分《核禁试条约》并把它视为冷战军备控制协议的里程碑时，肯尼迪同意将其促成为全球条约，是与他决心要阻止中国的核项目并加入到全球核扩散波动效应中去直接联系在一起的。

肯尼迪总统任期的头两年里，在当局内部这是引起争议的一种立场。实际上，肯尼迪所有的高级顾问们都强烈偏向继续核武器试验，并且轻视《核禁试条约》的好处。据总统的国家安全顾问麦克乔治·邦迪（McGeorge Bundy）称，反对者中包括副总统约翰逊（Lyndon Johnson）、国务卿迪安·腊斯克（Dean Rusk）、国防部长麦克纳马拉（Robert McNamara）、中央情报局（CIA）主任约翰·麦科恩（John McCone）、核能源委员会（AEC）主席格伦·西博格（Glenn Seaborg）以及邦迪本人。[34] 在参加了1962年1月一次白宫内部会议后，一位与会者认为，在高层政府官员们就核试验的一次公开讨论中，"反核试方是会被支持者完全压倒的"。[35] 他们所担心的不仅是苏联私下的欺诈，更多的人怀疑核禁试能否阻止中国发展核弹以及那些追随中国榜样的国家。[36] 虽然内部有反对声音，肯尼迪总统没有放弃他个人信奉这个禁止核武器扩散特殊手段的想法。在1962年10月古巴导弹危机前及之后，肯尼迪立刻与苏联领导人尼基塔·赫鲁晓夫（Nikite Khrushchev）重新建立联系，再次拾起核禁试，将之作为通向全面核不扩散的重要步伐。在1962年9月给赫鲁晓夫的一封信中，总统断定"核禁试……将对制止核武器能力向其他国家蔓延产生强有力的作用。我坚定地相信达成这一目标符合我们双方利益。如果目前少量核武器被扩散了，到了形成问题的程度，我们双方都不可能获得安全保障，因为只能增加偶然或蓄意战争的可能性"。[37] 经过1963年上半年肯尼迪坚持不懈的努力，其结果是当局中的其他人如麦克纳马拉、尼采和麦科恩开始公开接受核禁试。[38]

然而核禁试是否能够作为一种全球禁止核武器扩散手段发挥作用，对此肯尼迪政府的信念仍处于迷茫之中。中国政府当即就予以拒绝。中国政府报纸《人民日报》1962年9月的一篇社论谴责美国试图"捆住中国发展核武器的手脚"。中国政府正式宣言声明："我们不能容忍这样的结果，无视中国的反对，美苏政府间达成任何类型的条约，旨在剥夺中国人民不屈从美帝国主义核威胁而迈步前进的权利。"[39] 肯尼迪总统自己曾怀疑在没有强大苏联压力的情况下中国将会同意核禁试，虽然乞求苏联人给中国施加压力，但苏联领导人反复告诫美国政府他们不会做那种事情。[40] 那么为什么美国政府要在核禁试、中国举动以及不扩散核武器之间笼统地维持着联系呢？[41] 答案是这是一种重要的象征性展示，肯尼迪把全球准则作为国家行为的诱因，以及准则反过来又是如何把对违反准则的国家采取强制行动合法化。

即便中国拒绝签署条约，条约本身通过把核试验列为非法行为，强化了1961年爱尔兰提案中已经存在的不扩散核武器准则，也将改变核武器扩散的国际政治形态。《核禁试条约》将作为一项更加周密的法律手段发挥作用，对那些无视禁止核武器扩散原则的任何国家、不仅只是中国加以谴责，这种原则给核禁试赋予了准则性力量。正如莫尔顿·海尔普因（Morton Halperin）在那时注意到的，当中国在1964年10月进行其首次核试验时，《核禁试条约》

> 因他们妨碍了有可能终结的核军备竞赛而把他们标上违法者的标签……除了中国和法国，世界上几乎所有的国家现在都把核试验视为非法……当中国引爆了核设施，那么，在这些国家的眼中，她就被视为违反了被世界多数国家赞同的国际协定。中国就是要涉足已经被另外的主要强权曾进行过的行动，是在宣示她对国际观点的蔑视。[42]

在参议院听证会上，军备控制及裁军署负责人威廉·福斯特（William Foster）表示，美苏间的核禁试将不会给中国人机会，让其用强大实力举动使他们自己的核试验合法化。[43] 此外，虽然条约本身没有对违反者做出任何惩罚性规定，它是能够用来为孤立或制裁核扩散者构建政治支撑的。正如国防部长麦克纳马拉（Robert McNamara）看到的，由不扩散核武器准则引出的最主要问题是涉及"美国、苏联及其它国家施加压力是要限制别的国家进行核试验"这样的想法。不扩散核武器准则和《核禁试条约》将给"美苏间可能发展出的合作关系……运用迄今曾被认真思量过的强力激励及制裁手段"合法化提供基础。麦克纳马拉认为更重要的是，"核禁试将使得采取高压措施并取得成效变得更加有可能"。这些措施包括"对不合作国家的（经济及军事）'惩罚'手段"。[44] 在肯尼迪1963年7月发表的一次电视讲话草案文本中，总统想要表达同样的观点。虽然中国不可能签署条约，肯尼迪仍会认为"如果对这个条约的回应能够有助于增加 [中国] 与世界社团的隔绝——如果能够鼓励其它国家对那些发展核武器的国家实施制裁"，[45] 也是有着极大价值的。按照当时正在莫斯科就《核禁试条约》进行谈判的副国务卿艾夫里尔·哈里曼（Averell Harriman）所称，苏联人也看到了与中国有关的同样政治优势。他认为赫鲁晓夫"试图让尽可能多的国家支持《核禁试条约》，这样如果中国可能是唯一拒绝在这个对不发展核武器国家来说是十分情感化的主题进行合作的国家，就把中国人给孤立起来了"。哈里曼在与苏联报纸《真理报》编辑的会谈中，被告知"如果美国与苏联达成协议，世界观点将迫使红色中国支持这个防止核武器扩散的措施"。[46]

当然，能够施加给中国的最严厉制裁是立刻摧毁其核基础设施的先发制人军事攻击。虽然肯尼迪把他的希望锁定在《核禁试条约》规定的不扩散核武器上了，很显然他也预料到了如果中国拒绝，需要采取其他措施。具体来说，肯尼迪总统和约翰逊总统两人都考虑了一系列先发制人军事选项来消除这种正在兴起的威胁，这包括由美国或中国国民党轰炸机进行空中袭击，由美国或国民党军人发动秘密地面攻击以及蓄意破坏。[47] 这个事例在美国的先发制人战争观念演变过程中成为尤为关键的重要事件，其原因是美国领导人相信当前它在准则方面是有着合法性的。这个事例不是在思量中国发展其核武器的纯粹战略利益过程中当局简单地抛弃了反先发制人战争准则。它也不是基于对反先发制人战争准则的一种例外，专门为准则允许的、以及仍是合法的那类行动类型规定了应该限制的范围。相反，反先发制人战争准则是被另一种准则主张所取代了，这种准则主张允许决策者把先发制人攻击视作是达到具体准则目标的一种合法选择。核武器扩散行为由于会极大地提升核战争的可能性，被宣告对国际和平构成潜在危险，美国领导人会相信先发制人攻击可能最终是必要的，以及是能够避免这种大悲剧的。从这方面来说，20世纪60年代初期，阻止中国核弹项目的先发制人战争选项，正好是在20世纪90年代初期对朝鲜，以及十年后对伊拉克发动先发制人战争准则体系的一种初期形式。

肯尼迪政府及约翰逊政府内部看待不扩散核武器准则和先发制人战争合法性之间的联系，在一个基本条件下很明确是置于先发制人战争选项之中的：那是设想与苏联协同努力，或者至少是在苏联默许下由美国来做。就像1965年海尔普因（Morton Halperin）注意到的，先发制人战争仍然承担着准则污名，是因为许多人质疑它是否与"美国的道德标准相容"。他建议，这个问题的可行解决途径是在就"旨在摧毁中国核设施"的一场军事攻击中进行合作，同苏联悄悄地接洽。[48] 两任总统也确是这样做的。肯尼迪政府处理完苏联在古巴的核导弹之后仅九个月，冷战关系中能够被描述为怪异的转变发生了，总统指示负责政治事务的副国务卿艾夫里尔·哈里曼（Averell Harriman）"摸清赫鲁晓夫有关限制或阻止中国核发展手段方面的看法，以及旨在达到这个目标他是否乐意由苏联采取行动或接受美国的行动"。[49] 苏联领导人拒绝考虑先发制人军事选项。然而对美苏联合行动的兴趣一直持续到约翰逊任期，直到中国核试验的前一刻。在有关中国核弹问题的一次重要内阁会议期间，政府高层领导官员，包括约翰逊总统、邦迪（McGeorge Bundy）、腊斯克（Dean Rusk）、麦克纳马拉（Robert McNamara），以及麦科恩（John McCone）一致同意"如果苏联政府感兴趣，存在着很多与苏联政府采取联合行动的可能……甚至可能就协同开展先发制人军事行动达成协议。为此,我们赞同很值得国务卿尽快就这一事项与[苏联]多勃雷宁大使进行私下探讨"。然而,在这次会议上,他们就先发制人军事选项设立了一个明确界线,是这样说的:"此时我们无意在没有挑衅时对中国核装置展开单方面军事行动。当前我们宁可接受中国的核试验发生,也不愿发起那种行动。"[50]

尽管美国政府内的众多公职人员为避免先发制人军事行动提出了多种战略理由——如成功的低可能性以及无法接受的升级风险[51]——邦迪的备忘录记得很清楚,美国的军事行动取决于苏联的合作。换言之,先发制人军事行动的政治含意、而不是军事含意是更具决定性的。约翰逊政府反对的是没有挑衅时单方面发动美国先发制人攻击。如果苏联不认可先发制人战争选项,美国很难为攻击从政治上及准则上寻找理由,强行使之成为维护不扩散核武器原则的合法手段。威廉·伯尔(William Burr)和杰弗里·雷奇逊(Jeffery Richelson)曾主张:"能够赢得国际接受的行动事件,应该是基于世界范围军备控制协议的事件,如不扩散核武器及怀疑生产核材料核查方面的条约。一旦通过协商已经达成那种协议,如果中国公然藐视这些协议,国际上将接受对中国开展行动的观念。"[52] 在1964年秋天,那样一种全球协议并不存在,而盛行的不扩散核武器准则肯定不包括强迫各国遵从的权利。对约翰逊总统和他的顾问们来说,在这种情况下进行无挑衅行为的单方面攻击,远达不到国际社会所能容忍的不扩散核武器准则要素,而这过程中那类攻击会违背反先发制人战争准则。

这并不能阻止约翰逊政府试图把不扩散核武器提上议程。实际上,中国的核试验引起了美国政府内部的极大关注,集中在先发制人行动系列的另一方面政策选项上:能够达到1961年爱尔兰提案所设立的国际《不扩散核武器条约》和强化不扩散核武器准则,使之成为全球行动的基础。这里应该赞扬苏联使得"不传播"协定获得超级大国外交论坛上的最优先地位,并且得认可苏联为达成条约所做的持续努力。可以肯定的是美国也是个自愿的伙伴,美国法律已经把向它国转让核技术设定了严格控制,美国在 1961 年支持爱尔兰提案,而美国官员最早就美国和苏联联合努力促进不扩散核武器做出反应,认为值得认真对待。然而,美国政府在某些阶段仍心存疑问,一个纯粹的不扩散核武器原则及美国正式接受条约是否真的符合美国利益。直到 1965 年年中,《不扩散核武器条约》才获得美国的明确支持。将近三年以前,苏联人就核武器扩散问题发起了获得美国正面回应的对话,[53] 正是在这些早期的讨论中,美国和苏联的具体利益才使得不扩散核武器协议对双方都有吸引力。对美国而言,《不扩散核武器条约》——就像核禁试一样——是压制中国实力的另一机制。苏联人直言不讳地承认,他们的利益一开始是由于害怕西德核武器化。国务卿腊斯克(Dean Rusk)也向他的苏联对手们承认,美国和苏联都想锁定各自在世界上享有的少数核实力优势地位,"这是无庸置疑的"。[54] 腊斯克曾在多个场合提醒苏联人,尽管"对我们极感兴趣的国家并不是必定对你们极感兴趣的那些国家,……我们可以肯定同意的是,如果他们之中没有在国家层面上发展核武器,你们和我们会都有好境况的"。[55]

虽然在 20 世纪 60 年代初期,超级大国对形成不扩散核武器原则有着显著一致的意见,在中国 1964 年首次核试验之前数月里,美国内部的审议所揭示出的、按照核能源委员会主席西博格(Glenn Seaborg)所称的是"令人吃惊的一些事情是……不扩散核武器在美国政策里仍不是意见一致的目标"。[56] 使当局未能形成正式立场的主导怀疑论者是国务卿腊斯克(Dean Rusk),在 1964 年当面临确信是正在迫近的中国核试验时,腊斯克坚决质问如果是通过在亚洲进行选择性核扩散,美国利益是否能得到最佳保障。在 11 月末的一次首脑会议上,他质问:"是不是总应该是美国不得不用核武器去对付红色中国?""任何人都能够设想出日本人或印度人愿意拥有他们自己核武器的情形。"腊斯克甚至提出"美国供应远东核储备"的概念。[57] 军备控制及裁军署(ACDA)主任威廉·福斯特(William Foster),是当局内部一贯支持推动绝对不扩散核武器政策的人物。福斯特承认"中国共产党人爆破核装

第六章 防止核武器扩散的高压态势

置将给[其它]国家带来巨大压力……导致他们发展核武器，有的以安全为由，而有的以声望为理由……一旦这个过程形成，将不可能中止"。福斯特认为，对这种压力的最好回应并不是厌恶不扩散核武器的理由，而是"要形成针对国家核能力发展更高层次的政治抑制作用，这种作用应强大到足以抗住共产主义中国核爆破的震撼力……如果我们不能解决这个问题……我们很快就会面临这样一个世界，有十个或可能二十个国家具备核能力"。福斯特附和爱尔兰提案总结道："这将是一个存在着巨大危险及非常不安全的世界。"[58]

为了有助于当局解决美国在不扩散核武器政策方面一直缺乏清晰观点的问题，约翰逊总统下令由著名的前政府官员、科学家、商业领袖和军队官员们组成一个委员会，在前国防部副部长罗斯维尔·吉尔帕特里克（Roswell Gilpatric）领导下，评估难题并提出建议。[59] 吉尔帕特里克报告于1965年1月21日提交给总统，这天对美国最终全面接受不扩散核武器准则是一个"关键时刻"，该报告是有关不扩散核武器问题以及美国有责任使不扩散核武器成为最优先重点方面仅有的信念宣言。最重要的，它超越了国务院与军备控制及裁军署（ACDA）之间的官僚主义纷争。最后，这个报告给政府指出了朝向一致拥护不扩散核武器准则和最终谈判达成《不扩散核武器条约》（NPT）的道路。每位成员都同意两个重要主张："核武器的扩散给美国安全构成了不断增长的严峻威胁，"以及"世界目前已经很接近于可能达成控制核武器传播的程度且不会回头"。其结果是，"委员会目前一致坚持这样的观点，阻止核武器的进一步传播是明显符合国家利益的，"而且"由于局势的紧迫性，"美国必须"大幅增加我们努力的范围及程度，只要我们仍有一丝成功的希望"。[60] 受到爱尔兰提案中反映的所有国家在"制止或阻碍核武器散播"方面"普遍的共同利益"吸引，委员会敦促当局"寻求尽早达成最广泛的协定以及最能发挥作用的国际条约，禁止核武器传播及禁止获得核武器"。[61]

随后几个月里，虽然当局没有正式发布，报告的研究结果被广泛知晓。约翰逊总统在1968年6月最终采取果断行动，突破了一直存在的官僚僵局，并且使美国坚定地迈上通向全面接受纯粹的不扩散核武器和《不扩散核武器条约》的道路。西博格（Glenn Seaborg）指出，纽约州的罗伯特·肯尼迪（Robert Kennedy）参议员在6月23日的演说是一个促进因素，他在演说中批评当局在不扩散核武器方面未能迅速采取行动。按西博格所称，"虽然约翰逊总统对罗伯特·肯尼迪在参议院的演讲感到恼怒，这事似乎确实是刺痛他了，并开始采取行动"。[62] 仅五天后，总统就签发了国家安全法案备忘录335，指示军备控制及裁军署（ACDA）——而不是国务院，负责牵头制定美国的不扩散核武器政策。[63] 军备控制及裁军署主任威廉·福斯特（William Foster）次月在《外交事务》发表了一篇被广为讨论的文章，文中反对任何形式的选择性核武器扩散并公开赋之"极大地增加了紧迫感"的性质，使得美国将来不得不去"对付核武器能力扩散的难题。"[64]

约翰逊总统自己似乎从来没有质疑美国的最佳立场应该是采用不扩散核武器准则。像他之前的肯尼迪总统一样，约翰逊相信中国核弹将打开无法控制的核武器扩散大门，中国核试验两天后，在他的电视演说中他描述这种结果"对全体人类是极其危险的"、是"我们必须不断反对的"问题。[65] 当美国在1965年8月向十八国裁军委员会呈送一份《不扩散核武器条约》草案以供协商时，总统把不扩散核武器称为是"所有未得以解决的人类争议中最重要的"。[66] 在他的回忆中，约翰逊这样解释了他的想法：

> 我并不担忧不久后的未来。一条漫长而又昂贵的道路分别引起了核爆炸以及发展威力巨大而又精确的导弹用以运载核武器飞越海洋及大陆的情况。而我的继任者又怎么办呢？或他的继任者又该怎么办呢？未来某个总统将不得不面对如何应付这种情形的难题。问题不只是一个中国事件。那是一个如何应对一大堆装备了核武器国家的难题，这些国家有大有小，政治稳定水平各异。我所能够做的就是在我的总统任期内尽可能地采取行动，减缓军备竞赛，在军备控制方面取得达成国际协定的成果。[67]

最后在《不扩散核武器条约》签署的 1968 年 7 月 1 日那天，在华盛顿、莫斯科和伦敦同时举行的庆典仪式上，约翰逊将之称为"自核时代开始以来最重要的国际协议"。[68]

要深化不扩散核武器准则义务的强烈想法是在 1966 年 5 月以一种参议院议案形式表达出来的，鼓励美国在洽谈《不扩散核武器条约》时发挥领导作用。该议案吸纳了在爱尔兰提案中能够找到的同样言词和理由，宣称"核武器的散播给所有国家的安全及和平构成了严重威胁"，同时"核战争危险因更多的国家取得自主核武器生产能力而变得更大"。[69] 在辩论中，议案的发起者、罗德岛参议员约翰·帕斯托（John Pastore）把核武器扩散称为"不仅对美国而且对全人类都是疯狂"和"危险的"。肯塔基州的约翰·库柏（John Cooper）参议员认为美国负有"极大责任"让不扩散核武器取得成功，而新罕布什尔州参议员诺瑞斯·柯顿（Norris Cotton）认为是一种"道德领导作用"，让美国去"引领人类远离核灭绝"。宾夕法尼亚州的约瑟夫·克拉克（Joseph Clark）参议员断言反对核武器扩散"如同反对犯罪而偏爱母性职责一样是充满矛盾的事情"。[70] 帕斯托同意说："反对这个条约就像是反对十诫一样"。[71] 对不扩散核武器议题核心的准则性主张，没有任何参议员提出反对意见。实际上，议案有 61 个共同提议人，并以 84 票赞同、零票反对一致通过。在国际层面上，不扩散核武器准则取得了同样的压倒性支持，而在 1968 年 6 月的联合国大会上以 95 票赞同对 4 票反对（其中两个超级大国和绝大多数不结盟国家都赞同），通过了《不扩散核武器条约》，正式编入准则法典。

从协同做好不扩散核武器到高压防止核武器扩散

尽管不扩散核武器作为一项准则性义务在国际体系内取得了一致和几乎普遍的支持，到 20 世纪 60 年代末奠定了其坚实的地位，《不扩散核武器条约》除了保留对和平核能研究及能源项目的支持外，认识到条约对违背其原则的国家可实施制裁是很重要的。《不扩散核武器条约》里没有任何机制强迫不顺从国家加入到不扩散核武器集团。《不扩散核武器条约》所赞赏的只是对以下原则的国际广泛接受：核武器扩散是对全球安全的一种威胁，所有国家都有责任参与到这个团队中来，而那些追求核武器的国家则是涉足了非法行为。约翰逊政府没有直接的意图要通过精心形成《不扩散核武器条约》，达到将先发制人军事行动作为禁止核武器扩散的一种强制工具以获取国际支持的目的。然而，《不扩散核武器条约》的确为未来的美国领导人建立了一种新型准则义务，使他们至少能够在国内把先发制人战争塑造成为是合法的行动方式。可是，要使先发制人战争合法化，取决于更深入地利用准则。不仅扩散核武器要被理解为是准则所禁止的，其它国家也必须被视为有权强迫其顺从，强制形式可以通过经济制裁、以及可能通过先发制人军事力量方式来实现。[72] 在随后的 25 年里，至少在美国内部，准则是如何从协同做好不扩散核武器走到高压防止核武器扩散的，这是本节的研究主题。

在 20 世纪 60 年代末，不扩散核武器准则已被正式编入法典，要通过先发制人战争来终止中国核武器项目的想法在美国政府内部已经逐渐消失。一直到 20 世纪 90 年代初发生朝鲜危机，这期间对美国来说都没再出现先发制人吸引事件。中国核弹危机距朝鲜危机有三十年的时间跨度，而距冷战初期寻求用先发制人战争摧毁苏联核项目的最高峰时期也都过了四十年了。美国历史上这些时刻间的时光流逝阶段正是准则体系发生变化故事的重要篇幅，这种变化了的准则体系塑造了有关先发制人战争选项的观念。如前几章中所述，对冷战早期阶段的美国人来说，先发制人战争是直接与日本帝国和纳粹德国的行为相联系的。亨利·史汀生（Henry Stimson）和约翰·福斯特·杜勒斯（John Foster Dulles）曾坚定地表明过这样的观点：先发制人战争无论是由法西斯独裁者或是由民主国家的总统发动的，都被视为侵略的代名词。这种看法深深地植入了早期这代人的头脑里，这代人当时正面临着美国历史上最可怕的实力转变和正在兴起的威胁，这种威胁是在此之前及之后任何一代人都没有遇见过的。对经历过与日本帝国及纳粹集团的战斗以及承受过灾难的多数人来说，无论先发制人战争的诱惑力有多强，都很难去设想美国会诉诸类似的战略行动。到了 20 世纪 90 年代，先发制人战争与美国以前敌人的侵略行为间的联系简直是完全消失了，因而那种曾很令人烦忧的历史类似性也完全消除了，而对第二次世界大战后早期时代的人们来说，那种历史的类似性曾是十分现实的。同时，其他两个新情况也使协同不扩散核武器准则进一步发展成为高压防止核武器扩散——产生于 20 世纪 80 年代的"无赖国家"概念，以及在伊拉克发现了先进核武器项目。外部世界直到 1991 年海湾战争伊拉克被击败之前都是不知晓其核武器项目的。20 世纪 90 年代初，许多政治领袖、政策分析家以及时事评论家们从不扩散核武器准则、无赖国家概念、以及海湾战争的经历总结提出一个新的准则体系，认可先发制人战争是阻止朝鲜核武器项目的一种合法手段。在我们详细研究这些新情况之前，有必要先审视另一个重要的"关键时刻"：1982 年以色列对伊拉克的奥西拉克核反应堆的空袭。

1981 年以色列的奥西拉克袭击

从 1970 年《不扩散核武器条约》（NPT）开始生效的第一个十年里，不扩散核武器的努力点主要集中在从技术上阻止非核武器国家将材料从和平核能项目转移至核武器发展方面。在印度于 1974 年爆破了其称作和平的核装置后，这一目标变得更加紧迫，让许多人担忧若有其它国家觉得不得不追随印度的榜样，不扩散核武器目标将会崩溃。那时，阿尔伯特·沃尔斯泰特（Albert Wohlstetter）就认为问题是出在和平核项目能让国家通过积累裂变材料、尤其是钚，可以"在数小时内得到核弹"，这都是在合法核行为的旗号下，"未明显违背"不扩散核武器协定。[73] 理查德·贝茨（Richard Betts）赞同普遍的国际观点，支持将《不扩散核武器条约》作为一种"针对核扩散行为有用的象征性承诺"，而他悲观地主张，"它不能够阻止核扩散"。某些国家，即所谓的"疯狂国家"、"弱小国家"，以及"被遗弃国家"等类，包括巴基斯坦、中国的台湾地区、南斯拉夫、韩国、以色列及南非，都有着强烈的安全冲动，想通过发展核武器改变他们在国际体系中特别脆弱的地位。[74] 尽管存在着怀疑观点，对印度核试验的回应政策是对无核武器国家实施更严格的出口政策，以及在美国进行新的立法，建立起对违反者实施更大范围经济惩罚措施的机制。而不是仅仅终结核援助项目。[75] 当时没有人、即便是看出现行不扩散核武器体系存在极大弱点的那些人也没有公开建议把动用兵力作为防止核武器扩散的措施。

1981年6月7日，以色列冒险对伊拉克奥西拉克核设施发动了闪电空袭，引入了一种全新的禁止核武器扩散途径——在一国的核场所能够生产出核武器之前，通过先发制人攻击摧毁它。这是核时代首次这种类型的先制人攻击。以色列实际上是单方面宣示了现存的不扩散核武器体系及国际原子能机构（IAEA）防护措施的失败，需要用更强力的可行手段阻止有关国家越过核武器门槛。让这一事件变得如此重要的是袭击打开了一扇窗口，使得准则观点里竞争中的军事攻击上升成为一种防止核武器扩散选项。梅纳赫姆·贝京（Menachem Begin）总理为他的决定辩解说，"在这种情况下，这是首要的行动，在道德上是国家自卫的首要行动。以色列没必要为此道歉。我们的行动就是公正的行动……我们将自行决定用一切手段来保卫我们的人民。我们不能允许任何敌人发展大规模杀伤性武器来对付我们。"[76] 以色列完全没有脱离其理由，这一事件中的先发制人攻击应被视为是准则上合法的一种自卫手段。

美国的国会精英们，包括加利福尼亚州民主党参议员阿兰·克兰斯顿（Alan Cranston）、马萨诸塞州民主党参议员爱德华·肯尼迪（Edward Kennedy）、纽约州民主党参议员丹尼尔·帕特里克·莫尼汉（Daniel Patrick Moynihan）和纽约州共和党参议员阿方瑟·迪阿马托（Alfonse D'Amato），引领着核武器扩散问题的一种新观点，这种观点直

第六章
防止核武器扩散的高压态势

到 1991 年以后才占据主导。根据这种观点，仅仅是猜疑某个国家，例如伊拉克、朝鲜或伊朗，正在发展核武器项目，就足以得出某个时候这些国家就会拥有核武器的结论（即便支持这一结论的证据至多是粗略的）。最重要的，如果不扩散核武器在准则上是最重要的，而理由也是充分的，那么动用先发制人军事力量是取得同样目标的合法手段，接受这一立场的那些人相信，要把针对《不扩散核武器条约》违背行为的国际防护措施作为确保遵从条约的手段是空洞无力的。国际原子能机构（IAEA）甚至无法发现核材料从和平项目被转移到武器项目，更不可能去调查致力于发展核武器的秘密项目。在对支持 2003 年与伊拉克开战的那些人提出的各种理由进行详细预审时，克兰斯顿（Alan Cranston）参议员以这种方式看待问题："伊拉克核项目形成了极大威胁。伊拉克是个激进的、反复无常的国家，一贯使用恐怖主义手段，自以色列成立以来一直与以色列处于战争状态……伊拉克已经储存了最敏感的核技术及现成材料，用以改变其主要石油供应国的地位。"按克兰斯顿的说法，中东固有的核武器扩散危险使得以色列的先发制人袭击"无可争辩是自卫性的，而不是进攻性的"，就像 1962 年美国可能向古巴的苏联导弹发动攻击一样。莫尼汉（Patrick Moynihan）参议员宣称，"我同意采取任何形式来清除核装置"。肯尼迪（Edward Kennedy）参议员转而责怪危机的产生是由于控制欧洲供应商技术流向的现有机制失效，使得伊拉克能够去生产核弹。肯尼迪认为，当不扩散核武器的和平手段无法阻止这种技术的散播时，如果相信兵力是可以用来达到同样的、对其自身安全是如此关键的不扩散核武器目标，其它国家就"不应该在事后指责以色列"。[77]

尽管这是试图阐明一种防止核武器扩散的新型准则观点，用以支持先发制人军事攻击，从反先发制人战争准则引发的美国官方及全球反应宣称，这种先发制人军事空袭并不能由现行的不扩散核武器准则断定为是有理的。相反，以色列的袭击违反了已深深扎根的关于动用军事力量防止侵略的国际规范。虽然罗纳德·里根（Ronald Reagen）总统承认以色列只是由于担

235

忧伊拉克的举动而发动袭击的，[78] 白宫描述他对奥西拉克袭击的反应是"震惊"、"忧伤"以及"困扰"。[79] 更重要的，美国实际上与伊拉克在联合国合作，精心起草了一份安理会议案，"强烈谴责以色列公然违反联合国宪章以及国际共同准则发动军事攻击"。[80]1981 年 6 月 19 日，安理会一致通过该议案。[81] 投票前，在安理会的发言中，美国大使珍妮·柯克帕特里克（Jeanne Kirkpatrick）宣称，美国要承担起应对"核武器扩散危险的责任"。然而，她断言："我们相信以色列选择这种方式来平息伊拉克核项目所引起的担心已经伤害了，而且无助于地区的和平与安全。"[82] 美国在袭击后超过两个多月的时间里暂停交付以色列购买的 F-16s 战机，直到弄清楚以色列的攻击是否——使用了美制 F-16s 和 F-15s 战机——违反了 1976 年的武器出口控制法案。这一法案规定，卖给外国的所有军事设备只能用于自卫，而不得用于侵略目的。尽管到了 8 月中旬，当局决定交付战斗机，但并未终结对以色列这一行为特性的立法调查，美国与伊拉克合作提出谴责议案成为针对以色列的污点，也成为反先发制人战争准则持续发挥作用的有力标志。[83]

无赖国家和 1991 年海湾战争揭示的核武器扩散教训

十年后，伊拉克再次处于"关键时刻"的中心位置，这个时刻兴起了现在可以称作的"防止核武器扩散责任"。在这个时刻，美国许多人把防止某些国家获得核武器视为最重要的事，使得动用强大军事力量以达到这个目标的一种新准则主张越来越看起来是合法的。具体来说，伊拉克入侵科威特及其后果产生了三种影响。首先，它导致发现了伊拉克存在着高级阶段的核武器项目，完全逃脱了国际原子能机构（IAEA）的注意，因此，许多人相信传统不扩散核武器机制是靠不住的。其次，它再次引发国际社会重视不扩散核武器的责任，包括采取更加严厉的强制措施，从而使得美国许多人思量用先发制人攻击来解除某些国家的武装是必要的，而且是适宜的手段。最后，它将"无赖国家"的概念纳入了美国外交政策的词典，并开启了一种新型准

第六章
防止核武器扩散的高压态势

则主张，把强力或惩罚性对待那些国家视为是合法的。综合起来，这个关键时刻的三个特性给 1993—1994 年没有丝毫准则性迟疑就要考虑对朝鲜进行先发制人攻击作好了准备。

1991 年的海湾战争不仅成功地把伊拉克赶出了科威特，也导致发现了其完全躲过国际注意力的高水平核武器项目。最重要的是认识到伊拉克已经很接近实际组装出一枚核弹了，伊拉克是《不扩散核武器条约》的签署国，并且接受国际原子能机构（IAEA）的定期核查。国际原子能机构曾多次判定伊拉克遵守了其作为一个无核武器国家对《不扩散核武器条约》所承担的义务。十年前，乔治·奎斯科（George Quester）是对传统不扩散核武器政策效力一直持乐观看法的一位人物，他曾预言像那种发现会震撼整个不扩散核武器体系。[84] 这的确是核设施发现后在美国决策者、学者和时事评论家中产生的效果，也包括国际社会以及国际原子能机构自身。[85] 面对坚定的核武器扩散者们，其反应不是把不扩散核武器当作无望的目标给抛弃掉，而是在全球层面再次唤起不扩散核武器准则，并寻求用更有效的方式制止核扩散。通过追忆发现，伊拉克的秘密核武器项目可能是以最具戏剧性的方式，应和了冷战结束后美国人对核武器扩散不断增长的担忧。甚至在伊拉克入侵科威特之前，布什政府就强调地区性危险是用装备了化学或核载荷的弹道导弹武装起来的侵略国家。正像许多人从伊拉克事件看到它是一个"可避免的梦魇"，并大声地说出他们的担忧，在伊拉克拥有已完全成熟的核能力以支撑其侵略意图之前，伊拉克没有攻击科威特又会怎样呢？这个问题以怪异的方式暗指美国很幸运，萨达姆·侯赛因（Saddam Hussein）莽撞地与具有实力同盟的国家发生战争，而那个强大的盟国参与冲突只是意味着要赶走入侵的伊拉克，却发现了伊拉克核武器项目。[86] 克林顿政府官员不仅采纳了侵略性地区性国家拥有核武器是十分危险的这种观点，他们还把防止核武器扩散提升到是冷战时代一种"紧迫的"国家重点事项的地位。克林顿总统在 1993 年 9 月联合国大会发言中直接援引伊拉克事例，提醒世界领导人"库尔德妇女和儿童被毒气杀死",以及在海湾战争中空中掠过的导弹落入沙特阿拉伯和以色列,他指出,如果这些导弹"载有核武器"将产生"深远"的影响,"这些武器使整个地区不稳定。它们将使局部冲突演变成一场全人类和全球环境的灾难……我已经决定把阻止核武器扩散作为我们国家最重要的事项之一"。[87]

可能最重要及无法避免的是,从伊拉克发现事件中得出的结论是不扩散核武器实施体系的核心——使用了二十年的出口控制和国际原子能机构(IAEA)适时防护——不能被信任能够控制核武器扩散了。正如数位学者曾指出的,发现国际原子能机构的短处的确不应惊讶。甚至在《不扩散核武器条约》生效后,对该机构的工作存在一种强烈的偏见,反对该机构担当那种高压监视者角色,认为这样会遏制核技术的商业应用。其结果是国际原子能机构不得调查未经申报的场所,而这种场所就可能用于秘密武器工作。例如,在伊拉克,"当核查员们正在做一项常规检查……战争之前,当问及邻近伊拉克反应堆旁的建筑物时,伊拉克人说它们是用于非核研究的。因为他们没有公开场所,国际原子能机构也没有可疑行为的证据,没有理由去检查这些建筑物,后来才弄清楚这些建筑物里有一个放射性同位素试验室,用于钚分离的研究工作"。[88]

如果不扩散核武器是首要的,要产生效果似乎得依靠有一个更强大的国际要求,可疑的核扩散者在不扩散核武器准则下遵守他们的义务。[89] 总而言之,"美国人的炸弹以及作为终止战争的条件对伊拉克实施的特殊突击核查,而不是国际原子能机构的常规管束措施,揭示并阻止了巴格达的新生核力量"。[90] 其结果是从伊拉克战争得到的、普遍认识到的这种教训,在1991年及1992年不只在美国,而是在全球范围内重申了对不扩散核武器的承诺,采取行动使该系统更加严格。1992年中国和法国正式加入到《不扩散核武器条约》行列;南非在取消了种族隔离当局维持的武器项目后,向国际核查开放了其核设施;作为成为《不扩散核武器条约》成员国的重要步骤,阿根廷和巴西与该机构签订了预防协定。伊拉克战争后发生的、奠定了使高压防止

第六章
防止核武器扩散的高压态势

核武器扩散措施合法化的基础方面的最重大进展，可能是 1992 年 1 月在联合国安理会首次聚齐了各国首脑时发生的。在这次历史性会议上，成员国一致通过一份首脑宣言，重申各类大规模杀伤性武器的扩散对国际和平及安全构成威胁。宣言申明，所有成员国都有"义务"防止扩散，并且最重要的，"在国际原子能机构通知存在违反情况时，安理会成员将采取相应措施"。[91]

海湾战争肯定没有强大到使反对核武器扩散国际观点的"相应措施"自动包含军事力量的先发制人使用。但把核扩散行为标为是对国际和平及安全的威胁，是有助于创立一种防止核武器扩散规则的，这种规则在理论上能够导致安理会支持按联合国宪章第七章使用军事力量，阻止特定国家发展核武器。[92] 约瑟夫·奈（Joseph Nye）很快将被克林顿当局任命为负责国际安全事务的国防部副部长，他在 1993 年指出，"如果反对核武器扩散者的合法性推论是十分强烈的，根据联合国宪章第 51 款允许自卫行为，抢先行动很有可能变成是可以接受的"。[93] 其实美国的政策，按国务卿华伦·克里斯托夫（Warren Christopher）在参议院证实听证会上所宣称的，新政府想要在海湾战争得出的教训基础上重塑工作，"通过改进情报工作、出口控制、奖励、制裁及必要时动用武力，与其他国家一齐全力劝阻核扩散行为"。[94] 这种新兴观念的含意，对长期占据主导的反先发制人战争准则而言是无法理解的。克里斯托夫国务卿与一大堆防卫分析家们在美国政策圈内首次公开示意，先发制人军事力量有可能在美国外交政策方面充当合法角色。此外，即便政府高层频繁地主张先发制人攻击在阻止地区实力转变方面现在是必要和适宜的手段，它在广阔的美国政治体系内部并未激起持续的准则反对意见，而在 20 世纪 40 年代末期和 50 年代同样的情形下，对先发制人战争主张产生了明确的准则性反对意见，当时这种反对声音是如此充满生机并被广泛地表达出来。

海湾战争后，对采取高压防止核武器扩散来加强对军力使用的政治一致性，这方面的观点是否会被普遍接受，尤其是在国际上能否被接受，一些分析家确实表示怀疑。实际上，这些怀疑反映出政治上抗拒先发制人战争观点

239

的一种延绵信念。然而,有趣的是在 20 世纪 90 年代有关高压防止核武器扩散的文献里,对先发制人战争政治生存力的怀疑观点,是以一种含糊及短暂的方式表达出来的。[95] 我们没有发现曾在早期年代把先发制人战争描绘为一种非法战略形式那种明确易懂的准则性词语。仅在很少的实例中,我们发现先发制人战争被标作是与美国抗拒侵略战争的传统相矛盾的,不应为美国政治体系所接受。[96] 要理解这种变化的关键,应该回到使追求核武器成为被禁止行为的不扩散核武器准则。以下两方面清晰及重复的联系能够很好地解释反先发制人战争准则的缺失:使不扩散核武器准则成为后冷战时代重点的重要性,以及似乎最有可能通过秘密核武器项目来挑战准则的所谓无赖国家。无赖国家,如伊拉克、伊朗、朝鲜以及利比亚,被描绘成是国际体系中最具危险性的角色,危险到他们拥有核武器会被说成是完全"不能容忍的"。同样重要并曾引起争议的是,无赖国家因他们自己的行为和野心,将自己置身于文明社会准则之外,因而不配获得同样的主权保护权利——就像免受非挑衅攻击的权利——而其他国家则享有。对有着核野心无赖国家的惧怕以一种效力显著的方式使得防止核武器扩散政策获得了政治支持,事实上其效率之高,有助于形成一种新的准则架构,让许多人把先发制人战争接受为能够确保无赖国家遵守不扩散核武器全球义务的合法选择方式。

《不扩散核武器条约》及其支撑的准则并没有把国家分为"负责任的"和"不负责任的"、"文明的"和"不文明的"、"无赖的"或"亡命的"。在将近二十年时间里,不扩散核武器体系内最紧要的唯一级别就是现有核武器国家与所有无核武器国家间的区分。20 世纪 70 年代的一些学者们,如沃尔斯泰特(Albert Wohlstetter)、里查德·贝茨(Richard Betts)及罗伯特·哈卡维(Robert HarKavy),曾指出国际体系中的"被遗弃者"及"被放逐者"更有可能寻求建立自主核力量。但这是一群与 20 世纪 90 年代那些被认定的无赖国家完全不同的国家类型。20 世纪 70 年代及 80 年代初期,被遗弃的国家包括南非、以色列和巴基斯坦,以及中国台湾地区,所有这些国

第六章
防止核武器扩散的高压态势

家都具有"处在危险的外交隔离状态,在超级大国结盟体系中缺乏确定、可信赖的安全支撑或政治系泊的特征",或曾"在国际论坛上成为强加的及无情的羞辱和谴责目标"。有人认为他们具有极大的核武器扩散危险,不是因为一旦他们拥有核武器就会倒向扮演一种更具侵略性的国际角色,而只是因为他们被隔离及脆弱,使得他们有更大的动机在寻求安全时去违反不扩散核武器准则。[97] 从 1980 年 1 月至 1990 年 12 月间八家主要美国报纸刊登的所有文章中,"无赖"这个字眼仅出现了十余次。然而,作为截然不同的国家群体,现在无赖是与支持恐怖主义、追求大规模杀伤性武器,以及藐视国际准则和挑战现行全球秩序的种种意图相联系的。此外,无赖国家的名单目前集中在朝鲜、伊拉克(但仅是在入侵科威特之后才列入的)和利比亚,这份名单是来源于整个 20 世纪 90 年代美国的观点。[98] 迈克尔·克莱尔(Michael Klare)指出,里根(Ronald Reagan)总统在 1985 年的一场重要政策讲话中把古巴、伊拉克、利比亚、尼加拉瓜和朝鲜描绘为"反叛国家",因为他们支持恐怖主义,从而在政策圈强化了恐怖主义和无赖行为间的联系。[99] 在 1990 年初,在为继续进行战略防御反弹道导弹系统的研究辩护时,乔治·H·W·布什(George H·W·Bush)总统添加了由支持恐怖分子的无赖政权所形成的核导弹威胁这类危险。[100]

在 1990 年 8 月以前,没有一个引人注目的事件能具体表明无赖国家实际构成了决策者们归咎于他们的那种威胁。他们对恐怖行为的私下支持或秘密武器项目是不透明的,很难观察到,而且对许多美国人而言,这是一种推测的危险。伊拉克人对科威特的入侵完全改变了这一切。正如克莱尔描述的,萨达姆·侯赛因(Saddam Hussein)给无赖国家这个概念贴上了"人脸图片"。这个唯一的侵略行为——就像纳粹德国 1939 年对波兰发动闪电入侵一样——有助于明确无赖国家被称为具有的一长串特征。无赖国家被认定是本质上更具侵略性,愿意以意识形态的狂热冒风险或渴望强大,不愿进行理性决策,很难靠报复威胁被吓唬住,并且对人类承受的苦难麻木不仁——这包括他们的受害者以及也同样包括他们自己的公民——都是由于他们可能点燃或挑起的战争所造成的。萨达姆·侯赛因（Saddam Hussein）成为无赖领导人的理想象征，一个追求核弹的侵略"狂人"。[101] 与通常对不扩散核武器做出的承诺一样，关于无赖国家的这种观点被克林顿政府拾了起来，并将其作为美国外交政策的核心。

朝鲜危机最高峰时，国家安全顾问安东尼·莱克（Anthony Lake）在《外交事务》的一篇文章中认为，美国试图在冷战后创建一个具有民主机制和自由市场扩张，以及和平解决冲突和集体安全准则的世界，对这种努力的最大威胁来自古巴、朝鲜、伊朗、伊拉克和利比亚。这些都是"反叛"、"顽固"、"桀骜不驯"的国家，他们的"行为常是侵略性的和挑衅性的"，"是压制基本人权和提倡激进的意识形态"，同时追求"野心庞大和成本高昂的军事项目——尤其是大规模杀伤性武器及导弹输送系统——通过对巨型均衡器的畸形追求来保护他们的统治或向国外推广他们的意图"。[102] 正像保罗·霍伊特（Paul Hoyt）通过对 1993 年至 1998 年间克林顿政府使用无赖国家概念的详细研究，发现它"已达到美国外交政策制定结构非常高的层级"；实际上，这时期所有提及无赖国家的有 58% 是来自总统、国务卿、国防部长以及参谋长联席会议（JCS）主席。[103] 例如，通过研究，四年期间克林顿总统曾使用这个词语五十四次，其中一次总统宣称"冷战结束时我们所争取的是要对这些新的危险——像伊朗及伊拉克那样的无赖国家……击溃这些有组织的毁灭性力量是我们国家面临的最大挑战之一"。[104] 亨利·索科尔斯基（Henry Sokolski）注意到，到了 20 世纪 90 年代初期，成为难题的"核武器扩散"已经变成"技术诀窍、核物质以及专用设备向伊朗这样的无赖国家传播的同义词"。[105]

整个 20 世纪 90 年代，无赖概念引来了许多批评，认为这个政治化的词语遮掩了它混在一起的不同国家间的重大差异。[106] 尽管存在这种有根有据的批评，无赖概念提供的是可想象到的最佳平台，能鼓动起国内对那些矛盾及

第六章
防止核武器扩散的高压态势

风险政策的政治支持,这些政策是有可能对反对意见产生削弱作用的。正如贝茨(Richard Betts)注意到的,通过把某个统治集团描绘为本性是"坏的或不负责任的",美国人在看待他们追求核武器时有一种"轻视其防御性目的的倾向",而去臆断这些对手的最坏意图。[107] 如果这些国家实际表现出加在他们身上的特性,政策就更可能被推向选择强迫或惩罚类(例如,制裁及动用武力),并有可能将之作为对无赖国家造成的难题具有正面影响的唯一政策。[108] 从这个角度出发,无赖国家是不能被相信会通过谈判忠实并遵从限制危险武器的国际协定。无赖国家是不可能被实际使用,或威胁使用他们可能一直在寻求的那种可怕武器吓唬住的。如果这是实情,从实用角度看,先发制人战争作为一种必要手段来强迫无赖国家在国际体系中采取一种更少具威胁性的立场,是可以接受的。

无赖国家概念带来的另一种准则尺度曾被用来支持把先发制人战争列为一种合法选择方式。在1990年伊拉克入侵后几周里美国防御兵力赶到沙特阿拉伯时,布什总统坚称"伊拉克的入侵绝不仅是对小国科威特的军事进攻,那是对国际秩序及文明理念精髓的一次强暴",[109] 并在随后把他比成与阿道夫·希特勒(Adolph Hitler)一样的暴君。国家安全顾问莱克(Anthony Lake)在《外交事务》上刊登的文章中,用几乎同样的言词表达了一样的观点:无赖国家"不只是选择置身国际家庭之外",他们"也强暴了其基本价值"。在这里,我们发现至关重要的准则性主张,把无赖国家列为是有关先发制人军事力量新观念的关键性概念。不仅把无赖国家说成是卷入了危险并非法的国际行为、支持恐怖主义并蔑视反对核武器扩散的全球准则。通过他们自己的举动,无赖国家攻击了冷战之后建立的、美国人视为合法的国际秩序,把他们自己置于文明社会以外。其结果是,许多人开始主张文明世界有权使用特殊手段惩罚他们或把他们视为威胁而压制他们。[110]

史蒂芬·沃尔特(Stephen Walt)和莱尔·古德斯坦(Lyle Goldstein)曾准确地指出无赖国家观点在20世纪80年代及90年代并不是一个全新的

概念。冷战的大部分时间里，苏联和共产主义中国曾被描绘为同样的影像，不仅是倾向颠覆公正的国际秩序，是毫无理性、意识形态严重的侵略者，也在积聚随着时间流逝能够使这种威胁更可能实现的军事力量。[111] 就如前几章揭示的，那时无赖国家概念没能使先发制人战争选项开放为准则上可接受的行动方式，可用来对付这些更具危险性的敌手。我们又如何解释这种差异呢？在20世纪90年代，先发制人战争选项最重要的特性是，它是基于不扩散核武器准则和无赖国家概念之间的联系，而不是其中任何单独的一个。在冷战早期，苏联对核武器的追求以及在20世纪50年代中国军备实力的增强就没有被看成是非法行动。尽管这种实力转变对美国安全是可怕的，以及是一种潜在危害，但他们并没被看成是非法举动，能够合理地支持先发制人军事反应。只是不扩散核武器准则加入后，才开启了一种新型准则架构，对核弹的这种追求变成了非法行为。许多人把这种架构视为建立了合法行动的基础，能通过强制行动来阻止那些国家忙于危害文明世界。

1993年至1994年间，当决策者们面临朝鲜威胁要退出《不扩散核武器条约》（NPT）时，从最近的伊拉克危机得到的刻板教训表现得是显而易见的。如果有关国家背离他们的不扩散核武器义务，国际社会必须面对一个"严酷的抉择"：去"承认并接受[背叛者的核武器项目]，或去构建一个联盟，开始实施制裁，并且如果需要就维持下去，甚至可能达到轰炸的程度"。[112] 海湾战争与伊拉克"躲开的梦魇"结束后仅仅两年，克林顿政府，尤其是国际原子能机构（IAEA）都不愿看见梦魇在核武装了的朝鲜变成现实。美国的立场是不能容忍朝鲜拥有核武器，以及为高压防止核武器扩散措施，甚至可能动用先发制人攻击打造政治支持，为了给这种立场辩护，克林顿政府专门拉来了在国际上将其定义为非法的无赖国家概念，把核武器扩散描绘为是对国际和平与安全的一种不能容忍的威胁，也拉来了1992年的联合国安理会决议，以及作为一种周密法律手段把朝鲜所从事的行为指控为非法举动的《不扩散核武器条约》。朝鲜威胁撤出《不扩散核武器条约》足以造成一种政治危机,促使美国采取更激烈的外交行动,同时做好军事准备,在经济制裁导致战争的情况下防卫韩国。危机也致使国际原子能机构(IAEA)做出顽强努力,要让朝鲜顺从其超出《不扩散核武器条约》所规定的、更具突然性的核查要求。

1991年突然发现伊拉克大规模核武器项目给了国际原子能机构这个组织羞辱性一击。其领导人不仅决定将永不再犯这类错误,对伊拉克强制性、更严格核查的成功实施,也让国际原子能机构将之视为是同样能运用于其他怀疑存在核武器项目的一种合适模式。结果国际原子能机构在危机中扮演了一个独立角色,动用从《不扩散核武器条约》得来的授权,以及从不扩散核武器准则获得的合法权利,要努力迫使朝鲜接受对其数十年以来核行为的彻底审查。国际原子能机构向克林顿政府施压,支持与朝鲜人全面合作的要求。[113] 然而,政治危机不足以让安理会达成同意强制性行动的一致意见。如果在这个事件上外交失败了,而克林顿政府决定接受用先发制人攻击来阻止朝鲜核项目的代价,很难想象一直坚持只使用经济制裁的联合国安理会会认可这种防止核武器扩散的方式选择。这一事件明显提示了尽管对无赖国家的恐惧加上防止核武器扩散的规则,使得美国人更愿意去考虑先发制人战争选项,而这种新的准则性架构并没有扩散至全球范围。

美国和朝鲜达成的框架协议结束了当时的核危机,至少是提前了几年。尽管克林顿政府官员针对指责协议是给朝鲜一个赠品的批评为协议辩护,但他们自豪地指出这对美国是划算的,既把朝鲜留在了《不扩散核武器条约》里,同时又允许国际原子能机构(IAEA)实施常规防护程序并未要求的特别核查。框架协议也使得克林顿政府避免测试公众对把先发制人战争选项作为防止核武器扩散手段的容忍度。其结果是,虽然我们看到防止核武器扩散规则以一种新型准则架构正在发挥作用,被公开用于判断高压措施方式的合理性,在美国国内它是否能在政治上获胜,战胜可能对先发制人战争的准则性阻力,在这方面仍是未知的。然而我们所能知晓的,是在美国国内不存在对先发制人军事攻击的反对意见,这种意见应该是由反先发制人战争准则引发出来的。正如本章一开始指出的,占据主导的公开声音,尤其是来自国会及社论作家们的声音,迫使克林顿政府对朝鲜采取一种强硬路线。甚至批评克林顿最厉害的《华盛顿邮报》专栏作者查尔斯·克劳萨默(Charles Krauthammer),不断地支持把动用军事力量作为一项合适的具体选择方式,因为这样能够阻止无赖国家违反《不扩散核武器条约》规定的国际义务。[114] 在朝鲜危机之前及之后,倾向把先发制人战争列入的大多数分析家们所强调的不是先发制人战争的准则性含意,而是其军事含意。这些是占主导的考虑:缺乏所有重要核设施坐落位置的情报,不可能通过空袭摧毁那些分散和秘密的场所,必须要进行高代价的入侵及长时间占领才能有效地消除无赖国家的核武器项目,以及升级至更大军事冲突所导致的人员和经济损失。[115] 正是这些军事方面的顾虑,而不是准则方面的顾虑,使得克林顿政府同样远离了对朝鲜发动先发制人攻击。

1994年之后的那年,朝鲜危机得以解决。迈克尔·曼德尔鲍姆(Michael Mandelbaum)在《外交事务》上发表文章,仍然怀疑在缺少世界上某处实际使用核武器那样可怕的"创伤性经历"时,美国人会接受先发制人战争。正如他准确指出的,先发制人战争"既不是国际法的基础,也不存在一个完备的历史先例"。他断定如果它将成为可行的战略选项,"美国公众将不得不接受先发制人战争为一种准则,那是在冷战期间从未要求要做的事情"。[116] 而对美国人接受先发制人战争意愿的真正测试是直到2002年至2003年间才实现的,那正是第二次伊拉克战争的前奏阶段。如果一场创伤性经历对驱使美国人倾向先发制人战争是必需的,2001年9月11日的恐怖袭击明显起到了这种作用。这期间伊拉克人并没有干什么却形成了政治危机。虽然朝鲜在1993年威胁要退出《不扩散核武器条约》,制造出一场危机,但在布什政府公开提出战争观念之前将近有四年时间,伊拉克实际上一直在抗拒海湾战争后要由国际核查团实施的核查。作为国家政治危机"9·11"发挥了作用，允许总统把伊拉克及其公认的大规模杀伤性武器项目推上议程。然而，对伊拉克发动先发制人战争并不只是一个后"9·11"故事。布什政府从详尽阐述了数年的概念引入了同样的主题：拥有核武器的无赖国家、必须捍卫的不扩散核武器准则、用高压军事行动或许能够对付核武器散播者、依靠由接连不断地要求伊拉克全面及可核查地遵守《不扩散核武器条约》义务的联合国安理会决议所赋予的法律手段。伊拉克与恐怖分子有着联系的幽灵——这是由当局强加上的——使得许多美国人觉得威胁看起来是确确实实的，他们与美国国会一起似乎更愿意拥抱先发制人战争逻辑，并把它作为防止核武器扩散的一种选择方式，这一事件是下一章，也是本书最后一章所讨论的中心内容。

注　释

1. Michael Mazarr, *North Korea and the Bomb*（New York: Palgrave Macmillan, 1997），35—45, 103—104. 有关国际原子能机构（IAEA）与朝鲜政府间的交锋，见第五章和第六章。

2. Joel S. Wit, Daniel B. Poneman, and Robert L. Gallucci, *Going Critical: The First North Korean Nuclear Crisis*（Washington, DC: Brookings Institution Press, 2004），27.

3. Leon V. Sigal, *Disarming Strangers: Nuclear Diplomacy with North Korea*（Princeton, NJ: Princeton University Press, 1998），90—92. 然而这个判断在政府专家中存有争议。Ibid., 94—95.

4. Wit, Poneman, and Gallucci, *Going Critical,* 55.

5. Daniel Williams, "U.S. Warns North Korea on Nuclear Weapons," *Washington Post,* July 11, 1993.

6. Steven A. Holmes, "Clinton Warns North Korea Against Building Atom Bomb," *New York Times,* November 8, 1993.

7. Bill Clinton, *My Life*（New York: Alfred A. Knopf, 2004），591, 602. 参见国家安全顾问安东尼·莱克（Anthony Lake）1993年在乔治敦大学的政策演讲，"From Containment to Enlargement," 他在演讲中主张，美国必须果断做好单方面攻打朝鲜的准备。参见前国

务卿玛德莱娜·奥尔布莱特（Madeleine Albright）回忆录，*Madame Secretary*（New York: Miramax Books, 2003），456。

8. Sigal, *Disarming Strangers,* 59—60.

9. Wit, Poneman, and Gallucci, *Going Critical,* 106—107.

10. R. Jeffrey Smith, "Perry Sharply Warns North Korea," *Washington Post,* March 31,1994.

11. Don Phillips. "Sanctions a First Step, U.S. Warns North Korea," *Washington Post,* April 4, 1994. 一个月后，他在国家新闻俱乐部演讲中表达了同样的观点，见 Thomas W. I.ippman, "Perry Offers Dire Picture of Failure to Block North Korean Nuclear Weapons," *Washington Post,* May 4, 1994. 政府内部强化先发制人攻击选项，在其中佩里起到的作用，见 Wit, Poneman, and Gallucci, *Going Critical,* 204.

12. Sigal, *Disarming Strangers,* 251.

13. Representative John Murtha (D-PA) was a prominent exception. Ibid., 50.

14. John McCain, "We Can't Show Weakness to North Korea," *New York Times,* March 28, 1994; "On the Brink with North Korea," *New York Times,* May 19, 1994; Keith Bradsher, "Bradley and Gingrich Back Trade Curbs on North Korea," *New York Times,* May 30, 1994; "Mr. McCain's Risky Korea Strategy," *New York Times,* October 27, 1994.

15. Brent Scowcroft and Arnold Kanter, "Korea: Time for Action," *Washington Post,* June 15, 1994.

16. Lally Weymouth, "North Korea: Talk Means Nothing to Gangsters," *Washington Post,* December 14, 1993; Robert Gates, "The Rogue Probably Has the Bomb: Now What Do We Do?" *Los Angeles Times,* June 17, 1994; Dennis Ross, "Don't Rule Out Force," *Washington Post,* January 10, 1993; Richard Haass, "Keep the Heat on North Korea," *New York Times,* June 17, 1994; Philip Zelikow, "Can Talks with North Korea Succeed?" *New York Times,* June 24, 1994. See also Larry DiRita, "Clinton's Naiveté on North Korea Could Be Deadly," *Wall Street Journal,* August 25, 1993; Brent Scowcroft and Richard Haass, "Foreign Policy Nears a Peril Point," *New York Times,* January 5, 1994; Henry Kissinger, "No Compromise, but a Rollback," *Washington Post,* July 6, 1994; Arnold Kantor and Stephen Hadley, "North Korea: The Clock is Ticking," *Forum for International Policy* (Fall 1993); Richard Perle, "The Best Defense Against North Korea," *Wall Street Journal,* May 3, 1994; Casper Weinberger, "The Appease-

ment of North Korea," *Forbes,* November 21, 1994.

17. Lally Weymouth, "The North Korean Bomb," *Washington Post,* June 7, 1993; Charles Krauthammer, "North Korea's Coming Bomb," *Washington Post,* November 5, 1993; Charles Krauthammer, "Heading off Nuclear Outlaws," *Washington Post,* April 1, 1994; Lally Weymouth, "North Korea and the Specter of War," *Washington Post,* April 6, 1994; George F. Will, "No Time to Waste on Korea," *Washington Post,* June 9, 1994; Charles Krauthammer, "Get Ready for War," *Washington Post,* June 3, 1994. See also "North Korea's Bomb Threat," *Wall Street Journal,* March 17, 1993; Frank Gaffney, "Delusions Over North Korea," *Washington Times,* June 16, 1993; "Eyeball to Eyeball with North Korea," *Economist,* November 13, 1993; William Safire, "Reactor Roulette," *New York Times,* June 2, 1994.

18. "In North Korea, Try Diplomacy First," *New York Times,* April 8, 1993; Dave McCurdy, "Sanctions Won't Work," *New York Times,* November 8, 1993; William Taylor, "Heading off a Korean Showdown," *Washington Post,* November 19, 1993; Alan D. Romberg, "Back from the Brink," *Washington Post,* December 21, 1993; "If North Korea Has Bombs," *New York Times,* December 28, 1993; A. M. Rosenthal, "The Price of Korea," *New York Times,* January 21, 1994; Patrick E. Tyler, "Living with North Korea's Bomb," *New York Times,* January 23, 1994; "Is Administration Doing Enough?" *New York Times,* February 6, 1994; Jim Hoagland, "Containing North Korea," *Washington Post,* March 10, 1994; "Beware the Hawks on Korea," *New York Times,* March 22, 1994; Gary L. Ackerman, "It's Sense to Keep Talking to North Korea," *New York Times,* April 5, 1994; Eugene Carroll, "Overstating the Danger of North Korea," *Washington Post,* April 22, 1994; Donald Gregg, "Offer Korea a Carrot," *New York Times,* May 19, 1994; Jessica Matthews, "Psyching Out the Hermit Kingdom," *Washington Post,* June 10, 1994; Anthony Lewis, "On Korea, Resolve," *New York Times,* June 13, 1994; Richard Cohen, "What's the Rush on North Korea?" *Washington Post,* June 16, 1994; Donald Gregg, "Korea: Toughness and Talk," *Washington Post,* June 17, 1994; Jessica Matthews, "North Korea: A Path Not Taken," *Washington Post,* June 19, 1994; Hobart Rowen, "Cheaper than Nuclear War," *Washington Post,* June 23, 1994.

19. Wit, Poneman, and Gallucci, *Going Critical,* 102, 181.

20. Clinton, *My Life,* 603.

21. Wit, Ponenian, and Gallucci, *Going Critical,* 103—105, 107, 179—181, 208—211; Sigal, *Disarming Strangers,* 60—61, 75—77, 122, 155. 参见负责政策的国防部副部长沃尔特·斯洛克姆（Walter Slocombe）下的结论, 1994 to 2001, in "Force, Pre-emption, and Legitimacy," *Survival* 45（Spring 2003）: 126—127. 那时的新闻报道也强调主要的担忧是战争成本。见 Barton Gellman, "Trepidation at Root of U.S. Korea Policy," *Washington Post,* December 12, 1993; Barton Gellman, "Perry Outlines Korean 'Carrots and Sticks' Plan," *Washington Post,* February 3, 1994; Michael Gordon, "U.S. Aide Admits North Korea Nuclear Policy May Not Work," *New York Times,* May 6, 1994; Stephen Engelberg and Michael Gordon, "Intelligence Study Says North Korea Has Nuclear Bomb," *New York Times,* December 26, 1993; Michael Gordon, "Pentagon Studies Plans to Bolster U.S.-Korea Forces," *New York Times,* December 2, 1993.

22. Steven Greenhouse, "Administration Defends North Korea Pact," *New York Times,* January 25, 1995. See also Ashton B. Carter and William J. Perry, *Preventive Defense: A New Security Strategy for America*（Washington, DC: Brookings Institution Press, 1999）, 128—129.

23. Shane Maddock, "The Fourth Country Problem: Eisenhower's Nuclear Non-Proliferation Policy," *Presidential Studies Quarterly* 28（Summer 1998）: 555, 557—560; Susanna Schrafstetter and Stephen Twigge, *Avoiding Armageddon: Europe, the United States, and the Struggle for Nuclear Nonproliferation, 1945—1970*（Westport, CT: Praeger, 2004）, 87—88, 90, 92—93, 97.

24. Schrafstetter and Twigge, *Avoiding Armageddon,* 96.

25. Mohamed I. Shaker, *The Nuclear Non-Proliferation Treaty,* vol. I（London: Oceana Publications, 1980）, 3.

26. Ibid., 3—5.

27. Ibid., 13.

28. Ibid., 28—29. Emphasis added.

29. National Intelligence Estimate, June 28, 1963, *Foreign Relations of the United States 1961—1963,* vol. VII（Washington, DC: U.S. Government Printing Office, 1995）, at http://www.state.gov/r/pa/ho/frus/kennedyjf/vii/index.htm. [Hereafter, *FRUS 1961—1963*] Also see other National Intelligence Estimates and Special National Intelligence Estimates of December

13, 1960, April 25, 1962, July 24, 1963, and August 26, 1963, at http://www.foia.cia.gov. 关于中国核项目的总体情况，见 John Wilson Lewis and Xue Litai, *China Builds the Bomb*（Palo Alto, CA: Stanford University Press, 1988）.

30. William Burr and Jeffrey T. Richelson, "Whether to 'Strangle the Baby in the Cradle': The United States and the Chinese Nuclear Program, 1960—64," *International Security* 25（Winter 2000/2001）: 61, 67.

31. "China as a Nuclear Power." Department of Defense Office of International Security Affairs, October 7, 1964, at http://www.gwu.edu/~nsarchiv; Gordon Chang, *Friends and Enemies: The United States, China, and the Soviet Union, 1943—1972*（Palo Alto, CA: Stanford University Press, 1990）, 232, 236—237; Francis J. Gavin, "Blasts from the Past: Proliferation Lessons from the 1960s," *International Security* 29（Winter 2004/2005）: 100—101, 104; Lyle J. Goldstein, "When China was a 'Rogue State': the Impact of China's Nuclear Weapons Program on U.S.-China Relations During the 1960s," *Journal of Contemporary China* 12（November 2003）: 739—764. 关于当时中国核弹危险的文献，见 Morton H. Halperin, *China and the Bomb*（New York: Praeger, 1965）, 54; Leonard Beator, *The Spread of Nuclear Weapons*（New York: Praeger, 1962）; Alice Hsieh, "Communist China and Nuclear Force," in *The Dispersion of Nuclear Weapons,* ed. R. N. Rosecrance（New York: Columbia University Press, 1964）.

32. Memorandum of Meeting with President Kennedy, July 30, 1962, in *FRUS 1961—1963*. 在一次新闻发布会上，肯尼迪总统承认："我自己受这样一种情绪困扰，除非我们在[军备控制方面]获得成功，到1970年，会有10个核国家，而不是4个，而到1975年，就会有15个或20个。" March 21, 1963 news conference in *The Papers of the Presidents of the United States: John F. Kennedy 1963*（Washington, DC: U.S. Government Printing Office, 1964）, 280. 这远不是一致的观点。情报部门不认为这些国家有将和平核项目转向生产核武器方面的可能性。Letter from the Deputy Director for Intelligence, CIA, to the Director of the Arms Control and Disarmament Agency, October 1, 1962, in *FRUS 1961—1963;* National Intelligence Estimate June 28, 1963.

33. Glenn 1. Seaborg, *Stemming the Tide: Arms Control in the Johnson Years*（Lexington, MA: Lexington Books, 1987）, 57.

34. Memorandum from the President's Special Assistant for National Security Affairs to President Kennedy, December 30, 1961, *FRUS 1961-1963*.

35. Editorial note 124, ibid.

36. Memorandum from the President's Special Assistant for National Security Affairs to President Kennedy, January 17, 1962; Memorandum from the Deputy Secretary of Defense to President Kennedy, February 1962; Memorandum from the Secretary of State to President Kennedy, February 1962; Memorandum of Conversation, May 23, 1961; Letter from Secretary of Defense McNamara to the President's Advisor on Disarmament, July 28, 1961; Letter from the Deputy Director for Intelligence, CIA, to the Director of the Arms Control and Disarmament Agency, October 1, 1962, all in *FRUS 1961—1963*.

37. Message from President Kennedy to Chairman Khrushchev, September 15, 1962, *FRUS 1961—1963;* Message from President Kennedy to Chairman Khrushchev, October 28, 1962, quoted in editorial note 239, in ibid.

38. Chang, *Friends and Enemies,* 237; Memorandum of Conversation, June 14, 1963; Memorandum of Discussion with William Foster, February 6, 1963; Memorandum by Director of the CIA, April 8, 1963; Memorandum by Director of Central Intelligence McCone, July 30, 1963, in *FRUS 1961—1963*.

39. Morton H. Halperin, *Sino-Soviet Relations and Arms Control*（Cambridge, MA: MIT Press, 1967）, 149; Halperin, *China and the Bomb,* 64.

40. Memorandum of Conversation between Secretary of State Dean Rusk and Soviet Foreign Minister Andrei Gromyko, September 25, 1962; Memorandum of Conversation between President Kennedy and Soviet First Deputy Foreign Minister Vasiliy Kuznetsov, January 9, 1963; Paper by the Director of the Arms Control and Disarmament Agency, June 20, 1963; CIA Brief to the Joint Chiefs of Staff, July 30, 1963, in *FRUS 1961—1963*.

41. 负责政治事务的副国务卿艾夫里尔·哈里曼（Averell Harriman）与苏联进行核禁试协议谈判，根据他发出的正式指示，这种联系是十分重要的。"我们认为核禁试条约符合国家利益的判断是基于两个基础。第一，它可能是终止军备竞赛因而减轻国际紧张局势重要的第一步。第二，也是最重要的，它是通往禁止核武器进一步扩散的必须的一步。拥有核武器的国家进一步增加的前景给我们的安全及世界稳定与和平构成严重威胁……

你应该不断强调核禁试条约与我们想要控制核武器扩散的愿望间的联系。" Instructions for the Undersecretary of State for Political Affairs, July 10, 1963, *FRUS 1961—1963*. Emphasis added.

42. Halperin, *China and the Bomb,* 62—63, 115—116. Emphasis added. Also see Schrafstetter and Twigge, *Avoiding Armageddon,* 121.

43. Chang, *Friend and Enemies,* 238.

44. Ibid., 244.

45. Ibid., 247.

46. Telegram from the Embassy in the Soviet Union to the Department of State, July 18, 1963, *FRUS 1961—1963*.

47. Memorandum by George W. Rathjens, Arms Control and Disarmament Agency, "Destruction of Chinese Nuclear Weapons Capabilities," December 14, 1964, at http://www.gwu.edu/~nsarchiv; Burr and Richelson, "Whether to 'Strangle the Baby in the Cradle," 68.

48. Halperin, *China and the Bomb,* 124—127.

49. Telegram from the Department of State to the Embassy in the Soviet Union, July 15, 1963, *FRUS 1961—1963;* Burr and Richelson, "Whether to 'Strangle the Baby in the Cradle,'" 71; Chang, *Friends and Enemies,* 228—229, 244—245.

50. Memorandum for the Record by National Security Advisor McGeorge Bundy, September 15, 1964, at http://www.gwu.edu/~nsarchiv. 关于无缘无故先发制人攻击的政治代价，参见 the Rathjens memo of December 14, 1964, 3.

51. Burr and Richelson, "Whether to 'Strangle the Baby in the Cradle," 69, 73, 75, 80—83.

52. Ibid., 81.

53. Letter from Permanent Representative to the UN to President Kennedy, May 10, 1962; Letter from President Kennedy to Permanent Representative to the UN, May 23, 1962; Memoranda of Conversation between Secretary Rusk and Soviet Foreign Minister Gromyko, July 24 and 25, 1962; Memorandum of Conversation between Secretary Rusk and Soviet Ambassador Dohrynin, August 23, 1962; Message from Soviet Foreign Minister Gromyko to Secretary Rusk, August 23, 1962; Memorandum from Secretary Rusk to President Kennedy,

September 21, 1962; Memorandum from Secretary Rusk to President Kennedy, November 27, 1962; Memorandum from the President's Special Assistant for National Security Affairs to Secretary Rusk, November 28, 1962; Telegram from the Department of State to the Embassy in the Soviet Union, April 15, 1963; Memorandum of Conversation between Secretary Rusk and Soviet Ambassador Dobrynin, May 18, 1963, all in *FRUS 1961—1963*.

54. Memorandum of Conversation, July 26, 1962; Letter from Secretary Rusk to French Foreign Minister Murville, December 12, 1962 in editorial note 49; Memorandum of Conversation between Secretary Rusk and Soviet First Deputy Foreign Minister Kuznetsov, January 10, 1963, *FRUS 1961—1963*. Memorandum of Conversation between Secretary Rusk and Soviet Ambassador Dohrynin, February 27, 1964, *Foreign Relations of the United States 1964—1968,* vol. XI, Arms Control and Disarmament, at http://www.state.gov. [Hereafter, *FRUS 1964—1968*]

55. Memorandum of Conversation between Secretary Rusk and Soviet Ambassador Dobrynin, August 8, 1962, *FRUS 1961—1963*.

56. Seaborg, *Stemming the Tide,* 132.

57. Memorandum of Conversation, November 23, 1964, *FRUS 1964—1968*. 正像他们在20世纪50年代所做的，参谋长联席会议不断劝说肯尼迪总统，美国不能接受禁止核扩散的一揽子原则。军事首脑建议美国在联合国不投票赞同爱尔兰提案，因为该提案"增添给我们一项道德义务，使自由世界的成员试图提供个别或集体防务时受到限制"。Memorandum from the Joint Chiefs of Staff to the Secretary of Defense, March 23, 1961, in *FRUS* 1961—1963.

58. Draft Position Paper, Non-Proliferation of Nuclear Weapons, August 14, 1964, *FRUS 1964—1968*.

59. Telephone conversation between Bundy and Under Secretary of State George Ball, October 29, 1964, editorial note 49; National Security Action Memorandum No. 320, November 25, 1964, *FRUS 1964—1968*.

60. A Report to the President by the Committee on Nuclear Proliferation, January 21, 1965, 1—3, at http://www.gwu.edu/~nsarchiv.

61. Ibid., 6—7. 有关委员会审议的详情，见 Draft Minutes of Discussion of the Second

Meeting of the Committee on Nuclear Proliferation, December 13—14, 1964; Memorandum of Conversation, January 7, 1965; Minutes of Discussion, January 7—8, 1965, in *FRUS 1964—1968.*

62. Seaborg, *Stemming the Tide,* 147.

63. National Security Action Memorandum No. 335, June 28. 1965, *FRUS 1964-1968.*

64. William Foster, "Risks of Nuclear Proliferation: New Directions in Arms Control and Disarmament," *Foreign Affairs*（July 1965）: 588—591.

65. Seaborg, *Stemming the Tide,* 115.

66. Ibid., 165.

67. Lyndon B. Johnson, *The Vantage Point: Perspectives on the Presidency, 1963— 1969*（New York: Holt, Rinehart and Winston, 1971）, 469—470.

68. Ibid., 462.

69. S Res 179, *Congressional Record* 89th Congress 2nd Session, vol. 112（Washington, DC: U.S. Government Printing Office, 1966）, 10787.

70. Ibid., 515—516, 10789, 10797.

71. Seaborg, *Stemming the Tide,* 378.

72. "禁止扩散"词语这里被采用，是指超出直接基于不扩散核武器条约（NPT）原文的传统"不扩散"机制，如对危险性核技术的出口管制及国际原子能机构和NPT成员国之间谈判达成的核查协议。禁止核扩散更大程度上采用了强制性手段来制止核武器的扩散，如经济制裁和先发制人攻击。类似用法，见Brad Roberts, "From Nonproliferation to Anti-Proliferation," *International Security* 18（Summer 1993）: 140; David A. Cooper, *Competing Western Strategies Against the Proliferation of Weapons of Mass Destruction*（Westport. CT: Praeger, 2002）. 7.

73. Albert Wohlstetter, "Spreading the Bomb without Quite Breaking the Rules," *Foreign Policy* 25（Winter 1976—1977）: 88; Albert Wohlstetter et al., *Swords from Plowshares: The Military Potential of Civilian Nuclear Energy*（Chicago: University of Chicago Press, 1979）.

74. Richard K. Betts, "Paranoids, Pygmies, Pariahs and Nonproliferation," *Foreign Policy* 26（Spring 1977）: 169.

75. George H. Quester, "More Nuclear Nations? Can Proliferation Now Be Stopped?"

Foreign Affairs（October 1974）: 77—97; Joseph S. Nye, "Maintaining a Nonproliferation Regime," *International Organization* 35（Winter 198!）: 15—38; Walton L. Brown, "Presidential Leadership and U.S. Nonproliferation Policy," *Presidential Studies Quarterly* 24（Summer 1994）: 563.

76. David K. Shipler, "Begin Defends Raid, Pledges to Thwart a New 'Holocaust,'" *New York Times*, June 10, 1981; "Israeli and Iraqi Statements on Raid on Nuclear Plant," *New York Times*, June 9, 1981; David K. Shipler, "Israeli Jets Destroy Iraqi Atomic Reactor," *New York Times*, June 9, 1981. 关于突袭的详细背景，见 Shlomo Nakdiman, *First Strike*（New York: Summit Books, 1987）.

77. Alan Cranston, "Condemn Israel? Didn't We Plan to Hit Cuba?" *New York Times*, June 10, 1981; Bernard Gwertzman, "U.S., Citing Possible Violations of Arms Agreement, Suspends Shipment of 4 Jets to Israel," *New York Times*, June 11, 1981; A. O. Sulzberger, Jr., "Senators Open Hearing to Examine Whether Iraq Raid Broke U.S. Law," *New York Times*, June 19, 1981; Josh Barbarel, "Kennedy Calls U.S. Vote on Israeli Raid 'Disastrous,'" *New York Times*, June 23, 1981. See also "Mushy-Mindedness," *Wall Street Journal*, June 19, 1981.

78. Transcript of the President's News Conference on Foreign and Domestic Matters, *New York Times*, June 17, 1981.

79. Gwertzman, "U.S., Citing Possible Violation of Arms Agreement."

80. Text of the UN Draft Resolution, *New York Times*, June 19, 1981. 有关美国和伊拉克联合提出提案的情况，见 Bernard D. Nossiter, "U.S. Consults Iraqis on Israeli Raid," *New York Times*, June 18, 1981; Bernard D. Nossiter, "U.S. and Iraq Agree on UN Resolution to 'Condemn' Raid," *New York Times*, June 18, 1981.

81. Bernard D. Nossiter, "Israelis Condemned by Security Council for Attack on Iraq," *New York Times*, June 20, 1981.

82. Mrs. Kirkpatrick's Speech Before the Security Council Vote, *New York Times*, June 20, 1981. See also Shai Feldman, "The Bombing of Osiraq-Revisited," *International Security* 7（Fall 1982）: 114—142.

83. Steven R. Weisman, "Reagan Ends Ban on Sending Israel 16 Jet Warplanes," *New York Times*, August 18, 1981.

84. George Quester, "Introduction: In Defense of Some Optimism," *International Organization* 35（Winter 1981）: 7.

85. Richard Butler, "Inspecting Iraq," in *Repairing the Regime: Preventing the Spread of Weapons of Mass Destruction,* ed. Joseph Cirincione（New York: Routledge, 2000）, 175—176; John A. Deutch, "The New Nuclear Threat," *Foreign Affairs* 71（1992）: 120; Robert S. Litwak, "The New Calculus of Pre-emption," *Survival 44*（November 2002）: 54—55; Robert D. Blackwill and Albert Carnesale, eds., "Preface" in *New Nuclear Nations: Consequences for US. Policy*（New York: Council on Foreign Relations, 1993）, vii; Lewis A. Dunn, "New Nuclear Threats to U.S. Security," in ibid., 20, 38; Gary Samore, "Iraq," in *Nuclear Proliferation after the Cold War,* ed. Mitchell Reiss and Robert S. Litwak（Baltimore: The Johns Hopkins University Press, 1994）, 15—16; Shahram Chubin, "The Middle East," in ibid., 33—34.

86. Blackwill and Carnesale, "Introduction: Understanding the Problem," in *New Nuclear Nations,* 1; Barry R. Posen, "U.S. Security Policy in a Nuclear-Armed World, or What if Iraq Had Had Nuclear Weapons?" in *The Coming Crisis: Nuclear Proliferation, US. Interests, and World Order,* ed. Victor A. Utgoff（Cambridge, MA: MIT Press, 2000）, chap. 6.

87. President William J. Clinton, Remarks to the 48th Session of the United Nations General Assembly, *Public Papers of the Presidents: William J. Clinton 1993*（Washington, DC: U.S. Government Printing Office, 1994）, 1615.

88. Leonard Weiss, "The Nuclear Nonproliferation Treaty: Strengths and Gaps," in *Fighting Proliferation: New Concerns for the Nineties,* ed. Henry Sokolski（Maxwell Air Force Base, AL: Air University Press, 1996）, 38—40. See also George Bunn, "The Nuclear Nonproliferation Treaty: History and Current Problems," *Arms Control Today* 33（December 2003）: 4; Gary Milhollin, "The Iraqi Bomb," *New Yorker*（February 1, 1993）: 47—56; David Kay, "Bomb Shelter," *New Republic*（March 15, 1993）: 11—13.

89. Zachary S. Davis, "The Realist Nuclear Regime," in *The Proliferation Puzzle: Why Nuclear Weapons Spread and What Results,* ed. Zachary S. Davis and Benjamin Frankel（London: Frank Cass, 1993）, 82; George Rathjens, "Rethinking Nuclear Proliferation," *Washington Quarterly* 18（Winter 1995）: 181—193; William C. Martel and William T. Pendley, "Rethinking U.S. Proliferation Policy for the Future," in *Weapons of Mass Destruc-*

tion: *New Perspectives on Counterproliferation,* ed. Stuart E. Johnson and William H. Lewis (Washington, DC: National Defense University Press, 1995), 209; Paul Doty and Steven Flank, "Arms Control for New Nuclear Nations," in ibid., 54; Samore, "Iraq," 19, 30.

90. Richard K. Betts, "Paranoids, Pygmies, Pariahs, and Nonproliferation Revisited," in *The Proliferation Puzzle,* 112—116.

91. Note by the President of the United Nations Security Council, S/23500, January 31, 1992.

92. Deutch, "The New Nuclear Threat," 133; Joseph Cirincione, "Historical Overview and Introduction," in *Repairing the Regime,* 2.

93. Joseph S. Nye, Jr., "Diplomatic Measures," in *New Nuclear Nations,* 80. See also George Bunn and John B. Rhinelander, "NPT Withdrawal: Time for the Security Council to Step In," *Arms Control Today* 35 (May 2005): 17—21.

94. Quoted in Michael Klare, *Rogue States and Nuclear Outlaws* (New York: Hill and Wang, 1995), 125. Emphasis added.

95. 具体例子，见 Posen, "U.S. Security Policy in a Nuclear-Armed World," 189; Stephen M. Walt, "Containing Rogues and Renegades: Coalition Strategies and Counterproliferation," in *The Coming Crisis,* 220; Joseph F. Pilat, "Responding to Proliferation: A Role for Nonlethal Defense?" in *Nuclear Proliferation After the Cold War,* 238; Rathjens, "Rethinking Nuclear Proliferation"; Pete V. Domenici, "Countering Weapons of Mass Destruction," *Washington Quarterly* (Winter 1995): 142.

96. Barry Schneider, *Radical Responses to Radical Regimes,* McNair Paper 41 (Washington, DC: National Defense University, 1995), 25, 37; Michele A. Flournoy, "Implications for U.S. Military Strategy," in *New Nuclear Nations,* 149—150; Philip Zelikow, "Offensive Military Options," in ibid., 162—163, 169.

97. Robert E. Harkavy, "Pariah States and Nonproliferation," *International Organization* 35 (Winter 1981): 135; Betts, "Paranoids, Pygmies, Pariahs, and Nonproliferation"; Wohlstetter, *Swords from Plowshares,* 4.

98. 对下列文章的完整研究，见 all articles in the *New York Times, Washington Post, Chicago Tribune, Christian Science Monitor, Los Angeles Times, Wall Street Journal, Boston*

Globe, and *Atlanta Constitution* appearing between January 1, 1980 and December 31, 1990.

99. Klare, *Rogue States and Nuclear Outlaws,* 26.

100. Daniel Horner and Deborah J. Holland, "SDI No Answer to Nuclear Terrorism," *Washington Post,* March 28, 1990.

101. Walt, "Containing Rogues and Renegades," 192—193, 195—196; David J. Karl, "Proliferation Pessimism and Emerging Nuclear Powers," *International Security* 21（Winter 1996/1997）: 87—88.

102. Anthony Lake, "Confronting Backlash States," *Foreign Affairs*（March/April 1994）: 45—47.

103. Paul D. Hoyt, "The 'Rogue State' Image in American Foreign Policy," *Global Society* 14（2000）: 300.

104. Ibid., 301.

105. Henry Sokolski, "What Does the History of the Nuclear Nonproliferation Treaty Tell Us About Its Future?" in *Fighting Proliferation,* 6.

106. 到2000年，克林顿政府官员认识到，无赖概念实际上限制了他们想要调整美国政策以适应这些不同国家不同特点的行动自由度。因此，在2000年年中，"无赖国家"这个词从官方政府用词中被撤下，并用不会招致反对和不再轻蔑的"受关注国家"这个词所替代。有关无赖词语的批评，见Eric Herring, "Rogue Rage: Can We Prevent Mass Destruction?" *Journal of Strategic Studies* 23（March 2000）: 188—212; Steven Mufson, "Threat of 'Rogue' States: Is It Reality or Rhetoric?" *Washington Post,* May 29, 2000; Andrew J. Bacevich, "Without 'Rogue States' U.S. Strategy Loses its Focus," *Wall Street Journal,* June 22, 2000; "'Rogue' is Out. Who's In?" *Christian Science Monitor,* June 23, 2000; Robert Litwak, "Rogue State' Label Was a Bad Fit," *Los Angeles Times,* June 28, 2000; Meghan L. O'Sullivan, "Replacing the Rogue Rhetoric," *Brookings Review*（Fall 2000）: 38—40; John Mueller and Karl Mueller, "Sanctions of Mass Destruction," *Foreign Affairs*（May/June 1999）: 43—53.

107. Betts, "Universal Deterrence or Conceptual Collapse? Liberal Pessimism and Utopian Realism," in *The Coming Crisis,* 62.

108. Hoyt, "The 'Rogue' Image in American Foreign Policy," 309; Robert S. Litwak,

Rogue States and U.S. Foreign Policy (Washington, DC: Woodrow Wilson Center Press, 2000) , 87—89; Richard Falkenrath, "Weapons of Mass Reaction," *Harvard international Review* (Summer 2000) : 52—55; Stephen Zunes, "The Function of Rogue States in U.S. Middle East Policy," *Middle East Policy* (May 1997) : 150—167; Meghan L. O'Sullivan, "Sanctioning 'Rogue States' : A Strategy in Decline?" *Harvard international Review* (Summer 2000) : 56.

109. Kiare, *Rogue States and Nuclear Outlaws,* 37, 39.

110. Martel and Pendley, "Rethinking U.S. Proliferation Policy for the Future," 210, 214, 227; Doty and Flank, "Arms Control and New Nuclear Nations," 53, 71—72; Joseph S. Nye, Jr., "Diplomatic Measures," in *New Nuclear Nations,* 80, 91; Michele A. Flournoy, "Implications for U.S. Military Strategy," 136—137; Betts, "Universal Deterrence or Conceptual Collapse?" 62; Walt, "Containing Rogues and Renegades."

111. Walt, "Containing Rogues and Renegades." 197—198; Goldstein, "When China was a 'Rogue State.'"

112. Doty and Flank, "Arms Control for New Nuclear Nations," 71—72.

113. Sigal, *Disarming Strangers,* 40, 48—51, 57, 114—115; Wit, Poneman, and Gallucci, *Going Critical,* 14; Mazarr, *North Korea and* the *Bomb,* 94—99; Richard Butler, "Inspecting Iraq," 177, 180; Bunn, "The Nuclear Nonproliferation Treaty," 4, 8.

114. See the following columns by Charles Krauthammer in the *Washington Post:* "Clinton's Cave-In Makes a Joke of the NPT," January 7, 1994; "Heading Off the Nuclear Outlaws," April 1, 1994; "Get Ready for War," June 3, 1994; "Peace in Our Time'," June 24, 1994.

115. Karl, "Proliferation Pessimism and Emerging Nuclear Powers," 95; Posen, "U.S. Security Policy in a Nuclear-Armed World," 168—169; Flournoy, "Implications for U.S. Military Strategy," 148—151; Zelikow, "Offensive Military Options," 162—163, 166—169; Betts, "Paranoids, Pygmies, Pariahs, and Nonproliferation Revisited," 122; Schneider, *Radical Responses to Radical Regimes,* 16—19, 32—33.

116. Michael Mandelbaum, "Lessons of the Next Nuclear War," *Foreign Affairs* (March/April 1995) : 36.

第七章

结 论
——2003年的伊拉克战争

2003年3月19日夜间,乔治·W·布什(George W.Bush)总统向全国宣布美国军队正展开一场战争,要击溃伊拉克萨达姆·侯赛因(Saddam Hussein)政权。总统拉来在过去一年多曾反复用过的、大家熟知的主题,宣称"美国民众及我们的朋友和盟友们不愿侥幸生活在亡命政权大规模杀伤性武器对和平的威胁之下"。[1] 两天前,布什就发出警告,要求萨达姆·侯赛因和他的儿子们在四十八小时之内离开伊拉克,否则将用军事手段把他从权力宝座上拉下来。按照总统所说的,这个要求是对伊拉克毫不理会联合国试图通过"耐心和体面手段"和平解除伊拉克非法大规模杀伤性武器(WMDs)的回应,这是1991年海湾战争后加给伊拉克的义务。[2] 侯赛因不出所料地拒绝接受这个最后通牒,布什发动了美国历史上首次真正的先发制人战争。

近十年前,美国领导人曾面临诱惑,要用先发制人战争阻止朝鲜发展自己的核武库。但1994年朝鲜危机和平解决,美国避免了测试自己对先发制人战争的容忍度。2003年的伊拉克战争提供了这种测试机会。事实上,在2002年6月西点军校毕业典礼讲话时,布什总统首次宣布所谓的抢先行动主义，在这之后，民众的反先发制人战争准则性主张有可能在通向战争道路的某个时刻，使总统面临国内的强烈反对意见，即不同意用这种特殊方式处理伊拉克威胁。虽然存在许多公开讨论，在伊拉克冲突的起始阶段，来源于反先发制人战争准则的国内反对意见却在战争最终决策时被忽视了，并且显得无足轻重。实际上，伊拉克战争从一开始就获得绝大多数公众的支持，并且在 2002 年 10 月，一份议会联合提案在参议院以 77%、众议院以 69% 得以通过。2003 年对待先发制人战争的态度与 20 世纪 40 年代和 50 年代的悬殊差别不应该令人吃惊。在冷战初期，对美国的安全主题来说，反先发制人战争准则是处于中心地位的，因而仅在准则基础上，就能够有意识地直接否决先发制人战争。这并不是说在 21 世纪的开端反先发制人战争准则已经完全消失了。本章中所要弄清的是美国人当中对先发制人战争的确存在一些准则性阻力，这些人看待这个问题与 20 世纪中叶的美国人是完全一样的。曾一度在政坛及两个主要政党间共享的反先发制人战争准则观点，现在却只在政治自由主义者中持有了。

把冷战初期与 21 世纪初期分割开来的最重要事件，当然就是 2001 年 9 月 11 日的恐怖袭击了。在当时似乎有理由得出结论，给美国政治体系的这个震撼，是完全能够解释为什么在美国产生了有关战争的一种新型准则观点。"9·11" 或许直接导致了在面临所谓世界事务新现实的、现在被视为陈旧准则约束的凋萎。总之，布什政府及其他的伊拉克战争支持者反复强调伊拉克与恐怖组织间的联系，认为他们会联合起来，用据称是伊拉克隐匿起来的大规模杀伤性武器来对付他们的共同敌人。但是要采用先发制人战争的这种新意愿不只是 "9·11" 之后的反应。这并不是说 "9·11" 没有起到什么作用。"9·11" 造成的创伤使得对美国本土的恐怖主义威胁变得更加可怕了；对涉及核武器灾难性恐怖行动的推测也比这个重要时刻之前的任何时候更实际了。更重要的，这给了布什政府一个机会，把入侵伊拉克置于政治议程的首要位置。自 1998 年以来推翻伊拉克政权的目标就成为美国的法律，而克林顿政府官员常常声称政权更替是美国的长期目标。[3]实际上，布什任职初期，在他的首次国家安全委员会（NSC）会议上，当局就确定把萨达姆·侯赛因（Saddam Hussein）拉下宝座是一项首要目标。[4]然而，在政策方面，一场全面入侵会让使用了十余年的遏制手段发生彻底变化。恐怖袭击给美国政治体系所造成的震撼帮助总统克服了政策惰性，在美国外交政策方面产生了能视为是必要回应措施的明显重大改变。同样重要的，袭击使得布什政府轻易地就怀疑威慑作为应对伊拉克大规模杀伤性武器（WMD）实力转变措施所能起到的作用。尽管没有"确凿证据"证明伊拉克与"9·11"袭击有联系，袭击事件却给了布什政府中最想废掉萨达姆的那些人，包括副总统迪克·切尼（Dick Cheney）和国防部长唐纳德·拉姆斯菲尔德（Donald Rumsfeld）一个政治时机，在国内鼓动支持他们的观点，在假定可能存在不惧怕威慑的恐怖主义——无赖国家联盟时，他们认为继续遏制威胁是没有效果的。

虽然作为促进因素，"9·11"可以在使政策从遏制和威慑发生转变方面发挥作用，但起初它并未能使先发制人战争观点在准则上为大家所接受。就如上一章阐明的，使先发制人战争成为对核武器扩散合法回应措施的这种准则转变，由于"9·11"的发生至少提早了十年。美国领导人在2002年—2003年使用了1993年—1994年朝鲜危机时处于中心地位的、同样的准则架构——防止无赖国家核武器扩散规则——主张针对伊拉克的军事行动不只是对付怀疑实力转变问题的战略必要，而同样重要的，认为它在准则方面对美国也是适宜的。正如布什政府反复向国内及全球公众表明的，这同样是国际社会曾在1990年首次遭遇过的、追求核弹的"狂人"。总统和他的支持者们认为，无赖国家拥有核武器不仅是对数十年前建立的不扩散核武器准则的一种无法容忍的违背，也是对伊拉克与联合国就可验证裁军进行合作所承担具体义务的一种无法容忍的违背。

在国际上，联合国安理会接受了布什政府的倡议，向伊拉克重申要求其遵守可追溯到1991年的一系列安理会决议。2002年11月一致通过的第1441号决议，称伊拉克"不履行"其解除武装的义务对"国际和平与安全"构成威胁，并要求伊拉克与"强化核查团"进行合作，确保不扩散核武器准则得到尊重。决议最后的实质性条款警告伊拉克"持续不履行其义务将面临严重后果"。[5]北约（NATO）、欧盟，甚至阿拉伯联盟都支持这个要求伊拉克遵从的决议，响应了决议中包含的不扩散核武器准则。[6]然而，让布什政府在国际上不知如何是好的是后续的主张，不履行义务的"严重后果"意味着用先发制人战争来迫使伊拉克解除武装是一种必要及适宜的手段。2002年秋天，在安理会决议通过之前所商议的最困难的争议点是能不能理解为是对战争的授权。安理会多数成员坚持称不是，而美国驻联合国大使约翰·内格罗蓬特（John Negroponte）许诺决议内容对战争并"未隐藏着扳机"。[7]在2003年初，美国指控伊拉克"实质违反"了其义务，因而属于第1441号决议预示过的"严重后果"类型，危机升级，安理会的大多数成员国，包括法国、德国、俄罗斯和中国拒绝再通过一个决议，把动用武力授权作为制止核武器扩散的手段。[8]很明显，防止核武器扩散规则并没有在全球基础上被接受为一项新型准则架构，以证明先发制人战争是正当的。尽管"9·11"后普遍同情美国，在政治上为向塔利班当局和阿富汗基地组织发动战争扫平了道路，但对伊拉克开战更多地被视为是美国非法滥用武力。然而在国内，因防止核武器扩散规则被国会及公众的大多数接受为是向典型无赖统治集团发动先发制人战争的一种公正基础，布什政府很获成功。

本章的绝大部分内容更加详细地审视了美国人对向伊拉克进行先发制人战争的看法。首先，显示出那些支持战争的人究竟是如何把这视作是一种传统先发制人战争情形的。其次，国会成员们对向伊拉克发动先发制人战争的观点是如何反应的，文中给我们呈列了详细的证据；在这个过程中，它测试了国会内部对反先发制人战争观点的容忍程度，以及从准则理由出发反对战争那些人的特征。然后，本章审视了公众的态度，弄清了在公开辩论进行时

第七章
结 论

为什么绝大多数人支持战争,以及是否存在可辨识的、抗拒发起冲突的反先发制人战争力量。本章通过仔细思考美国外交政策中先发制人战争的未来,得出有关结论。当然,最关键的问题是伊拉克战争将会如何影响向其他被怀疑追求核武器的无赖国家发起先发制人战争的态度。推翻侯赛因统治后,美国在伊拉克陷入困境,尤其是没能找到布什当局坚称伊拉克储存的大规模杀伤性武器,如果美国人被再次问及是否支持在其他地方进行先发制人战争,这将成为一个重要的历史参照点。但是,如果始终存在着对其他地方如朝鲜和伊朗核武器扩散问题的担心,那么,先发制人战争的吸引力是不会消失的。当防止核武器扩散政策的争论中仍存有这方面的关联时,美国将如何反应呢?

先发制人战争的伊拉克事件

尽管布什政府曾不断使用"预先制止"字眼来描述其国家安全战略(NSS)以及可能与伊拉克发生的战争,这个字眼几乎是整个地被国会议员、权威评论者及媒体采纳了,指明美国针对伊拉克的军事行动实质是兵力的先发制人动用;但要判断能否把这场冲突称作先发制人战争,我们还需要深入看看战争的支持者们是如何描述威胁的。虽然在辩论中不时出现"即将来临"字眼,但战争支持者们承认,没有证据表明伊拉克人正准备对美国或其盟友发动攻击,或伊拉克正准备让恐怖分子代替它发动攻击。相反,美国领导人描述他们所关注的伊拉克不断增长的实力,是随着时间将会发生的一种实力转变,很可能给美国在未来造成脆弱。总统在2002年国情咨文演讲时指出:"过去十余年,伊拉克当局一直密谋发展炭疽、神经毒气以及核武器。"他认为这些行为,"构成巨大且日益增加的危险",并且伊拉克有可能"会把这些武器提供给恐怖分子",而且"可能攻击我们的盟友或试图勒索美国"。[9]他在西点军校讲话中承认这种威胁并未实际发生,但声称这不是不作为的理由。"如果我们等到威胁形成时,"他声称,"我们就会等候得太久了。"针对这种不断增长的威胁,他的回答是发动先发制人战争:"我们必须向敌人开战,打乱它的计划,在严峻的威胁兴起之前就应对它。"[10]

这种先发制人政策的完整形态,在2002年的国家安全战略中得到了明确表达,"在那种威胁完全形成之前美国就应采取行动……即便是敌方攻击的时间和位置仍存在不确定性"。[11]这可能也包含着从一开始就无法确定敌人是否会发动攻击的情形。在或许是他最重要的讲话中,布什总统详细给出了有关伊拉克威胁的政府观点,他承认美国实际并不知道伊拉克在拥有核武器这种实力转变方面进展有多大。虽然缺乏明显证据,"我们有充足理由设想最坏的情形,"总统断定,"并且阻止最坏情形的发生是我们最紧迫的责任。"布什注意到"伊拉克在某天可能会决定向恐怖组织提供生物或化学武器",尽管这种最糟的前景并不见得就要发生。总统单独举出这种可能来说明他不愿接受这种风险。[12]

在2002年8月的一次讲话中,副总统切尼表达了同样的观点,"当局不可能准确知晓侯赛因先生发展大规模杀伤性武器项目的程度和类型"。尽管如此,切尼称,"我们不会视而不见,设想最好情形出现,而把问题留给未来的政府去解决……时间不在我们一方"。国家安全顾问康多莉扎·赖斯(Condoleezza Rice)指出:"如果继续让萨达姆·侯赛因掌权做他现在正在做的事情,这种威胁就会产生,并且会以一种非常大的形态演变。"对国防部长拉姆·斯菲尔德(Donald Rumsfeld)来说,仅仅是伊拉克打造核武器的可能就足以让他为先发制人战争辩护。[13]中央情报局(CIA)的官方态度是伊拉克并没有构成现实威胁。在日期标注为2002年10月7日给参议院情报委员会主席、佛罗里达州参议员鲍勃·格拉汉姆(Bob Graham)的一封信中,中央情报局主任乔治·特尼特(George Tenet)写道:"目前巴格达似乎并没有用常规武器或生化武器(CBW)对美国实施恐怖袭击的计划。"一位高级情报官员在向委员会作证时指出:"[萨达姆·侯赛因]发起攻击的可能性……以现在我们知道的条件,在可预知的未来,我认为这种情形发生的可能性是很低的。"相反，中央情报局评估认为，如果美国自己挑起冲突，伊拉克动用大规模杀伤性武器进行攻击的可能性很高。[14] 战后，因美国对伊拉克武器的实际状态缺乏情报，中央情报局受到指责。特尼特主任在一次公开讲话中为中央情报局的战前评估辩护，他指出中央情报局从未说过伊拉克正准备对美国实施攻击。[15]

在国会里支持动用武力的人当中，我们找到同样对伊拉克威胁的如此描述：虽然不是迫在眉睫，但在伊拉克发展出更具潜力的军事能力后，未来冲突的风险和代价使得现在就进行先发制人战争显得十分必要。例如，弗吉尼亚州共和党参议员约翰·华纳（John Warner），是参议院授权对伊拉克使用武力提案的共同发起人之一，他准确地阐述了这些观点。像总统一样，华纳参议员承认"我们并不知晓如今他究竟有多大的核实力。众所周知的是他还没做成核武器，但我们不知道是6个月、6年后或可能是什么时间"，伊拉克能达到这个程度。然而，华纳认为："现在我们必须行动。对于说花点时间再等等的那些人来说……如果他就要完成核项目了，等待的代价是什么呢？……在我看来，这是所有措施中最具风险的，因为我们等候时间越长，萨达姆·侯赛因就将变得越强大、越大胆。"[16] 实际情况是，向伊拉克开战的议题在当局内部、在公开领域、在国会，以及在联合国内争论了十八个月后，美国军队才开始准备实施攻击，这说明威胁根本就不是所认为的"紧迫的"。

国会对向伊拉克发动先发制人战争的态度

很多有趣的证据显示，在国会、观念领袖及公众当中有一些美国人，就是由于先发制人的性质而强烈反对向伊拉克开战。我们注意到这些人给合法使用兵力设立了很高的门槛，先发制人战争逻辑肯定无法达到。有趣的是，2002年整个夏天和初秋，表示最强烈批评总统通往战争的是来自他自己的党内成员，如布伦特·斯考克罗夫特（Brent Scowcroft），曾任杰拉尔德·福特

(Gerald Ford)总统和乔治·H·W·布什(George H·W·Bush)总统的国家安全顾问,还有内布拉斯加州的查克·哈格尔(Chuck Hagel)参议员,他是越战退伍军人并一直忠心支持美国军队,以及得克萨斯州的国会成员、众议院多数党领袖迪克·阿梅(Dick Armey)。然而,不论是斯考克罗夫特还是哈格尔公开反对这场战争,都不是从准则含意出发的。相反,他们对战争的反对是基于实际考虑,威胁是否足以值得付出代价和风险。按斯考克罗夫特的说法,尽管萨达姆·侯赛因是一个令人讨厌的"野蛮人",并且他以前试图获取大规模杀伤性武器的努力被打断了,但"没有证据显示美国是他的侵犯目标"。斯考克罗夫特认为,就美国人的生命和当前与恐怖组织战斗全球同盟的稳定性而言,向伊拉克开战的代价是太大了,而美国并没有受到来自这个对手的紧迫威胁。[17]

从准则的民主观点对向伊拉克开战进行批评的最有趣和出乎意料的人是众议员阿梅,他是国会中最保守的人,是布什总统的坚定支持者,并长期提倡在外交关系中提升美国军事实力。然而,阿梅却一反常态地认为打一场非挑衅引起的战争,甚至是与像萨达姆·侯赛因那样危险的对手作战,使用武力也是不合法的。阿梅宣称,"我不相信美国在没受到挑衅时攻击他国是有理的。这与我们这个国家曾经的或者应该的表现不相一致"。[18] 阿梅议员最终投票同意议案授权开战,是要表明与总统团结一致。但在引人注目并激动人心地宣告即将开战的前景时,阿梅在众议院辩论演讲的结尾,强忍着泪水,明显意识到战争不可避免了。众议院另一位共和党人、爱荷华州的吉姆·里奇(Jim Leach),详细地从准则角度阐明了反对先发制人战争的理由。在发言中,他援引了历史、国际关系理论、国际法及公正战争原则,里奇议员得出结论,美国必须坚持限制抢先攻击主义的高标准。在里奇看来,任何兵力的抢先使用要被断定合理,只能建立在1842年美国国务卿丹尼尔·韦伯斯特(Daniel Webster)所描述的基础上,即存在着"必须要自卫、刻不容缓、势不可挡,没有其它选择,并且不容审慎"。里奇坚持认为,真正的、动用军事力量的预先制止在道德上和法律上都是有根据的,而先发制人的动机则不具有。他还认为,无视限制使用武力的国际准则且涉足美国外交政策领域前所未有的范围,将"削弱美国人的核心价值及在世界上的领导地位"。[19]

在参议院,民主党人中马萨诸塞州的爱德华·肯尼迪(Edward Kennedy)和伊利诺斯州的理查德·德宾(Richard Durbin)更激昂地阐述了同样的观点。在参议院辩论的首次发言时,肯尼迪称:"先发制人攻击及先发制人战争的冷酷预谋性质使得其对已建立的反对侵略的国际原则而言是极其令人讨厌的……历史上,美国一直谴责先发制人战争的主张……美国前辈人从道德及实用角度出发,否决了先发制人战争,那么我们这代人也必须这样做。"他认为,不这样就会危及美国国家安全,并将违背"我们的核心信念"。[20]尽管给伊拉克议案提出了一个修正案,授权在受到紧迫威胁条件下可以动用武力,德宾参议员注意到:"历史上我们就是一个防御性国家,即便是在冷战高峰,我们也没有向苏联开第一枪。是的,我们是个防御性国家。摆在我们面前的这个议案所反映的新型外交政策是一种显著的背离。"他警告说,这种背离"是毫无理由且非明智的"。对德宾来说,缺少即时威胁就攻击伊拉克会使美国成为一个"侵略国家",并且从根本上违反了美国的"原则和价值观,以及推行我们外交政策的准则"。[21]

尽管这种观点明确表明了反先发制人战争准则在伊拉克战争前数十年里并未被完全遗忘,但更重要的是要超越这种富有趣味的证据,更准确地测算出美国境内这种反对先发制人战争准则性态度的范围究竟有多大。换言之,有多少国会议员相信美国对先发制人战争的传统准则抗拒力量会在21世纪继续影响美国的战略决策?国会议员们还提出了其他哪些理由来拥护或反对战争,以及有关对先发制人战争看法的这些理由有多么重要?能回答这些问题的唯一最佳出处是2002年10月初两院为期三天的辩论,辩论是围绕对伊拉克动用武力的提案针锋相对展开的。这场辩论中,参议院95%的成员,以及众议院成员的 84% 参与了最终议案的投票。他们参加了辩论，也提供了详尽的新闻发言来解释他们所持立场的原因。辩论和新闻评论的书面材料提供了具有高度代表性的数据来源，能够用来分析伊拉克事件在当时情形下考虑战争时国会的具体态度分布状况。[22] 对文本内容进行分析能够确定在论辩支持或反对战争过程中，有多少国会议员引用了当时提出的 11 种不同理由中的哪一种理由。战争支持者有五种理由：（1）伊拉克研制大规模杀伤性武器，用来对付美国或其盟友；（2）总的来说，伊拉克人与恐怖主义有联系；（3）与"9·11"恐怖袭击及要阻止未来发生类似攻击有关；（4）把伊拉克事件与二战前未能阻止德国重整军备相比较；（5）现在与伊拉克的战争只是 1991 年海湾战争的延续。在战争反对者中，我们找出六种理由：（1）从准则角度明确反对先发制人战争；（2）战争的实际成本太高（例如，美国人的生命、战斗过程中伊拉克使用化学或生物武器、与恐怖主义作战同盟的溃散、财政成本、中东的稳定，以及国内最看重的牺牲）；（3）伊拉克的威胁并未逼近或不能与"9·11"有联系来证明战争有理；（4）反对单方面动用武力；（5）提案让国会给予总统的授权过大；（6）笼统的和平主义者／反战情绪。

在众议院，授权动用军事力量的提案获得 69% 的议员支持，最终投票结果是 296 票赞同，133 票反对。显然，众议院绝大多数未受反先发制人战争态度的约束。当我们审视战争反对方提出的理由时，我们发现，尽管总的来说他们在议院是少数方，有 84% 的反对者，即众议院辩论参加者的 28%，但明确认为在准则基础上战争是不合理的，这是因为其先发制人特性，以及／或是因为缺乏迫近的威胁，或与"9·11"恐怖分子直接相联系的情况下先发制人战争的实际成本简直太高了。当我们区分这两类对立的理由时，我们发现尤其是对先发制人战争明确的准则反对意见，被很频繁地引用；所有反对方的 70%，即辩论中众议院成员的 23%，是从准则基础反对先发制人战争的。与之相对的，31% 的反对者，即辩论参与者的 11%，提出在缺乏迫近威胁时的实际成本理由来支持他们的立场。（参见表 7.1 汇总情况）

表 7.1　美国众议院支持和反对战争提案理由列表，及占辩论参与者的百分比 [24]

支持战争提案提出的理由	反对战争提案提出的理由	
1．伊拉克与恐怖分子有联系		38%
2．明显与"9·11"恐怖袭击有关联		33%
3．不能允许伊拉克拥有大规模杀伤性武器		33%
	4．从准则角度反对先发制人战争	23%
	5．战争的实际成本太高	11%
	6．没有逼近的威胁或证明与"9·11"有联系能支撑开战	7%
7．参照未能阻止德国重振及二次世界大战		9%
	8．战争必须是多方的，不能只是美国单方面发动	7%
9．只是 1991 年海湾战争的延续		3%
	10．提案把太多议会权力授予总统	2%
	11．和平主义者／反战情绪	<1%

自冷战初期以来的一个主要变化，是在这个事件上政治方面的意识形态成为反对先发制人战争诱惑的最大预测因素。通过对美国人民主行动的政治意识形态比例进行评定，我们发现 2002 年投票反对战争那些人中的 89% 是可以明确被视为政治自由主义者，而 8% 是政治方面的温和派，仅有 3% 是确切的保守分子。[23]

在众议院所有的政治自由主义者当中，仅有三分之一（29%）从自由主义阵营分裂出来，支持动用武力的提案，而有 71% 投票反对提案。政治意识形态也是众议院中支持战争的一个有效测评指标；然而，重要的是要指出，有相当数量的温和派和自由主义者是愿意投票赞同对伊拉克开展先发制人战争的。换言之，赞同提案集团比反对提案集团有着更分散的意识形态状态。67% 的提案支持者能被明确视为保守派，而有 16% 是温和派人士，17% 是确切的自由主义者。众议院中的保守派人士在投票时比自由主义者更加团结一致，有98%的保守人士投票赞同提案，只有2%投票不同意。将众议院反对战争者中占主导的准则性反先发制人战争观点所表现出的数据综合起来，能够表明有关先发制人战争的态度远达不到坚如磐石。相反，反先发制人战争准则集中在政坛的自由主义者一端，而在冷战初期，这个准则却是在大多数政治人物中都共享的。

参议院里，支持授权动用武力提案的比例比众议院更高些，77%投票同意，23%投票反对。虽然众议院辩论中对政策的表态呈现出鲜明的对错分别，但参议院中双方参与者在态度上却差异不大，有更多人愿意承认对手的一些观点，并同意这个特定难题具有决策困难度。然而，每个发言者都明确表达了对此事件中动用武力提案的支持理由或反对理由。在参议院辩论中我们发现一群参议员（22%）明确反对把先发制人战争列入美国战略（这与众议院中的23%比例相近）。有趣的是，在反先发制人战争这个小组的23名参议员中有9人是投票赞同了授权动武的提案。[25]这意味着曾强烈感同先发制人战争准则性原则并从根本上表达了反对意见的参议员中有41%又找到了足够的理由，在伊拉克这个具体事件上转而又支持先发制人战争了。测评准则对先发制人战争逻辑抗拒能力的另一途径是去检测有多少人支持了由德宾（Richard Durbin）参议员提出的对授权动武提案的修正案。[26]德宾提出这个修正案就是想要冲击动用武力的先发制人战争基础，并在美国确实面临"一场伊拉克形成的即刻威胁时"，用战争的一种抢先动机取而代之。只要是投票赞同这个修正案的人，就是表达了对限制动用武力的偏向，是倾向抢先行动情景而不是先发制人战争情景。虽然这个修正案未获通过，但是有30名参议员支持修正案，这代表了参议院会议期间反先发制人战争态度的最高点。相对应的，68%的提案支持者，或整个参议院的49%表示毫无保留地支持开战。

与众议院不同，反先发制人战争观点并不是提案反对者们说"不"的主要出发点。缺少即刻威胁时战争的实际成本太高或与"9·11"恐怖袭击有联系被87%的反对者引用,同时对先发制人战争的明确否定被65%的反对者引用(参见表7.2参议院态度的总体分布情况)。同众议院一样,提案反对者中绝大多数是政治自由主义者。[27]

表7.2 美国参议院支持和反对战争提案理由列表,及占参议院全部成员的百分比

支持战争提案提出的理由[29]	反对战争提案提出的理由	
1．伊拉克与恐怖分子有联系		52%
2．明显与"9·11"恐怖袭击有关联		44%
3．不能允许伊拉克拥有大规模杀伤性武器		42%
	4．从准则角度反对先发制人战争	20%
	5．战争的实际成本太高	15%
	6．没有逼近的威胁或证明与"9·11"有联系能支撑开战	13%
7．参照未能阻止德国重振及二次世界大战		11%
	8．战争必须是多方的,不能只是美国单方面发动	8%
9．只是1991年海湾战争的延续		7%
	10．提案把太多议会权力授予总统	3%
	11．和平主义者／反战情绪	0%

83%的反对者是确切的政治自由主义者,而剩下的27%属于自由主义范畴一方的温和派。[28]参议院中的每一位政治保守分子都投票赞同提案。最令人惊奇的是,不仅参议院自由主义者在伊拉克战争问题上分裂了,更多的自由主义者实际上赞同授权动用武力提案,其数量超过了反对提案者(赞同21人,反对19人)。尽管一些参议院自由主义分子对辩论中的先发制人战争战略表达出担忧,但更多的自由主义者愿意支持针对伊拉克先发制人战争的"冷酷现实"政策。如果议会中的自由主义集团甚至未能在反对先发制人战

争方面保持团结一致，这就确切显示了作为美国安全精髓及其特性核心的反先发制人战争准则，在经历了过去的五十余年后，其作用已发生了彻底变化。

因此，为什么对伊拉克开展先发制人战争的逻辑如此广泛地吸引了美国议院？用什么来解释这个事件中缺少对先发制人战争的强烈抗拒？这种抗拒应根植于在缺乏直接挑衅或一种即刻威胁时发动攻击的准则原则。正像人们可能猜测的，"9·11"恐怖袭击提供了一种占据主导的架构，使得多数议会成员可以用来评估美国所面临的威胁，以及断定把先发制人战争作为合法回应措施是合理的。通过对众议院辩论内容的分析，揭示出恐怖主义已成为每个参与成员援引的一个最大因素。支持授权动武的那些人中有71%特别引用了"9·11"的震撼以及防止另一场类似灾难发生的决心，并且／或者相信萨达姆·侯赛因（Saddam Hussein）会将大规模杀伤性武器（WMDs）提供给恐怖分子等这些理由为他们的立场辩护。使用与恐怖主义有关联理由的成员占众议院辩论参与者的很大一部分（47%）。这明显高于因没有威胁迫近而反对先发制人战争的人员数目（辩论参与者的28%）。有趣的是，虽然提案支持者中有50%提出关注伊拉克大规模杀伤性武器的发展来为战争辩护，这些众议院成员中超过一半将大规模杀伤性武器与未来恐怖主义可能泛滥联系在一起，而只有24%单独把大规模杀伤性武器作为战争的充足理由（仅占辩论参与者的16%）。在参议院中，分析支持提案的态度，我们发现了同样的总体分布状况。在为他们自己立场辩护的人中，关注伊拉克大规模杀伤性武器的比例（辩论参与者支持方的72%，占整个参议院的52%）只比仅是提出"9·11"或伊拉克与恐怖主义有联系的比例（辩论支持方的68%，占整个参议院的49%）要稍高一点。然而，提出大规模杀伤性武器参议员的大多数（65%），把伊拉克已强化的大规模杀伤性武器尤其是核武器的能力与未来针对美国恐怖袭击时使用这些武器的可怕景象紧密地联系在一起。[30]更重要的，提出大规模杀伤性武器理由（52%）和与恐怖组织有联系理由（49%）来解释他们在伊拉克问题上观点的参议员数量，是从准则角度反对先发制人战争

(22%)参议员数量的两倍。

很明显,排除"9·11"恐怖袭击的影响来解释国会对向伊拉克开战的态度是很有必要的。但是,是不是"9·11"重大事件排斥了准则对先发制人战争的抗拒作用,从而使这个战略选项首次成为美国面临对手实力转变时的应对措施呢?正如上一章描述的20世纪90年代初的朝鲜核危机,对这个问题的回答不能仅仅提升为宣称"9·11""改变了一切"。"9·11"的含意以许多方式适应了先期存在的威胁概念和一种新型准则观念,这些观念是在1991年首次伊拉克战争后兴盛的。先不考虑萨达姆·侯赛因以某种方式合谋了"9·11"袭击这种极端的观点,布什政府在"9·11"与伊拉克战争之间培育了重要的概念性转变———种在国会与普通大众中广泛享有的概念性转变——创建了一种信念,即萨达姆·侯赛因统治下的伊拉克与美国的恐怖主义敌人如基地组织间没有本质区别。在超过十年的时间里,萨达姆·侯赛因被视为无赖角色的典型,他寻求世界上最危险的武器来恐吓其邻国,并颠覆现有秩序。靠着"9·11"事件,奥萨玛·本·拉登(Osama bin Laden)和他的基地组织成为世界上最危险的无赖。但按布什政府的说法,这两个无赖,萨达姆·侯赛因和奥萨玛·本·拉登,实际上是同种类型的敌人,受对美国狂热的憎恨所驱使。按这种观点,最令人不安的是他们不怕威慑。举众多例证之一,国防部副部长保罗·沃尔福威茨(Paul Wolfowitz)曾声称:"伊拉克的大规模恐怖武器及与伊拉克统治当局有联系的恐怖组织不是两种独立的威胁。它们是同种威胁的不同部分。"[31]当局官员坚称,不论是伊拉克还是基地组织,武装了大规模杀伤性武器,要对美国使用这些武器就不会受到成规的道德礼仪或信仰所制约。布什总统在2003年国情咨文演讲中曾描绘了这种不祥场景:"想象一下那19个带着那类武器的劫机者和那些飞机——这回是由萨达姆·侯赛因派出的。"[32]2002年的国家安全战略报告(NSS)反应出同样的观点。"这些新敌人的本质和动机","无赖国家及恐怖分子","他们决心要获取至今为止仅是世界上最强大国家才具备的毁灭性实力，很有可能他们会用大规模杀伤性武器对付我们，使得当今的安全环境更复杂和更危险"，远超过冷战时期。[33]正如钱恩·科夫曼（Chaim Kaufman）有说服力地指出的，依靠"9·11"事件，布什当局将伊拉克从地区性无赖的遏制问题重新塑造为恐怖主义无赖的威慑问题。因为恐怖分子是不怕威慑的，所以产生了新的理由，用先发制人兵力消灭他们是保护美国的唯一措施，而不要去理会先发制人兵力是直接用于如基地组织游寇般的无国界组织，还是用于像伊拉克的萨达姆·侯赛因（Saddam Hussein）似稳坐在那里的狂人。[34]这里我们不能忽视的重要一点是，这种理由罩上了美国国内在"9·11"数年以前就兴起的主题思想。阻止无赖国家核武器扩散是极其紧迫的任务，不仅符合美国利益，同时也符合和平与安全的全球共同利益，而且是在传统防止核武器扩散机制无法依赖用来阻止这种威胁的情况下才如此，[35]那么如果必要时，靠军事力量应对这种挑战在准则上是可以接受的。2002年10月国会辩论数据显示，很明显众议员及参议员中绝大多数接受了伊拉克无赖国家与基地组织实际上无法区分的观点。虽然萨达姆·侯赛因已经被视为无赖原型，现在他同他的基地组织伙伴一样是一个吓不倒的无赖，但对议会多数人来说，这就证明了先发制人战争措施选择是有理的。

布什政府的首份国家安全战略报告（NSS）是在2002年9月正式发布的，这份文件对重新塑造有关美国能够合法追求用来应对其敌人的战略选择措施的国民观念是十分重要的。1996年克林顿政府国家安全战略报告中交战与扩大部分也宣称，核武器扩散对美国而言是首要的问题，并且宣布美国有意愿动用军事力量"威慑、预先阻止并防卫"无赖敌人"使用"大规模杀伤性武器。[36]要"预先阻止"敌人使用大规模杀伤性武器，这份文件并未含有要宣示动用军事力量防止无赖国家获取大规模杀伤性武器政策的意思。尽管先发制人攻击的词语在克林顿当局内部是可以随意使用的，但克林顿政府的官员们并不愿将之编入国家安全战略报告之类的正式战略文件中去。换言之，克林顿政府是不愿果断宣示美国的新意愿是要通过先发制人军事攻击来摧毁如朝鲜似的无赖国家不断增强的核实力。要预先防止这些武器的使用,比尔·克林顿(Bill Clinton)总统确实有在危机中他们实际动用这些武器之前抢先行动的意思。负责处理核扩散的前助理国防部长阿什顿·卡特(Ashton Carter)曾解释 20 世纪 90 年代克林顿政府应对核武器扩散的政策,确实包含"摧毁"美国敌人发展的大规模杀伤性武器,但他审慎地指出这种情况仅适用于"大规模杀伤性武器的使用似乎是迫在眉睫的,[那么]先发性摧毁这些武器……只能是最后的手段了"。[37] 与之相呼应的,2002 年的国家安全战略报告是首份高层次的政策宣言,把先发制人战争逻辑列为美国防止核武器扩散战略的核心地位。

2002 年的国家安全战略报告搬出"9·11"事件来专门挑战并进一步削弱现存的反先发制人战争准则,同时通过重新定义"紧迫威胁"概念来倡导一种新型准则架构。国家安全战略报告实际上起到一种很重要的作用,确认传统法律及道德标准允许抢先攻击,却禁止先发制人攻击。阅读国家安全战略报告的这一节是可以把现行的准则约束作用解释为一种时空错乱,可能只适于早期年代,而不适合新型威胁。数世纪以来,国际法承认国家在他们合法地采取行动防卫他们自己免遭攻击所呈现的紧迫危险之前,无需承受那场攻击。法律专家及国际法理学家们经常限定抢先行动的合法性是以紧迫威胁的存在为前提的——最常见的是陆军、海军和空军准备攻击的动员。如今的战略是,"9·11"所显现的当代威胁打破了抢先行动与先发制人行动含意的传统区分。"我们必须适应当今敌人的实力与目标所造成的紧迫威胁概念。无赖国家和恐怖分子……依靠恐怖行动,并且很可能动用大规模杀伤性武器——这种武器能被轻易地隐藏、偷偷地传播,且无需警示就使用。"[38] 以这一方式,国家安全战略报告试图将一种新观念合法化,即对不怕威慑并从来不屈服的敌对无赖日益增强的实力进行军事攻击,在目前是应被视为与包含允许在面临逼近攻击时抢先行动的道德和法律标准没有对立之处。总体来看,布什政府把伊拉克与基地组织联系在一起,都视为不怕威慑的无赖角色,并且重新定义了这些无赖们拥有大规模杀伤性武器(WMDs)时的紧迫威胁概念,所有这些都为美国考虑的对伊政策奠定了一种新型概念框架。如果威慑无法依赖且向追求核武器的无赖角色发动先发制人战争在准则上是合法的,那么许多国会成员就会接受先发制人战争,将其作为应对这种敌人的必要和紧迫选择措施。

公众对向伊拉克发动先发制人战争的态度

在1950年,NSC 68的撰写者们曾自信地宣称"'先发制人战争'的观点……是不会为美国人所接受的"。[39]过了半个世纪,美国发动了其首次先发制人战争后,似乎真正的美国人的确发现先发制人战争"是不可接受的"了。在伊拉克主要战事结束约六个月后开展的一场调查中,在被问及美国的总体原则是否为未形成紧迫威胁时应避免向他国使用武力,绝大多数(76%)同意,而只有18%不同意这种政策。民主党人及自由主义者有极高的比例同意这种政策,甚至保守派人士和共和党人中也是多数同意这种政策。[40]在2002年夏季对"抢先行动"措施选项的讨论加剧时,相当多数(63%)的美国公众似乎接受了把抢先行动作为对付伊拉克那类无赖国家的一种有效手段。但被问到是选择先发制人军事行动还是选择威慑政策来解决这些国家造成的安全难题时,公众以压倒性的多数选择威慑(66%)而不是先发制人军力(25%)。不论政治意识形态、党派身份、性别或年龄,选择是一致的。[41]尽管存在把威慑而不是先发制人措施作为应对核武器扩散难题的这种总体偏向,我们必须立即抓住这样的事实,因为布什政府逐步向先发制人战争推进,并且在伊拉克这个具体事件上否定了威慑措施,美国公众的大多数是一贯支持这一政策的。准确地看,对动武的支持率随着时间不断波动,却从未在美国民意调查中跌落多数位置。当局对先发制人战争的倡导绝不会面临公众普遍的对抗性反应。实际上,在这个议题上有关公众观点的最重要一点是甚至在"9·11"恐怖袭击之前,布什政府就被允许对伊拉克政策的重大调

第七章 结 论

整进行辩护了，绝大多数美国人是支持动用军事力量来推翻萨达姆·侯赛因的统治的。

在分隔1991年海湾战争与"9·11"恐怖袭击的十年间，对萨达姆·侯赛因动用军事力量的主张没有失去大多数美国公众的青睐。对美国来说这不是一个恐怖主义问题；恐怖主义作为进攻伊拉克的理由并不是举国讨论伊拉克时的一个重要内容。军事力量一直被视作一种合法手段，可用来阻止这个无赖国家违反其应该遵守的不扩散核武器准则国际义务。海湾战争结束后的两年里，盖洛普调查机构多次向被调查者提问"支持或反对美国军队恢复针对伊拉克的军事行动，把萨达姆·侯赛因拖下台"。支持率在1992年2月最低的62%至1993年1月最高的82%之间波动。老布什总统任期最后几天里对伊拉克展开了空袭，之后进行的调查中，被调查者只有7%称美国不应该采取军事行动，28%支持军事行动继续下去，直到伊拉克遵守联合国武器决议，而另有59%支持"持续开展军事行动，直至萨达姆·侯赛因被拉下台"。对军事行动的这种支持不仅仅局限在成本相对较低的空袭措施上。在1993年6月，70%的被调查者支持出动地面作战部队"迫使萨达姆·侯赛因下台"。

从1995年至1997年，伊拉克相对沉默，这是联合国军备控制委员会在伊拉克取得实质成功的时期。然而，1998年伊拉克严重欺骗联合国核查团。这年初，伊拉克不让核查人员到访有着重大嫌疑的多处场所，导致冲突发生并结束了新的核查使命。那年稍后，伊拉克再次拒绝核查人员不受拘束地进入敏感场所，这一举动导致联合国核查团永久撤离，并由美国和英国实施了短暂的惩罚性轰炸。作为对伊拉克不扩散核武器义务最新争端的反应，在1998年1月进行的调查中，76%的被调查者同意"军事力量最终是必要的，以阻止伊拉克发展"大规模杀伤性武器，而仅有20%的被调查者相信无需武力伊拉克人是有可能服从的。在二月，声称支持联合国武器核查员的被调查者中有57%认为问题已严重到足以"引发战争"，60%赞同动用地面部队强迫伊拉克人合作，而70%从同一目标出发支持空袭。在1998年2月，与先

先发制人战争与美国民主
Preventive War And American Democracy

发制人战争准则最有关联的是，有 60% 同意因伊拉克人违抗联合国，美国有着"道德理由"发动攻击，25% 怀疑这种回应措施的道德性，而只有 12% 一致声称先发制人军事力量是"没有道德理由的"。当这一问题在九个月后再次发生时，60% 认为如果伊拉克再次阻挠核查人员，他们就"倾向"采取军事行动，而只有 36% 偏向外交手段和持续制裁。2001 年 2 月，联合国在伊拉克展开核查行动超过了两年，此时也是"9·11"袭击之前的七个月，有 52% 被调查者仍然支持"把美国军队送回波斯湾，以便把萨达姆·侯赛因从伊拉克权力宝座上拉下来"。[42]

这些态度是与美国人如何就"9·11"前后美国必须要解决的全球难题进行排列的次序相一致的。在 1998 年，82% 的美国公众宣称"要阻止核武器扩散"，这是一个需要美国行动的"非常重大"的问题。与恐怖主义作战（79%）、阻止非法毒品流入美国（81%）以及保住美国工人的职位（80%）相比，这个议题吸引了更多的注意力。2002 年"9·11"袭击后，防止核武器扩散及与恐怖主义作战的支持率有所攀升；有趣的是，公众实际上是同等看待这两个问题的。91% 把恐怖主义称作是一个"非常重大"的问题，而不相上下的 90% 同样看待核武器扩散问题。[43] 绝大多数美国人不仅接受了后冷战时期强调核武器扩散占主导的威胁含意，我们也能得出结论，在整个 20 世纪 90 年代，超过半数的美国公众仍然相信从首次海湾战争兴起的准则内容——针对无赖国家的防止核武器扩散规则——动用先发制人军事力量除掉萨达姆·侯赛因（Saddam Hussein）及他造成的万恶的核武器扩散威胁是合理的。关于这种含意，道格拉斯·福伊尔（Douglas Foyle）提出一个引人注目的看法，布什政府试图引领的观念"并未显著改变有关要什么形式战争的公众看法"。"9·11"之后的四个月里，公众对与伊拉克开战的支持率升至 74%，然后直到战争打响，一直处于 59% 至 68% 的波动范围。[44] 布什政府有关伊拉克、恐怖分子和核武器的主张可能支撑了许多美国人的信心，即推翻萨达姆·侯赛因是一个坚定且合法的回应结果，很可能吸引了不能确定回应措施是否正确或在"9·11"之前不是坚定反对向伊拉克动武的一些美国人。然而，总的来说，公众观念的碰撞并未反映出已彻底脱离了20世纪90年代许多人已经逐渐接受了的观念。这并不是要用先发制人战争来处理追求大规模杀伤性武器（WMDs）无赖们的最新接受。

关于与伊拉克战争更深入的条件在"9·11"之后的调查中得以具体化后，我们发现美国公众对美国可能获得的国际支持程度及未来的伤亡很敏感。[45] 与我们对先发制人战争态度研究密切相关的一次特别值得一提的调查，是在2003年1月由皮尤研究中心进行的。调查进行时，联合国核查员正在伊拉克执行安理会第1441号决议使命，当时布什政府公开指责伊拉克不断欺骗且持不合作态度，怀疑核查行动最终能否揭露伊拉克武器项目的真相。[46] 调查所设计的问题是要测试公众的敏感度，对要找到伊拉克人通向大规模杀伤性武器取得多少实际进展的证据数量足以作为支持战争的依据进行调查。正如表7.3显示的，在联合国取得确切证据表明伊拉克拥有大规模杀伤性武器的情况下，战争支持率达到最高值。这种情况下，有强烈的多数（76%）赞同用先发制人战争逻辑来应对这个难题。然而，因实际上实力转变的证据很微小，先发制人战争的公众支持率急剧下降。这些数据显示在实力转变成为事实时，美国公众是愿意涉足先发制人战争的，但当实力转变似乎是更遥远或推测时，他们是极不愿意的。

表7.3 基于伊拉克实力转变证据的战争支持率变化情况[47]

在核查员发现……时动用军事力量	同意	反对
伊拉克藏匿了大规模杀伤性武器	76%	17%
伊拉克隐藏能力，能轻易制造大规模杀伤性武器	46%	47%
未发现此类武器，但伊拉克无法证明其它	29%	63%
未发现此类武器，但核查员无法确信伊拉克没有	28%	62%

这次调查最重要的一点是，只要有伊拉克发展大规模杀伤性武器（WMDs）的坚实证据，超过三分之二的美国人会赞同支持先发制人战争。

先发制人战争与美国民主
Preventive War And American Democracy

即便是有证据证实对手的实力转变已在进行,反先发制人战争准则也会保持不变,要逆转,先发制人战争仍是非法的选择。冷战初期,毫无疑问苏联已爆破了自己的核装置,并且正在针对美国积累可观的、更具危险的军备库。尽管知道这种情况,先发制人战争对美国来说在准则上仍被视为不可行。无法选择这一措施,威慑就成为防止使用这些武器的最佳选择措施了。相反,大多数美国人只要确信伊拉克确实在用这些武器武装自己,他们不会显露任何准则方面的犹豫,就会对伊拉克发动先发制人战争。2003年2月及3月,领导国际原子能机构(IAEA)的官员汉斯·布利克斯(Hans Blix)和穆罕默德·厄尔·巴拉迪(Mohamed El Baradei)向联合国安全理事会报告,他们在伊拉克没有发现任何大规模杀伤性武器或"严禁行为"的证据,但他们也没有排除伊拉克的确拥有它们的可能性。[48]这一情况与2003年1月民意调查的结果相符,只有29%称他们仍将支持战争。虽然报告缺乏武器证据,一月份的调查表明公众对战争的支持率并未跌落。一个解释原因是可能仍然支持动用武力的那些人不了解情况。在核查员于2003年2月报告了他们的调查结果后,皮尤研究中心进行的调查发现,57%的被调查者仍相信联合国有证据表明伊拉克试图隐藏大规模杀伤性武器(WMDs),而只有30%的被调查者知道联合国未掌握此类证据。[49]另一个能够解释的原因是布什政府官员们十分肯定地表述的情况,尤其是在2月份联合国安理会上国务卿科林·鲍威尔(Colin Powell)的发言,他在发言中称伊拉克确实具有非法武器项目。

伊拉克战争开始前后,公众观点研究中发现的最有意思的看法之一,是美国不再存在置顶的有关先发制人战争的"民主"准则观点。很多有关民主和战争的文献聚焦了当民主走向战争时信念或准则是如何形成的、出于哪种目的,并且针对哪些人,这些文献中把这些准则视为是相对平均地由这些国家的公民共享。冷战初期(见第三章)确切反映出,反先发制人战争准则在政治意识形态领域及两大主要政党间得到普遍支持。然而,21世纪初,不再是这种状况了。正如我们在国会、政治自由主义者及政治保守派、民主党人和共和党人中看到的，关于伊拉克事件先发制人战争是否公正存在着严重分歧。事实上，政治意识形态是个人有关先发制人战争态度的最佳标识。例如，在对2002年10月最后一天就动用武力议案国会辩论进行的一场民意调查中，我们从中发现政治倾向、党派及公众对战争支持度与从国会中发现的态度存在着同样的联系。保守的共和党人更倾向于战争（80%支持战争，10%反对），其比率比自由的民主党人（37%支持，56%反对）高得多，而温和民主党人始终处于这两个极端之间（53%支持，38%反对）。这些数据显示，就像国会一样，在2002年9月，保守的共和党人作为整体支持战争比自由的民主党人反对战争显得更加团结。因此，虽然在这个问题上存在意识形态的分歧，总的来说，亲战争态度吸引很多的自由和温和民主党人，给战争提供了足够的支持。在战争爆发前仅仅几周，我们发现同样的结果。在保守派、自由主义者、共和党人和民主党人间更多地发出了不同的声音。2003年2月20日，保守的共和党人中有89%倾向对伊拉克采取军事行动，同时，自由的民主党人事实上继续保持着同样的56%反对战争及38%支持战争。[50]

笔者在2003年11月进行的调查有同样结果。虽然本次调查是对萨达姆·侯赛因政权溃败后公众态度变化图像的一种简单描述，但这次调查得出结论的期间是在2003年12月与2004年1月间因未找到伊拉克大规模杀伤性武器而爆发矛盾成为公众议题之前，是在2003年底及2004年春夏暴力高峰之前。2003年12月抓获侯赛因之前，又一次发现在面临先发制人战争前景时，对这个人支持或反对动武的最佳预测方式就是政治倾向和党派身份。68%的共和党人和65%的保守派人士总体上是同意美国"有理由使用军事力量对付被怀疑正在发展核、化学或生物武器的国家，即便是目前那些国家并未对美国构成威胁"，而只有35%的民主党人和30%的自由主义者赞同这种说法。在被问到即便是未发现大规模杀伤性武器，美国是否"仍然采取入侵伊拉克来做该做的事情"，85%的共和党人回答是的，而64%的民主党人回答不是。展望未来可能的先发制人战争,调查问到是否"美国应该使用军事力量摧毁伊朗的任何核武器项目,而不论并没有证据表明伊朗有意图对美国使用那种武器"。回答明显表明了党派分歧,61%的共和党人赞同对伊朗实施军事攻击,50%的民主党人反对出于这种目的动用武力。人们可以推断,把自己描绘为政治温和分子和独立人士对每一个问题的回答结果是介于这两个极端之间的。

先发制人战争未来的含意

通过本书各章节,我们审视了美国反先发制人战争准则作用的变化情况。直至20世纪60年代初期,先发制人战争被意识形态和政治领袖们视为,同样也被观念领袖及公众视作是能够唤起纳粹德国及日本帝国所为的一种侵略行径,是违背深深根植在美国人心中的信念及限制对他国动武传统的一种战争形式。不论威胁有多严重,都不会比冷战最初几十年更严重且变化剧烈,在美国敌人的相对军事实力增长时,反先发制人战争准则公开挑战美国领导人,只得寻找其它方式来保卫美国。自20世纪60年代初至90年代初的期间,一种新型准则体系兴起了,这个体系来源于全球不扩散核武器准则及1991年海湾战争后美国对无赖国家问题的自我解释,并提供了另一种更容许考虑先发制人战争合法性的途径。这种更加"宽容的准则秩序"在美国国内为2003年对伊拉克的第二次战争从政治上铺平了道路。第二次伊拉克战争前夕,查尔斯·凯格利(Charles kegley)和格雷戈里·雷蒙德(Gregory Raymond)怀疑,一场美国式的先发制人战争能否创立出一个更宽容的国际准则秩序,让其它国家也追随美国榜样,用他们自己的先发制人战争来对付地区对手。[51] 我们可以换种方式来提这个问题,在美国已经发动了其历史上首次先发制人战争以后,美国自身是否接受了先发制人战争主张?在伊拉克的经历是否已经败坏了先发制人战争观点?假如在美国国民及他们的领导人中就美国品质、其自愿接受的行为标准又产生了复兴,那么美

第七章
结 论

国是否会再次转向尊重传统对先发制人战争的限制？或是否伊拉克给美国在其它地方的先发制人战争提供了一个范例？

2006年3月，对伊拉克进行先发制人战争近三年后，布什政府发布了新的国家安全战略。尽管推翻了萨达姆·侯赛因（Saddam Hussein），这个怀有核野心无赖领导人的典型代表，2006年的国家安全战略（NSS）仍坚持认为"核武器扩散给我们国家安全构成最严重的威胁"。[52] 然后，布什总统在他非常著名的2002年国情咨文演讲中宣称，伊拉克只是"邪恶轴心国"中的一个无赖，"邪恶轴心国"中也包括伊朗和朝鲜。尽管美国的时政评论家们反对总统这样处理难题，总统宣言的背后却存在普遍一致的意见，核武器扩散仍是美国面临的最严峻安全风险。[53] 好像加重了这个难题似的，新国家安全战略的发布正好与伊朗的贸然冲突相吻合，伊朗在许多人担心的铀浓缩项目上取得进展，这一进展将有利于发展核武器。核武器扩散难题并未消除——它以某种形式在可预见的未来会长期困扰着布什总统。当然，重大战略问题该怎么回应？这是任何一位领导人在面临这种类型实力转变时必须回答的问题。

或许最值得注意的是，虽然在伊拉克未能找到大规模杀伤性武器（WMDs），并且建立一个稳定的后萨达姆时期政治秩序成本高昂，布什政府的2006年国家安全战略（NSS）仍把先发制人战争作为防核武器扩散政策的最终选择措施。回看2002年提出的同样的"抢先行动"主题和逻辑，战略断言："在长期的自卫原则指导下，我们不会排除在攻击发生前就动用武力，即便是无法确定敌人攻击的时间和地点。而大规模杀伤性武器攻击的结果是如此具有毁灭性，在巨大灾难来临前，我们不能只是呆坐着。"按布什当局的说法，"在我们国家安全战略里，抢先行动的地位并未发生变化"。但是，美国在回应核武器扩散难题时，究竟有多大可能将再次转向这种极端的先发制人选择措施？这或许是一个能自然得出本书研究结论的问题及必须回答的问题。这里的意图并不是要冒险预测美国未来的先发制人军事行动，核

285

武器扩散威胁特性中长期存在的不确定性、潜在核武器扩散者的行为,以及在伊拉克正在进行的军事、政治和经济斗争中得到的教训,都使预测变得很困难。然而,反思未能解决的朝鲜事件、发展中的伊朗冲突和伊拉克战争后果的意义仍是很重要的,因为它们能够告诉我们有关美国先发制人战争观点的情况。总之,从准则和战略角度,先发制人战争观点都是本书的主题。

朝鲜事件给先发制人战争选项的未来提供了哪些建议呢?虽然1994年美国和朝鲜达成的框架协议使得与这个特别的无赖国家发生的首次核危机解除了数年之久,不到十年,朝鲜核武器扩散问题又变得更加严重。2003年1月,正是布什总统把朝鲜列入邪恶轴心国行列之后一年,也是布什政府宣布要用抢先行动宗旨来摧毁无赖统治集团的核武器实力仅四个月,朝鲜宣布即刻起退出《不扩散核武器条约》(NPT)。这是对全球不扩散核武器准则的重大一击,同时承认了朝鲜在巴基斯坦最重要核科学家的帮助下秘密开展了铀浓缩工程,并且有证据表明朝鲜已经开始提炼钚,之前这种行为是被框架协议禁止的。危机最严重的时刻是朝鲜在2005年2月宣称已拥有数枚可投入实战的核武器,美国至今未驳斥这一宣称。朝鲜给美国宣示要击败无赖国家核武器的决心构成了严重挑战。[54]

像他前任的克林顿总统一样,布什总统对这一事态发展持不妥协立场,多次重申美国"不能容许朝鲜拥有核武器"。[55] 不只是希望朝鲜重返《不扩散核武器条约》(NPT),布什政府也要求朝鲜"完全及明显可见地消除其核武器项目"。虽然布什总统对通过外交手段和平达到目标抱有希望,但他也指出"当然,各种选项",逻辑上也包括军事力量,"都是摆在桌面上的"。一些著名的防卫情报人员及前政府官员,不管是民主党人还是共和党人,实际上都敦促总统更急迫的是要考虑军事力量。前国防部长威廉·佩里(William Perry)明确地把朝鲜的核弹工程称为"对我们的安全形成了一种不能接受的风险",其严重性足以冒战争风险来消除。克林顿时期的中央情报局(CIA)局长詹姆士·伍尔西(James Woolsey),主张布什政府

第七章
结 论

"在公开讨论动用武力时"必须克服"条件反射性的拒绝念头",并且即使冒着升级的风险,也要立即开始准备先发制人袭击。查理得·珀尔(Richard Perle),是罗纳德·里根总统时期的前任国防政策委员会主任,他认为如果朝鲜拒绝接受不受限制地核查其核设施,美国应该发动先发制人攻击。数年间,有美国、朝鲜和四个地区性国家参加的旨在结束朝鲜核武器项目的间断性会谈反复陷入僵局。同时,更多人担心朝鲜正在利用持久而没有结果的谈判来拖延,构筑一个不断壮大及更复杂的核武库和施射能力。尽管这样,没有丝毫迹象表明布什政府正在考虑用先发制人战争在这个事件里达到防止核武器扩散目标。

朝鲜问题上的公众观点是支持当局采取外交手段而不是动用武力。虽然绝大多数公众把朝鲜核武器视作一个长期的严重威胁,并且接受试图要优先阻止其发展的举动,在这一事件中并没有热忱要推动先发制人战争信条发挥作用。处于80%至91%之间的绝对多数选择外交而不是动用武力来达到防止核武器扩散的目标,[56] 同时多数人(从67%至73%)相信朝鲜威胁能被抑制住。在2003年1月,危机的意义已经很明显了,那时能说明问题的一场民意调查中,被调查者有着很强烈的倾向性,选择以低代价、非军事先发制人措施阻止朝鲜发展核武器,而不选择激进的、代价更高的军事措施。具体来说,有70%支持给朝鲜经济援助换取达成协议放弃其核武器计划,67%支持实施国际经济封锁,以强迫朝鲜屈服,40%称他们将支持空袭,而只有31%称他们支持通过打一场地面战争摧毁朝鲜的核能力。

从朝鲜难题能得出的结论是,尽管对朝鲜核武器使用了"不能容忍"这样严厉的措词,对布什总统而言,拥有核武器的朝鲜比用军事力量来阻止它更不能容忍。对本书中心议题而言,最重要的是缺乏强力行动与美国价值无关,与准则反对在缺少直接威胁或受到攻击时就发动战争无关,也是与想避免发动侵略行为以免给美国品质抹黑无关。在应该对朝鲜核武器采取什么样行动的辩论中,完全没有准则方面的考虑。反对把战争作为战略选择只是基于美国与朝鲜武装冲突的结果会造成可怕的军事代价。考虑了这种情况，布什政府不再坚持考虑任何具体的先发制人措施建议了，实际上已决定接受朝鲜拥有核武器的既成事实，转而依赖威慑和防御手段。

那么有关伊朗这个布什总统邪恶轴心国的第三个成员的核武器计划所造成的、正在不断演变的事件，又怎么办呢？正当本书写作时，伊朗公开宣称正在发展铀浓缩项目，自称是只会用于能源生产。伊朗也坚持无意用这种材料制造核武器。在与伊朗对立过程中，欧盟在美国支持下，采取了不允许伊朗自主浓缩铀的立场，因为这一技术很容易被用于核武器项目。这实际上是要求在《不扩散核武器条约》（NPT）目前适当的约束之下推进不扩散核武器准则。正如第六章指出的，虽然《不扩散核武器条约》的意图是要阻止核武器扩散，一项重要条款是允许非核武器国家把核技术用于和平目的。实际上，《不扩散核武器条约》第IV条坚持这是一项"不可剥夺的权利"。伊朗确实曾宣称用于电力生产的铀浓缩是属于这种不可剥夺的权利，这是《不扩散核武器条约》未加以禁止的行为，伊朗政府坚持不会在国际压力下放弃该项权利。伊朗的态度虽然明显有理，美国、其欧洲伙伴，甚至苏联和中国，在这个事件里都把不扩散核武器准则理解为支持对伊朗采取不妥协立场，反对这一能将伊朗带入核弹生产基地的行为。

当前，伊朗对立方所面临的问题，与类似的事件一样，是如果伊朗拒绝接受一直要提供的经济利益及安全保证，顽固地要进行铀浓缩，该怎么办？更具体地说，这些国家是否将从通过谈判达成协议限制伊朗核能力的这种先发制人措施，转向诸如经济制裁或军事攻击这样的高压先发制人措施？尤其是美国面临真正的选择，如果安理会因巨大的内部分歧未能就实施经济制裁达成一致，美国是否会对伊朗核项目实施先发制人军事进攻？如果伊朗即便在国际社会实施制裁情况下，仍继续目中无人地推进其铀浓缩设施，美国是否会攻击？按照亚利桑那州共和党参议员约翰·麦凯恩（John McCain）的说法，在防止核武器扩散方面大多数最坚硬分子中，"只有一件事情比美国实行军事措施更糟,那就是核武装了的伊朗"。⁵⁷布什总统称公众有关与伊朗开战的热议是"臆测",排除了"先发制人"不可避免要涉及军事力量的谈论。⁵⁸尽管有这些否认,在2006年有大量文章声称五角大楼正在进行计划安排,一旦总统下命令发动先发制人攻击,这些计划都是必须要有的。⁵⁹总统重述对伊朗"所有的措施选项都摆在桌面上了";据美国驻联合国大使约翰·博尔顿(John Bolton)称,"所有可选措施"中包括单方面军事行动。⁶⁰

不论布什政府是否坚持用先发制人战争措施来阻止伊朗核计划,就如朝鲜事件一样,都将是在战略成本／利益测算基础上做出的,与先发制人战争的准则含意无关。在政府内部、防卫专家及公共评论家中的争辩的确很令人兴奋,而在这个具体事件中,这个争辩是关于把先发制人战争作为防止核武器扩散手段的价值而展开的。反对选择先发制人战争措施的意见,大多数是熟悉的担心:对伊朗长期以来的核项目缺乏情报,制约袭击中的定位;众多设施被隐匿且很难或不可能通过空袭摧毁;伊朗会用恐怖袭击回应或许只是针对美国;伊朗能对美国在伊拉克的使命进行更进一步的破坏来反击;未获成功的空袭更会激发伊朗发展核武器的热忱,更不容易受攻击;可考证的先发制人裁军行动需要入侵、政权更换和占领来实现;占领将激发严重的爱国主义反响及伊朗境内的武装抵抗,更进一步点燃整个穆斯林世界的敌对情绪。对以合理代价取得成功的前景执悲观看法,在国内给对伊朗实行先发制人战争形成了很严重的妨碍。相反,尽管公众对战争进行着热切的讨论,实际上在美国没有来自两党或值得关注的公众担忧方面的正式会谈、国会成员的宣言、有名的观念文章、前政府官员表达的立场观点等,对美国要做的、用军事力量对付并未构成直接核威胁的一个国家在准则上是否"正确"做出判断。似乎防止无赖国家核武器扩散规则,曾在20世纪90年代初坚定持有的新型准则性架构,已经最终摒弃了反先发制人战争准则。事实上,这种准则观念的缺失,只能被评价为是与杜鲁门及艾森豪威尔政府时期主导美国相类似战略难题讨论时必然发生的反先发制人战争观点相对立的。假如布什政府更有条理及透明地努力,要对伊朗动用武力,就如同伊拉克战争一样,我们更有可能发现国内的反对意见,但反对意见是来自物质评估。[61] 如果一系列基于准则基础的自由主义反对意见得以形成,没有理由相信它会对辩论及最终决策产生任何影响,而这种反对意见在伊拉克战争的预备阶段却是发挥过作用的。

最后一段话应该留给美国在伊拉克先发制人战争中得到的教训。这一冒险的最终结局肯定是不明确的,因此,留给今天的任何教训都是暂时的,并将随着美国的撤出而变好。正如1991年的首次伊拉克战争是对传统不扩散核武器机制能阻止有关国家获取核武器失去信心的关键时刻,也是对无赖国家产生防止核武器扩散规则的关键时刻,为先发制人战争创建了一种更宽松的准则秩序,那么第二次伊拉克战争也将是一个关键时刻。我们所能说的是经过了整个战争过程,对决定开始战争的支持已经沦落到只有总统最忠诚的支持者仍相信是"应该做的正确事情"。战争的第一周,盖洛普民意调查对象中70%称派地面部队到伊拉克不是"一个错误";入侵伊拉克三年后,57%的人称其是一个错误。这进一步反映出公众对伊拉克战争进程的沮丧,而且会给布什总统增加政治成本,他的支持率从战争初期的71%跌落至三年后的37%。[62] 假如美国发现了布什当局坚持存在的大规模杀伤性武器(WMDs),公众的态度很可能完全不同,即使对美国战略和伊拉克新政府一直存在着武装抵抗,许多人会认可当局的理由,至少我们不用再面对核弹狂人了。对许多人来说,从当局一直推崇的先发制人中获益能证明代价是值得的。其结果,战争会进一步强化强大的防止核武器扩散准则,其次就是先发制人战争选项措施。它会进一步削弱美国残留的反先发制人战争信念。然而,伊拉克大规模杀伤性武器并不存在,从战略角度来看这个事件无法给未来的先发制人战争提供正面参考作用。相反,它可能会成为一个警戒性的事例,一旦发动战争,其无法意料及棘手的战争结果与事先过分渲染的威胁定论相遇,可能会造成很大的成本支出。很难自信地断定一个潜在对手的新军

第七章
结　论

事能力发展到什么程度，就如在伊拉克、朝鲜和伊朗那里看到的。但先发制人战争诱惑造成最困难的战略难题，是需要去评估有多大可能在未来会与潜在对手发生战争，以及得出结论战争的可能性很大、代价高昂足以证明接受现在就发动战争的风险是值得的。换言之，与一个核武装无赖国家一起生活的风险是不是比用战争摧毁其核野心的风险更糟？这个问题的核心是无法确定。

伊拉克战争以一种受限方式激发了对美国品质、美国价值观如何影响其行动，以及产生约束作用的准则标准的回想。阿布格莱布监狱丑闻及对刑讯的公开争论，很鲜明地表明在一定条件下，美国人确实很严肃地看待行为准则。对战争的侵略本性及美国传统限制以战争来解除其安全担忧这两方面，没有类似的反省。在冷战初期，主导观点从未考虑过先发制人战争的有效性，或美国能以可接受代价完成目标。这是因为这些举动是各层次美国人都不能容忍的行为。无论是否有效，先发制人战争被视为越过了暴力的界限，这个界限是在美国人追求安全时能够接受的合法行为，以及其领导人及民众所理解的具体民主形式和不合法形式之间划定的。今天的主导准则是大多数美国人似乎接受的有关责任和权利——好与坏是各自不相关的问题——要阻止他们最担心的统治集团演变成核实力强权。如果国内存在着强烈反应，来自国会或者尤其是公众，将给未来的先发制人选项形成严重障碍，这将是基于对所有措施选项的测算评估。是否愿意接受最极端的先发制人措施选项，将取决于是否能够感到先发制人战争会以可接受的代价或更少的代价来达到目标。

注　释

1. "President Bush Addresses the Nation," March 19, 2003, at http://www.whitehouse.gov.

2. "President Says Saddam Hussein Must Leave Iraq within 48 Hours," March 17, 2003, at ibid.

3. Philip Shenon, "House Votes $100 Million to Aid Foes of Baghdad," *New York Times*,

先发制人战争与美国民主
Preventive War And American Democracy

October 7, 1998; Vernon Loeb, "Congress Stokes Visions of War to Oust Saddam," *Washington Post*, October 20, 1998; Jane Perlez, "Albright Introduces a New Phrase to Promote Hussein's Ouster," *New York Times*, January 29, 1999; Jane Perlez, "Albright Says Hussein's Foes Are Building United Front," *New York Times*, May 25, 1999.

4. Ron Suskind, *The Price of Loyalty* (New York: Simon & Schuster, 2004) ; Richard A. Clarke, *Against All Enemies: Inside America's War on Terror* (New York: The Free Press, .2004) , 264—268. See also Bob Woodward, *Plan of Attack* (New York: Simon & Schuster, 2004) , 9, 21—23.

5. United Nations Security Council Resolution 1441, November 8, 2002.

6. Neil MacFarquhar, "Iraq Inspections Receive Approval from Arab League," *New York Times*, November 11, 2002; Patrick E. Tyler, "NATO Leaders Say Iraq Must Disarm," *New York Times*, November 22, 2002; Richard Bernstein, "European Union Says Iraq Must Disarm Quickly and Fully," *New York Times*, February 18, 2003.

7. Julia Preston, "Security Council Votes, 15-0, For Tough Iraq Resolution," *New York Times*, November 9, 2002.

8. Woodward, *Plan of Attack*, 357—365; John Tagliabue, "France and Germany Draw a line, Against Washington," *New York Times*, January 23, 2003; Steven R.Weisman and David Sanger, "U.S. Resisting Calls for a 2nd UN Vote on a War with Iraq," *New York Times*, January 16, 2003; Steven R. Weisman and Richard W. Stevenson, "U.S. and Britain Press for Resolution on Iraq, but Make Minimal Headway," *New York Times*, February 4, 2003; Steven R. Weisman and Felicity Barringer, "U.S. Seeks 9 Votes from UN Council to Confront Iraq," *New York Times*, February 21,2003; Felicity Barringer, "UN Split Widens as Allies Dismiss Deadline on Iraq," *New York Times*, March 8, 2003; David Sanger and Warren Hoge, "U.S. May Abandon UN Vote on Iraq, Powell Testifies," *New York Times*, March 14, 2003.

9. "The President's State of the Union Address," January 29, 2002, at http://www.whitehouse.gov. Emphasis added.

10. "Remarks by the President at 2002 Graduation Exercise of the United States Military Academy," at ibid.

11. National Security Strategy of the United States, September 17, 2002, 15. [Hereafter,

2002 NSS]

12. "The Iraqi Threat," speech delivered in Cincinnati, Ohio, October 7, 2002, at http://www.whitehouse.gov. 总统的观点在有关伊拉克战争提案的国会辩论开始前仅一天发布，明显对涉足国会辩论的许多人产生了重要影响。

13. "Vice President Speaks at VFW 103rd National Convention," August 26, 2002, at http://www.whitehouse.gov; Glenn Kessler, "Rice Lays Out Case for War in Iraq," *Washington Post,* August 15, 2002; David Rennie, "Attack Saddam Now and Let History Judge, Says Rumsfeld," *London Daily Telegraph,* August 21, 2002.

14. 关于中央情报局信件的全部文本及参议院对情报官员听证会的解密部分，见 the *Congressional Record* 148 Cong Rec H7413 of October 9, 2002.

15. George J. Tenet, "Iraq and Weapons of Mass Destruction," February 5, 2004, at https://www.cia.gov/cia/puhlic_affairs/speeches/2004/tenet_georgetownspeech_02052004.html. 对当局有关伊拉克威胁的描述方面最完整的公开评价资料，见 Joseph Cirincione, Jessica T. Mathews, and George Perkovich, "WMD in Iraq: Evidence and Implications," Carnegie Endowment for International Peace, January 2004.

16. *Congressional Record* 148 Cong Rec S10063 of October 8, 2002.

17. Brent Scowcroft, "Don't Attack Saddam," *Wall Street Journal,* August 15, 2002; Todd S. Purdum and Patrick E. Tyler, "Top Republicans Break with Bush on Iraq Strategy," *New York Times,* August 16, 2002.

18. Eric Schmitt, "Iraq is Defiant as G.O.P. Leader Opposes Attack," *New York Times,* August 9, 2002.

19. *Congressional Record* 148 Cong Rec H 7706 of October 9, 2002.

20. *Congressional Record* 148 Cong Rec 5 10001 of October 7, 2002. 数年后肯尼迪参议员在一本书中表达了同样的观点，批评了美国政治倾向。Edward M. Kennedy, *America Back on Track* (New York: Viking, 2006). 肯尼迪参议员对先发制人战争的猛烈抨击与他为以色列1981年向伊拉克奥西拉克核工厂进行先发制人袭击坚决辩护完全不同。

21. *Congressional Record* 148 Cong Rec 5 10233 of October 10, 2002.

22. 众议院辩论的全文可在下列材料的章节中找到：the *Congressional Record* from the 107th Congress, 2nd Session: 148 Cong Rec H 7010 of October 3,2002; 148 Cong Rec H

7176 of October 8, 2002; 148 Cong Rec H 7178 of October 8,2002; 148 Cong Rec H 7189 of October 8, 2002; 148 Cong Rec H 7268 of October 8, 2002; 148 Cong Rec H 7309 of October 9, 2002; 148 Cong Rec H 7375 of October 8,2002; 148 Cong Rec H 7706 of October 9,2002; 148 Cong Rec H 7739 of October 10, 2002; 148 Cong Rec E 1867 of October 15, 2002; 148 Cong Rec E 1921 of October 17, 2002; 148 Cong Rec E 2083 of November 15, 2002. 关于伊拉克问题参议院辩论的全文可在下列材料的章节中找到: the *Congressional Record:* 148 Cong Rec S 9867 of October 3, 2002; 148 Cong Rec 5 9933 of October 4, 2002; 148 Cong Rec S 10001 of October 7, 2002; 148 Cong Rec S 10006 of October 7, 2002; 148 Cong Rec S 10077 of October 8, 2002; 148 Cong Rec S 10145 of October 9, 2002; 148 Cong Rec S 10164 of October 9, 2002; 148 Cong Rec S 10233 of October 10, 2002; 148 Cong Rec 5 10233 of October 10, 2002.

23. 美国民主运动（ADA）等级是基于个人成员在特定议会中就一系列重大议题如何投票而确定的，可视为政治意识形态的风向标。数额0是等级中最保守一端，数额100是自由的极端。这项研究把数额80作为国会成员中政治自由倾向的最小数额。基于这个门槛，众议院中的172名成员，或众议院的40%是自由主义者。投票反对提案的众议院成员的平均ADA得分是88。122名自由主义者投票反对提案，50名投票赞成。ADA得分20及以下应被除数视为保守派成员。107届国会的ADA分值可在下列网址查询：http:// www.adaction.org/2002voting.html.

24. 表7.1和表7.2的百分比汇总后会超过100%，原因是国会个别成员会引用多项理由来解释他们关于战争提案的态度。

25. 这些人中包括：Kerry（D-MA），Hagel（R-NE），Dodd（D-CT），Biden（D-DE），Clinton（D-NY），DeWine（R-OH），Kohl（D-WI），Dorgan（D-N[）），and Feinstein（D-CA）.

26. Senate amendment 4865 to amendment 4586. 有关这方面修正案和辩论的文本，见148 Cong Rec S 10233 of October 10, 2002.

27. ADA 80这个相同的门槛也作为参议员政治意识形态的指标。反对提案的平均ADA指数是87，与众议院的数值88相近。

28. 这些人中包括：Senator Byrd（D-WV），其ADA数值75, Senator Chaffee（R-RI），其ADA数值70, Senator Inouye（D-HI），其ADA数值60, and Senator Jeffords（I-VT），

第七章
结　论

其 ADA 数值 55.

29. 同意提案种类理由中的每一项都可以再提高 5 个百分点。有 5 名投票同意提案的参议员没有参加辩论或提供完整的新闻宣言以重申他们的立场，所以他们的态度未能包含在数据中。

30. 实际上，参与辩论的提案支持者中只有 23% 引用了大规模杀伤性武器作为战争充分有理的理由，整个参议院中则是 18%。其余人的理由则是与恐怖主义有联系。

31. Paul Wolfowitz, Speech to the Council on Foreign Relations, January 23, 2003. 强调后加，见演讲概要：Bernard Gwertzman, "Time Running Out for Iraq, Wolfowitz Says," at http://www.cfr.org.

32. "State of the Union," January 28, 2003, at http://www.whitehouse.gov.

33. 2002 NSS, 13.

34. Chaim Kaufman, "Threat Inflation and the Failure of the Marketplace of Ideas," *international Security* 29（Summer 2004）: 32, 36, 46.

35. 议会辩论期间，就如同联合国安理会一样，对必须解除伊拉克武装的主张没有任何反对意见。然而，许多国会成员，对在 2002 年底向伊拉克派出新的核查团更有信心，而不是想要布什政府及其强硬的国会盟友们那样要做的。

36. President William J. Clinton, National Security Strategy of Engagement and Enlargement, 1996.

37. Ashton B. Carter, "How to Counter WMD," *Foreign Affairs*（September/October 2004）: 76. See also Ashton B. Carter and William J. Perry, *Preventive Defense: A New Security Strategy for America*（Washington, DC: Brookings Institution Press, 1999）, 136.

38. 2002 NSS, 15.

39. NSC 68: United States Objectives and Programs for National Security, April 7, 1950, *Foreign Relations of the United States 1950,* vol. I（Washington, DC: U.S. Government Printing Office, 1977）, 281.

40. 调查问题："其他国家如果没有对美国构成迫在眉睫的威胁，美国不应对他们动用军事力量。"党派和意识形态的答案：68% 的保守分子同意，25% 不同意；81% 的温和派同意，16% 不同意；85% 的自由分子同意，13% 不同意；68% 的共和党人同意，25% 不同意；79% 的独立人士同意，16% 不同意；86% 的民主党人同意，12% 不同意。Scott A.

Silverstone, "Post-Iraq War Public Attitudes on Preventive War," November 19, 2003. 对 800 位注册选民的这次全国性调查是在摩尔信息公司支持下在 2003 年 11 月 10—13 日由作者进行的。误差率：±3％。

41. 74% 的美国人把威慑视为针对无赖国家的有效政策，相比有 63% 这样看待先发制人。Pew Research Center, "Domestic Concerns Will Vie with Terrorism in Fall," July 3, 2002, athttp://www.peoplepress.org/reports.

42. 1992 年至 2001 年间关于伊拉克的所有调查数据可在以下网址得到：http://institution.gallup.corn.

43. Ole R. Hoisti, "American Public Opinion on Foreign Policy, Pre- and Post-September 11" in *Striking First: The Preventive War Doctrine and the Reshaping of U.S. Foreign Policy*, ed. Betty Glad and Chris J. Dolan (New York: Palgrave, 2004), 156.

44. Douglas Foyle, "Leading the Public to *War?* The Influence of American Public Opinion on the Bush Administration's Decision to Go to War in Iraq," *International Journal of Public Opinion Research* 16 (2004): 273.

45. 缺乏国际支持是最醒目而又一贯推动支持战争的那些人转向的原因，甚至比高伤亡率还起作用。Pew Research Center, "Public Wants More Proof of Iraqi Weapons Program," January 16, 2003. 但是这种情况并不是少见的，很重要的是，很多美国人把获得联合国的支持作为具有合法性的象征。1991 年海湾战争时，公众对战争的支持率徘徊在 37% 左右，直到联合国安理会通过动用武力让伊拉克从科威特撤出。联合国一通过这项决议，随后的调查中绝大多数就转而支持战争。Andrew Kohut, "Simply Put, the Public's View Can't Be Put Simply," *Washington Post,* September 29, 2002. See also Holsti, "American Public Opinion on Foreign Policy" 161; Foyle, "Leading the Public to War?" 274.

46. Condoleezza Rice, "Why We Know Iraq is Lying," *New York Times,* January 23, 2003.

47. Pew Research Center, "Public Wants More Proof of Iraqi Weapons Programs."

48. United Nations Security Council, "Oral introduction of the 12th quarterly report of UNMOVIC Executive Chairman Dr, Hans Blix," March 7, 2003, at http://www.un.org/Depts/unmovic/SC7asdelivered.htm.

49. Pew Research Center, "Post Blix," February 20, 2003.

50. 问题内容："你赞同或反对在伊拉克采取军事行动，结束萨达姆·侯赛因（Saddam

Hussein）的统治？" Pew Research Center, "Americans Thinking About Iraq, But Focused on the Economy," October 10, 2002; "Post Blix," February 20, 2003.

51. Charles W. Kegley, Jr. and Gregory A. Raymond, "Preventive War and Permissive Normative Order," *International Studies Perspectives* 4（2003）: 385—394.

52. National Security Strategy, March 16, 2006, 19. [Hereafter, 2006 NSS]

53. 有关核扩散研究的专家们不满布什政府具体政策的精彩例子，见卡内基资助的国际和平作品。尽管这些专家们完全支持把核扩散视作是对国家安全最危险的威胁。大量出版物可在下面网址获得：http://www.carnegieendowment org

54. 关于朝鲜核问题的最新著作，见 Michael O'Hanlon and Mike Machizuki *Crisis on the Korean Peninsula*（New York: McGraw-Hill, 2003）; Jasper Becker, *Rogue Regimes: Kim Jong II and the Looming Threat of North Korea*（New York: Oxford University Press, 2005）; Gordon G. Chang, *Nuclear Showdown: North Korea Takes on the World*（New York: Random House, 2006）.

55. 举例，见布什总统和韩国总统卢武铉 2003 年 5 月 14 日及 10 月 20 日的联合宣言。http://www. whitehouse.gov.

56. 只是在 2003 年 7 月的一次调查中取得 62% 的低支持率。CBS News poll, January 4—6, 2003; ABC News poll, January 16-20, 2003; Time/CNN/Harris poll, July 16-17, 2003; NBC News/Wall Street Journal poll, July 26-28, 2003, at ibid.

57. *London Telegraph,* February 19, 2006.

58. "Bush Dismisses 'Iran Attack Plan,'" BBC News, April 10, 2006.

59. 最具煽动性的报道是由西摩·赫什（Seymour Hersh）在 *New Yorker* 上发表的。见 "The Iran Plans," April 17, 2006; "The Coming Wars," January 24, 2005. 五角大楼指责赫什的文章完全不准确。

60. Fox News, June 1, 2006.

61. 因为先发制人战争主义和邪恶轴心概念是首次明确表达，公众观点仍坚定保留在反对向伊朗进行军事攻击。2003 年 4 月 69% 反对与伊朗 "卷入战争"，2005 年 2 月 66% 反对 "军事行动"，而 2006 年 5 月 61% 反对 "轰炸伊朗军事目标"。

62. 赞同率的变化倾向，见 http //institution.gallup.corn.5

图书在版编目（CIP）数据

先发制人战争与美国民主/（美）西尔维斯通著；蒋茂荣，冯瑞津译. --北京：华夏出版社，2019.10

书名原文：Preventive War And American Democracy

ISBN 978-7-5080-8281-3

Ⅰ.①先… Ⅱ.①西… ②蒋… ③冯… Ⅲ.①美国对外政策－研究 ②民主－研究－美国 Ⅳ.①D871.20 ②D771.209

中国版本图书馆 CIP 数据核字（2014）第 256659 号

Preventive War And American Democracy / by Scott A. Silverstone /ISBN:978-0-415-95230-1
Copyright © 2007 by Taylor & Francis Group, LLC

Authorized translation from the English language edition published by Routledge Inc., part of Taylor & Francis Group LLC. All Rights Reserved.本书原版由 Taylor & Francis 出版集团旗下 Routledge 出版公司出版，并经其授权翻译出版。版权所有，侵权必究。

Huaxia Publishing House is authorized to publish and distribute exclusively the **Chinese (Simplified Characters)** language edition. This edition is authorized for sale throughout **Mainland of China**. No part of the publication may be reproduced or distributed by any means, or stored in a database or retrieval system, without the prior written permission of the publisher. 本书中文简体翻译版授权由华夏出版社独家出版并限在中国大陆地区销售。未经出版者书面许可，不得以任何方式复制或发行本书的任何部分。

Copies of this book sold without a Taylor & Francis sticker on the cover are unauthorized and illegal. 本书封面贴有 Taylor & Francis 公司防伪标签，无标签者不得销售。

版权所有 翻印必究
北京市版权局著作权合同登记号：图字 01-2012-8737 号

先发制人战争与美国民主

作　　者	［美］斯科特·A·西尔维斯通
译　　者	蒋茂荣　冯瑞津
责任编辑	李欣利　杨小英
出版发行	华夏出版社
经　　销	新华书店
印　　刷	三河市少明印务有限公司
版　　次	2019 年 10 月北京第 1 版　2019 年 10 月北京第 1 次印刷
开　　本	720×1030　1/16 开
印　　张	19.25
字　　数	300 千字
定　　价	76.00 元

华夏出版社 地址：北京市东直门外香河园北里 4 号　邮编：100028
网址：http://www.hxph.com.cn　电话：（010）64663331（转）
若发现本版图书有印装质量问题，请与我社营销中心联系调换。